普通高等教育"十三五"规划教材·会计系列

Accounting

会计学

（非会计专业）

谢瑞峰 贾香萍 主 编

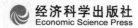

经济科学出版社
Economic Science Press

图书在版编目（CIP）数据

会计学：非会计专业／谢瑞峰，贾香萍主编．—北京：
经济科学出版社，2015.7
ISBN 978 - 7 - 5141 - 5871 - 7

Ⅰ.①会… Ⅱ.①谢…②贾… Ⅲ.①会计学 – 高等
学校 – 教材 Ⅳ.①F230

中国版本图书馆 CIP 数据核字（2015）第 147481 号

责任编辑：王冬玲
责任校对：郑淑艳
责任印制：邱　天

会计学

（非会计专业）

谢瑞峰　贾香萍　主编
经济科学出版社出版、发行　新华书店经销
社址：北京市海淀区阜成路甲 28 号　邮编：100142
总编部电话：010 - 88191217　发行部电话：010 - 88191522
网址：www. esp. com. cn
电子邮件：esp@ esp. com. cn
天猫网店：经济科学出版社旗舰店
网址：http：//jjkxcbs. tmall. com
北京万友印刷有限公司印装
787 × 1092　16 开　19.75 印张　450000 字
2016 年 2 月第 1 版　2016 年 2 月第 1 次印刷
ISBN 978 - 7 - 5141 - 5871 - 7　定价：38.00 元
印数：0001—2000 册
（图书出现印装问题，本社负责调换。电话：010 - 88191502）
（版权所有　侵权必究　举报电话：010 - 88191586
电子邮箱：dbts@ esp. com. cn）

前　言

会计学是经济管理等相关专业的核心基础课程。本教材主要阐述会计的基本原理和方法，为学习专业会计课程奠定基础。

2006 年 2 月，财政部发布了《企业会计准则》和 38 项具体准则，形成了我国完善的会计准则体系，并于 2006 年 10 月印发了《企业会计准则——应用指南》。《企业会计准则》及其应用指南的发布及实施，标志着我国会计准则与国际会计准则的全面协调和趋同，预示着我国会计发展进入一个新的历史时期。自 2006 年至今，会计理论又有新的发展，《企业会计准则》又有新的变化。顺应会计准则的重大变化，会计教材的改革和变更也势在必行。基于以上背景，根据我们多年的教学经验和教学改革实践，编写了这本《会计学》教材。

本教材主要有以下特点：

第一，以新准则为基准，体现新的会计理论，构建新的内容体系。我国新会计准则的发布和实施，不仅促进了会计模式的根本转变，而且引发了会计理论与理念的创新性转变，如我国会计目标的重新定位、会计假设内容的变更、会计信息质量要求的重新界定等。本教材着力体现新准则的全新会计理论和理念，并据此构建新的内容体系。

第二，内容简明扼要，编写体例新颖。本教材在编写过程中，根据学生初次接触会计学理解能力不足的特点，注重会计学的基础理论和基本方法，力求在内容上简明扼要、通俗易懂，避免空洞理论阐述。此外，在编写体例上，吸收国内外教材的特点，各章前设有教学目标、教学重点与要点、关键名词，便于学生对每章内容进行总体把握；章后设有小结、复习与思考、练习题，便于学生课后复习与练习。

本教材由北京信息科技大学经济管理学院会计系谢瑞峰教授、

贾香萍副教授担任主编，会计系部分老师参与编写。其中，谢瑞峰教授撰写第一章、刘畅讲师撰写第二章、张雯博士撰写第三章、瞿晓燕讲师撰写第四章、宁宇讲师撰写第五章、叶小玲副教授撰写第六章、贾香萍副教授撰写第七章、赵淼博士撰写第八章、邓宁讲师撰写第九章和第十章。本教材在编写过程中，得到了经济科学出版社、北京信息科技大学等有关部门的大力支持，并受到北京市专项——专业建设（经济管理类专业建设）（项目号 PXM2014014224－00006）项目的资助，同时参阅了大量有关文献资料和同类教材，在此一并表示感谢。

由于会计理论和方法发展变化较快，加之作者水平有限，书中难免存在不当或错误之处，恳请专家和读者批评指正。

编 者

2014 年 12 月于北京

目　录

第一章

总　论

【内容提要】

本章主要阐述了会计的基本概念和理论框架。通过学习本章，着重理解会计在现代社会中的作用，了解会计职能、会计对象和会计要素。在概括了解会计前提和会计原则的基础上，明确会计核算方法的组成内容和相互联系。

【教学要点】

本章的教学要点包括会计的基本含义、作用，会计目标，会计要素，会计基本前提，会计信息质量要求。

第一节　会计的产生和发展

　　会计产生于经济管理的需要，并随着经济管理的发展不断地发展和完善。人类要生存，社会要发展，就必须进行物质资料的生产。生产活动一方面创造社会产品；另一方面发生劳动耗费。人们进行生产活动时，总是力求在尽量少的劳动时间里创造出尽可能多的物质财富。为了达到节约劳动耗费、提高经济效益的目的，就需要对劳动耗费和劳动成果进行记录和计算，并将耗费与成果加以比较和分析，以便掌握生产活动的过程和结果。因此，会计是随着社会生产和经济管理的需要而产生并不断地发展和完善的。

　　无论在中国还是在外国，会计都有着悠久的历史。会计的产生和发展，可以分为古代会计、近代会计和现代会计三个阶段。

一、古代会计阶段

　　古代会计阶段从时间上看，一般是从会计的产生到复式簿记的应用这样一段过程，大约从旧石器时代的中期、晚期到封建社会末期。

　　在原始社会初期，由于生产力水平低下，生产过程简单，人们对生产活动数量方面的记录仅凭记忆或"结绳记事"、"刻契记数"，会计只是生产职能的附属部分。当生产过程逐步过渡到用货币形式进行计量和记录时，使会计逐渐从生产职能中分离出来，成为独立的职能。

　　据有文字的历史记载，在我国"会计"一词最早出现在西周。《周礼·天官》篇中指出："会计，以参互考日成，以月要考月成，以岁会考岁成"。"日成"为十日成事之文书，相当于旬报。"月要"为一月成事之文书，相当于月报。"岁会"则是一年成事之文书，相当于年报。清代人焦循对《孟子》进行注释时，对《孟子·万章下》中曾加以解释："零星算之为计，总和算之为会"。当时，西周还设置会计一职，称为司会，掌管王室的财务收支，定期对王室的收入和支出实行"月计"、"岁会"，进行会计监督。

　　我国古代官厅会计所用的记账方法是单式记账方法。到唐宋之际产生了较为完善的"四柱清算法"，使我国会计技术提高到一个新的水平。四柱，即指旧管、新收、开除、实在，相当于现在的期初结存、本期收入、本期支出、期末结存。四柱之间存在着数量上的平衡关系，即：

$$旧管 + 新收 = 开除 + 实在$$

　　按照这种平衡关系编制的报告，就称为"四柱清册"。"四柱清算法"不仅用于官厅会计，后来也传入民间。

　　明、清两代，我国商业、手工业有了较大规模的发展，并且产生了资本主义萌芽。为了适应当时生产管理的需要，会计工作者又在"四柱结算法"原理的启发下，设计出了

"龙门账"和"四脚账",其中已显现出了复式簿记的雏形。"龙门账"把工商企业经济活动反映的账项划分为"进、交、存、该"四大类。所谓"进"是指全部收入,"交"指全部支出,"存"指全部资产,"该"指全部负债。四者之间的关系为:

$$进 - 交 = 存 - 该$$

运用这一公式计算盈亏,分别编制"进交表"(相当于损益表)、"存该表"(相当于资产负债表),两表上计算的盈亏数应当相等,就是"合龙门"。

在国外,古巴比伦、古希腊和古罗马都留存有商业合同、农庄庄园的不动产项目等有关的会计记录。在原始的印度公社里,已经有了专门的记账员,负责登记农业账目,登记和记录与此有关的一切事项。

古代会计具有以下主要特征:

(1)古代会计是同其他计算活动、财政收支活动、财产保管工作混在一起的,尚未确立自己独特的职责和对象。

(2)在记录方法上,广泛采用文字叙述式的方式,至多采用单式记账的方法。

(3)在古代,由于未出现经济实体或法人的概念,会计记录的主体不够清晰和确定,所有者本人及家庭,奴隶主和封建王室所统治的国家在会计记录上是分不清的。

(4)古代会计有两个主要服务方面:一是协调经济利益分配关系;二是协调财产保管责任关系。

二、近代会计阶段

近代会计从时间上看,可以从 1494 年意大利数学家卢卡·帕乔利(Loca Pacioli)的著作《算术、几何、比及比例概要》的出版开始,至 20 世纪 40 年代末。

在中世纪,地中海沿岸的一些城市,是世界贸易的中心。其中,意大利的佛罗伦萨、热那亚、威尼斯等地的商业和金融业特别繁荣。日益发展的商业和金融业要求不断改进并提高已流行于这三个城市的复式记账方法。为了适应实际需要,1494 年,意大利数学家卢卡·帕乔利出版了他的《算术、几何、比及比例概要》一书,系统地介绍了借贷复式记账法。书中以商业会计核算为例,就复式记账法的核算目的、核算程序、财产盘存制度、计价标准、序时记录和分类记录等,都作了比较系统的介绍,反映了15 世纪末期威尼斯复式簿记的先进方法。它是会计发展史上一个重要的里程碑,标志着近代会计的最终形成。

1581 年威尼斯"会计学院"的成立,表明会计已作为一门科学得以传授。18 世纪末到 19 世纪初的产业革命、工厂制度的确立,尤其是股份公司的不断出现,客观上要求有一套与之相适应的会计方法。由于股份公司的所有权和经营权相分离,公司的股东以及与公司有利益关系的社会团体及个人,要求公司定期提供有关公司的财务状况和经营成果的报告,同时要对公司提供的财务报告进行审查,而信贷业的发展又促使审阅企业偿债能力成为不可缺少的一环,于是查账工作变得日趋重要。

1853 年,苏格兰爱丁堡创立了第一个注册会计师的专业团体——爱丁堡会计师协会。

该协会的成立，标志着注册会计师职业的诞生。在同一时期，由于各国税法、商法、公司法等法律的陆续颁布和不断完善，也促进了会计的发展，使成本会计、会计报表分析、审计等新内容相继出台。

19世纪末20世纪初，世界经济发展的中心转移到美国。为了使会计工作规范化，提高会计报告的真实性和可比性，以及注册会计师执业的方便，美国会计师协会开始制定了"公认会计原则"。"公认会计原则"的确立，标志着传统会计已发展成为现代财务会计。

三、现代会计阶段

现代会计从时间上看，是指从20世纪50年代开始至现在。

20世纪50年代至现在，一方面科学技术日益进步，生产力得到巨大发展，企业规模不断扩大，出现了很多跨国公司；另一方面，市场竞争也更加激烈。在这种情况下，为了提高经济效益，加强对经济活动过程的控制，企业管理当局对会计提出了更高的要求，不仅要求会计事后记账、算账，更重要的是进行事前预测、决策、成本计算和分析，对经营过程进行全面控制。这时，会计分化为两个领域，即财务会计和管理会计。

1952年，世界会计学会年会正式通过了"管理会计"这一名词。管理会计的形成与发展丰富了会计的内容，使会计发展进入到一个高级阶段。

1946年，美国诞生了第一台电子计算机，从此开创了会计领域应用电子计算机的新时代。电子计算机在会计上的应用，使会计由传统的手工操作，逐渐发展为电子数据处理系统，提高了会计工作的及时性和准确性，为充分发挥会计的作用创造了有利条件。电子计算机在会计中的普遍应用，成为会计发展史上的又一个飞跃。

四、我国现代会计与国际会计的接轨与趋同

19世纪中叶，"西式会计"随着资本主义经济传入我国，改革了以单式记账为主的"中式簿记"。中华人民共和国成立后，我国的社会制度发生了根本的变化，为了适应国家有计划进行社会主义建设的需要，我国实行高度集中的计划经济体制下的会计模式，国家先后制定了多种统一的会计制度，为国民经济的恢复和发展起到了积极的作用。

1978年以后，我国实行改革开放政策，国民经济得到了飞速发展，现代会计新的理论与方法也被引进和利用。1981年我国建立了注册会计师制度。1985年颁布了《中华人民共和国会计法》，这标志着我国会计工作进入了法制化的新时期。为了适应我国市场经济的需要，1992年11月我国发布了《企业会计准则》和《企业财务通则》，并从1993年7月1日开始实施，这是我国会计工作与国际惯例接轨的一个重大措施，标志着我国会计正逐步走向国际化。1997年以来陆续发布了一系列具体会计准则，2000年12月我国发布了新的《企业会计制度》，突破了原有的会计核算模式。尤其是2006年2月15日，我国正式颁布了39个会计准则和48个审计准则，这标志着我国的会计标准与国际会计准则的全面趋同。2000年7月1日，第二次修订后的新《会计法》正式实施。这次修订对于规范

会计行为、提高会计信息质量，发挥会计作用具有十分重要的意义，标志着我国会计事业正进入一个崭新的发展阶段。

第二节　会计在现代经济生活中的作用

由于人类所拥有的资源相对于人类无限的需求来讲总是相对稀缺的。资源的稀缺性迫使人们在生产过程中总结经验，从而意识到利用有限的资源满足人类无限的需求的唯一途径就是尽量地节约成本，提高劳动生产效率。这样，伴随着社会分工，人类开始关注生产过程中的耗费、成果的分配等有关资料，并加以经验总结，逐渐地就形成了一项有关记录、计算与报告经济行为的活动，会计也就产生了。而在现代经济社会中，会计的作用不仅仅是节约成本，关注成果的分配这样简单，会计有着更加重要的作用。

一、现代企业经营规则

随着资本市场制度的引入，财产所有权与经营权的分离成为普遍现象，财产所有权的拥有者特别关注财产经营权的使用者如何使用财产，关注报告财产使用情况的信息是否可靠，关心通过财产的使用而产生的增值的分配是否合理等。

我们把这里的财产定义在一个公司的范围内，公司的股东即是财产的所有者。公司股东的多少主要由公司的规模和性质所决定。小规模的公司，其股东可以只有几个人，大规模的公司，可能股东人数也会增加，如果公司规模达到一定程度，符合有关规定，其股票可以上市交易，则公司的股东可以有数万人或更多。

从一个公司角度讲，两权分离是指公司财产的所有者即公司的股东并不是直接参与和处理公司的任何业务，这一权利由从股东中产生的董事所组成的董事会承担。一般董事会也不是直接处理公司的有关经营事项，而是将其委托给具有经营管理才能的专业经理人员负责，即公司的管理层。公司的所有者股东对公司经营活动的影响，主要是通过定期召开股东大会来影响管理层而实现的。对股票公开上市发行的公司，其股东人数众多，而只有少数大股东才能参加股东大会或董事会，而绝大多数小股东无法对公司的经营管理施加影响。因此，对于公司的股东来讲，特别需要通过一个渠道获得公司的财务状况和经营成果，为股东和其他财产投入者进行投资决策提供有用信息；报告公司管理当局的经营管理业绩，从而对管理当局的经营业绩进行合理评价。这些信息的提供是通过一套完整的财务报告体现的，而财务报告的形成及对其可靠性的鉴证是现代会计的职能。因此，会计在现代社会两权分离制中发挥着重要的作用。

二、公司外部利益集团的需求

对于每个经济实体来说，在现代经营活动中会有各种外部单位或个人与企业打交道，企业的存在离不开这些外部关系者，具体包括股东及潜在股东、债权人、供应商和客户，我们称为外部利益集团。

如前面所述，公司的股东只有极少数股东持有较高比例的公司股票，成为公司的董事会成员，也可能成为公司管理当局的管理者。而大多数股东持股比例很低，无法进入董事会或管理层，它们对公司的了解只能借助于定期对外发布的各种会计信息。就人数上看，作为外部利益关系人的小股东的人数要远远多于那些已成为公司内部知情者的股东。所有公司的绝大多数股东无法参与公司的内部运行，只有依赖公开的会计信息来了解公司的具体情况。

在现代经济社会中，公司经常"举债经营"。主要是由于扩大规模或其他各种需求，需要向外界借入一定的资本，因此形成了债权人集团。公司的债权人一般是银行等金融机构，也可能是持有公司发行的债券的公众，也可能是供应商等。债权人所关心的是公司是否具有持续经营的能力、是否到期还本付息等。所以，从理性经济人的角度出发，债权人出于对自己财产安全的关注，债权人需要能够正确评价公司的财务实力，如偿债能力、变现能力、盈利能力等，也需要了解企业所处行业的基本情况及其在同行业所处的地位。

多数企业在现代经济活动中，都会有原料或商品的供应商和产品或商品的采购商即客户。企业从自身的利益出发，必然会关心其上一环节供应商公司和下一环节采购商公司的经营活动，以免遭受损失。

对这些外部利益集团来说，它们的利益与公司的经营活动存在直接或间接的关系，但它们都无法直接获得公司业内部信息，只有通过公司对外提供的财务报告来作出相应的决策。因此，财务会计报告所提供的会计信息是公司外部利益集团所需要的。

三、政府管理部门的需求

作为社会经济活动的组织者和协调者的政府管理部门，它们为了制定经济政策、进行宏观调控、配置社会资源，需要从总体上掌握企业的资产负债结构、损益状况和现金流转情况，从宏观上把握经济运行的状况和发展变化趋势。这些信息中相当一部分来自企业提供的会计信息。

四、公司内部经营管理的需要

现代市场经济环境下，产品竞争激烈，因而产品的生产过程日趋复杂，生产的环节越来越多，降低生产成本更趋复杂，涉及的部门与环节也越来越多。所以公司必须依靠会计信息系统来满足企业内部经营管理对相关信息的需求，现代会计已经渗透到了企业内部经营管理的各个方面。企业除了提供正常的财务会计报告、纳税报告以及为外界有关方面提供的特别报告以外，还有诸如确定产品单位成本的依据、一个特定销售活动的盈利估计、可供选择的不同行动方案的成本比较和全面预算等，这些都要求企业运用完整的会计系统来提供相应的资料。

第三节 会计的基本概念

由第一节的介绍可以看出会计在现代经济生活中作用至关重要，那么，到底会计是如何定义的？我们首先来了解会计的含义。

一、会计含义的多重性及定义

由于会计有着十分丰富的内容且在不断地发展变化，所以，从严格的意义上讲，人们经常使用的"会计"一词的内涵并非十分明确。常用的"会计"一词至少具有以下几个方面的不同含义：

其一，是指会计这项工作；

其二，是指会计人员；

其三，是指会计学科或专业；

其四，是指会计工作和会计学的统一，既包括会计实务，又包括会计理论。

那么，如何定义会计更准确呢？会计的含义应该是对会计本质的揭示。由于会计含义的多重性，也由于人们认识会计本质的视角不同、思想方法不同和描述手段的差异，很难对会计的含义提出一致的意见。因此，我们根据会计的作用和会计的内涵，在这里做如下描述：会计是以货币为主要计量单位，采用专门方法和程序，对企业和行政、事业单位的经济活动进行完整的、连续的、系统的核算和监督，以提供经济信息和提高经济效益为主要目的的一种经济管理活动，也是旨在向会计信息需求者提供决策有用信息的信息系统。

二、会计的基本职能

会计职能是指会计在管理经济活动中所具有的功能。会计职能具有客观性，是会计本身所固有的而不是人们强加于它的。会计职能也会随着会计的发展而发展。

尽管会计的职能是客观的，但由于人们主观认识上的差异，有许多提法，但得到共识的是其中两项最基本的职能，即会计核算和会计监督。

（一）会计的核算职能

会计的核算职能，也称会计反映职能，是指会计通过确认、计量、记录和报告，从数量方面反映企事业单位已经发生或完成的各项经济活动，为企业外部和内部信息需求者提供决策有用的信息。反映职能是会计最基本的职能，记账、算账、报账则是会计执行核算职能的主要形式。

会计的反映职能具有以下四个特征：

第一，以反映财务信息为主；

第二，会计反映的信息具有综合性；

第三，会计反映的信息具有严格的真实性；

第四，会计反映包括会计记录、会计报告和会计分析，它是一个层次化的、逐步深化的反映过程。

（二）会计的监督职能

会计的监督职能是指利用会计核算所提供的经济信息对企事业单位的经济活动进行的控制和指导。会计监督的核心是使经济活动符合国家有关法律、法规和制度的规定，并对经济活动的合理性、有效性进行分析、检查和控制。

会计的监督职能具有三个特征：

第一，会计监督是一种经常性的监督，监督的核心是保证会计资料的真实可靠。

第二，会计监督是以法律、法规和制度为依据的监督。对单位的经济活动实施会计监督时，凡发现不符合法律、法规和制度规定的，都要加以限制和制止。

第三，会计监督还包括经济活动的效益性监督。

会计的核算职能与其监督职能密切相关，二者统一于会计核算过程中。换言之，会计核算的过程也是实行会计监督的过程。会计核算是会计监督的前提条件，离开会计核算，会计监督无法进行。会计监督则是会计核算的质量保证，离开了会计监督，会计核算就会逐渐失去其存在的意义。

三、会计对象

会计对象是指会计所核算和监督的内容。前已述及，会计需要以货币为主要计量单位，对一定主体的经济活动进行核算和监督。也就是说，凡特定对象能够以货币表现的经济活动，都是会计核算和监督的内容。

具体在企业中，会计对象可表现为企业再生产过程中能以货币表现的经济活动，即企业再生产过程中的资金运动或价值运动。

以制造业企业为例，其资金运动按照运动的程序可分为资金投入、资金运用（即资金的循环与周转）、资金退出三个基本环节。相对而言，制造业企业生产经营过程可以划分为供应过程、生产过程和销售过程。随着企业供、产、销过程的不断进行，企业的资金也在不断地进行着循环和周转，由货币资金转化为固定资金、储备资金，再转化为生产资金、成品资金，最后又转化为货币资金。会计要依次反映这些阶段的经济活动。上述资金运动过程如图 1-1 所示。

由图 1-1 可知：资金从货币资金形态出发，依次经过供应、生产和销售过程，分别表现为储备资金、生产资金、成品资金等不同形态，最后回到货币资金形态。这一资金的运动变化过程在形态上实现了循环，即从货币资金形态出发，又回到货币资金，其间伴随着数量的变化。资金周而复始地循环就称为资金周转。由此可见，制造业企业的资金运动，从形态转化看，表现为资金的循环与周转过程；从价值量的变化上，则表现为资金的耗费与收回的过程。

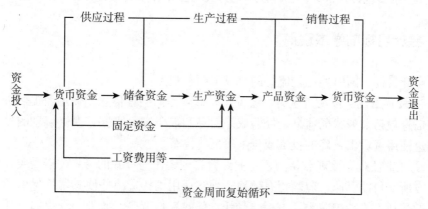

图 1 - 1　制造业企业资金循环与周转

完整地理解与把握制造业企业的资金运动还必须注意两点：

第一，企业在生产经营开始前，首先要从一定渠道和来源取得一定数量的资金（包括部分货币资金）；

第二，一个经营过程结束后，企业会有一部分资金由于某种原因而退出企业的经营过程，不再参加企业资金的周转，例如上交税金、向投资者分配利润等。

第四节　会计目标

一、会计目标的含义

会计目标也称财务会计报告的目标，是会计最基本的理论内容，是会计系统运行应实现或达到的目的，也是会计系统运行的动机和出发点。会计作为一个以提供财务信息为主的经济信息系统，与其他任何管理系统一样，都必须以一定的目标作为系统运行的基本导向和最终归宿。

从实务观点看，目标决定了一个系统的运行方向，系统的整体功能和综合行为则都是为实现系统的目标而设计和运作的。会计目标是会计系统运行的导向，是会计实践活动的出发点和归宿。会计系统内部的一切机制如会计运行机制、会计协调机制、会计信息反馈机制等，都必须围绕会计目标而发挥作用，通过优化会计行为来实现会计目标。

从理论层面看，会计目标是会计概念结构的最高层次，是决定会计假设、会计原则和会计技术的基础。会计假设、会计原则、会计要素和会计技术作为会计概念结构的组成部分，都是从不同的角度来保证会计目标的实现。具体而言，会计假设和会计原则是为实现会计目标而对会计行为进行的约束和规范；会计要素是对经济事项引起变化的项目所做的归类，通过反映会计要素实现会计目标；会计技术是为实现会计目标所采用的程序和方法。

二、会计目标的学术观点

关于会计目标，国内外比较流行的有以下两种观点：

（1）决策有用观。该观点认为，会计的目标就是向会计信息的使用者提供决策有用信息。这些信息包括财务状况信息、经营成果信息和现金流量信息，提供信息的目的就是帮助会计信息使用者做出正确的投资或贷款等经济决策。

（2）受托责任观。该观点认为，企业经营管理者作为资源的受托方接受委托管理投资人等委托方所交付的资源，应承担有效地管理和运用受托资源并使其增值保值的责任。为此，资源的受托方应承担向委托方报告受托责任的履行情况。此外，资源的受托者也负有重要的社会责任，如保持良好的环境，提供社会服务等。

三、我国会计目标的表述

我国《企业会计准则——基本准则》规定：财务会计报告的目标是向财务会计报告使用者提供与企业财务状况、经营成果和现金流量等有关的会计信息，反映企业管理层受托责任履行情况，有助于财务会计报告使用者作出经济决策。

我国会计准则对会计目标的表述，体现了会计目标的以上两种观点的协调，综合了决策有用观和受托责任观的特点。

前已述及，所有权与经营管理权的分离是现代高度发展的市场经济的重要特点。企业管理层受托经营管理企业及其各项资产，即企业管理层所经营管理的企业各项资产基本上均为投资者投入的资本（或者留存收益作为再投资）或者向债权人借入的资金所形成的，企业管理层有责任妥善保管并合理、有效运用这些资产。企业投资者和债权人等需要及时或者经常性地了解企业管理层保管、使用资产的情况，以便于评价企业管理层的责任情况和业绩情况，并决定是否需要调整投资或者信贷政策，是否需要加强企业内部控制和其他制度建设，是否需要更换管理层等。因此，财务报告应当反映企业管理层受托责任的履行情况，以有助于外部投资者和债权人等评价企业的经营管理责任和资源使用的有效性，有助于投资者和债权人做出正确的决策。

四、会计目标的内涵

会计目标主要解决的是以下几个问题：向谁提供信息？会计报告使用者需要何种信息？会计提供什么样的信息？会计如何提供信息？

（一）会计信息需求者及需要的主要信息

会计信息的需求者主要包括：投资者、债权人、政府及其有关部门、证券管理机构、客户、企业内部管理当局、企业职工及工会、社会咨询机构和社会公众等。各个方面对企业会计信息关心的角度和目的各不相同。一般而言，投资者最关心的是权益的风险，投资是否能够增值，投资报酬多少，能够有多大的投资收益，这些信息决定了投资者的投资决策。此外，企业投资者在企业委托代理关系中又是委托者，还需要根据会计信息对经营管理者进行分析评价。债权人主要关注企业偿还债务资金的能力，企业是否有条件和能力支付利息，债权人提供的资金有无重大风险，等等。政府及其有关部门为了对社会经济的发展实施宏观调节和控制，为了制定管理企业经济活动的法规并实施，以及为了掌握社会资源的配置情况，政府及其各职能部门需要定期地获得企业的会计信息，以用来分析研究社会经济发展动态，并据以制定有关财政货币政策。证券管理机构关心企业是否遵循公司法及证券管理法规，是否有虚假信息披露等违规操作。客户所关心的是企业的生产经营能力及售后服务能力等。企业内部的管理部门及有关人员，对企业日常经营活动进行控制和管理，制定重大的投资、筹资和经营决策，进行财务预测和预算，提高企业的经济效益，他们也需要借助会计信息来完成其职能。企业职工和工会关心企业的稳定性，职工福利制度是否健全等。社会咨询机构等所关心的是企业的财务分析资料及相关经济信息，如并购信息、重组信息等。社会公众所关心的是企业履行社会责任的情况。

（二）会计提供何种信息

会计提供何种信息，即会计信息的内容。由于会计信息需求者所需要的信息不同，会计不可能满足所有个别特殊的信息要求，而是提供所通用的会计信息，以适应不同信息需求者的共同要求。一般而言，会计主要提供企业财务状况、经营成果和现金流量等方面的财务信息，同时包括会计责任方面的信息，以利于评价受托者经营责任并有利于信息需求者做出决策。

（三）会计如何提供信息

会计如何提供信息，即会计信息的输出形式和质量要求。会计主要通过财务会计报告的形式对外提供会计信息。对外提供财务会计报告是会计的主要内容，财务会计报告的目标决定了会计所提供的信息内容，规定了会计信息的质量品质。一般而言，会计信息质量的基本要求即决策有用性，体现为相关性和可靠性。财务会计报告目标在整个财务会计系统和企业会计准则体系中具有十分重要的地位，是构建会计要素确认、计量和报告原则并制定各项准则的基本出发点。

第五节 会 计 要 素

一、资金平衡关系

企业资金运动处于静态状况时，表现为资金的占用和资金的来源两个方面，这两个方面存在着相互依存、互为转化的关系，有一定的资金占用，必定有一定的资金来源，这是同一资金的两个侧面，反映了资金的来龙去脉，表示资金的来源与去处，且两者的数额是相等的。

下面举例说明企业资金的来龙去脉。

假设某企业现有的财务状况是：所有者投入资本 1 000 000 元，向银行临时借入 300 000 元，则该企业的资金来源为 1 300 000 元；另一方面，该企业用银行存款购入生产产品所用的原材料为 200 000 元，购置设备 500 000 元，购买股票 100 000 元，银行存款结余 500 000 元，由此可以看出，资金占用也是 1 300 000 元，两者总额是相等的。如表 1 - 1 所示。

表 1 - 1   单位：元

资金来源		资金占用	
实收资本	1 000 000	原材料	200 000
短期借款	300 000	固定资产	500 000
		交易性金融资产	100 000
		银行存款	500 000
合计	1 300 000	合计	1 300 000
		资金总额	1 300 000

二、会计要素

（一）会计要素的概念及其构成

由于会计对象的内容繁多，涉及面广，为了便于会计核算，需要对其作进一步的分类，这样的分类有利于对不同经济类别进行确认、计量、记录和报告，而且还可以为建立会计科目和设计会计报表提供依据。这种分类，在会计上称为会计要素。概括地说，会计要素就是对会计对象按其经济特征所作的进一步分类。由此形成会计报表的框架和基础，因此又称为会计对象要素或会计报表要素，它是会计对象的具体表现。

前已述及，资金运动具有显著运动状态和相对静止状态，由资金投入、资金循环与周转、资金退出三部分构成。对于企业来说，资金投入包括企业所有者投入和债权人投入两类，从而形成企业的资产总额。债权人对投入资产的求偿权，称为债权人权益，表现为企业的负债；企业所有者对净资产（资产与负债的差额）的所有权称为所有者权益。在一定时点（月末、季末、半年末、年末）这一相对静止状态来看，资产总额与负债及所有者权益的合计必然相等，由此分离出资产、负债及所有者权益三项资金运动静止状态的会计要素。另一方面，企业的各项资产经过一定时期（月度、季度、半年度、年度）的营运，将发生一定的耗费，生产出特定种类和数量的产品，产品销售后获得收入，收支相抵后确认出当期损益，由此分离出收入、费用及利润三项资金运动显著运动状态的会计要素。资产、负债及所有者权益构成资产负债表的基本框架，收入、费用及利润构成利润表的基本框架，所以这六项会计要素又称为会计报表要素。

（二）企业会计要素的基本内容

1. 资产

资产是指企业过去的交易或者事项形成的，由企业拥有或者控制的，预期会给企业带来经济利益的资源。

资产的定义主要包括以下几个方面的含义：

第一，资产从本质上讲是一种经济资源，也就是说，它可以作为生产要素投入到生产经营中去。

第二，资产是由过去的交易、事项所形成的。未来的、尚未发生的事项的可能后果不能确认为资产，也没有可靠的计量依据。企业通过购买、自行建造等方式形成某项设备，或销售产品而形成一项应收账款等，都是企业的资产，但企业预计在未来某个时点将要购买的设备，因其相关的交易或事项尚未发生，就不能作为企业的资产。

交易是指发生在两个不同会计主体之间的价值转移，这种交易可以是双向交换，也可以是单向交换，如向另一会计主体进行投资等；事项是指发生在会计主体内部各部门之间的资源转移。我国会计工作中，习惯上将交易、事项统称为"经济业务"。

第三，资产是由企业拥有或控制的。一般来说，一项资源要作为资产予以确认，应该拥有此项资源的所有权，企业可以按自己的意愿使用或处置资产，其他企业或个人未经同意，不能擅自使用、处置本企业的资产。但在某些情况下，对于一些特殊方式形成的资产，企业虽然对其不拥有所有权，但能够实际控制的，按照实质重于形式的原则，也应当确认为企业的资产，如融资租入的固定资产。

第四，资产应该预期能够为企业带来经济利益，这是资产最重要的特征。例如，一条在技术上已经被淘汰的生产线，尽管在实物形态上仍然存在，但它实际已经不能再用于产品生产，不能为企业带来经济利益。这样的生产线，就不应确认为企业的资产，而应在其失去为企业创造未来经济利益的时候，确认为一项损失。作为资产，应该同时具备以上四条标准。

按流动性的强弱，资产可分为流动资产和非流动资产。

（1）流动资产是指预计在一个正常营业周期中变现、出售或耗用，或者主要为交易目的而持有，或者预计在资产负债表日起一年内（含一年）变现的资产。主要包括货币资金、交易性金融资产、应收及预付款项和存货等。

货币资金是指企业库存的现金以及在银行和其他金融机构的各种存款，它们是企业流动性最强的资产；

交易性金融资产主要是指企业为了近期内出售的金融资产，主要是企业以赚取差价为目的从二级市场购入的股票、债券、基金等；

应收及预付款是指企业在日常生产经营中发生的各项债权。包括应收款项（应收账款、应收票据、其他应收款、应收股利、应收利息）和预付账款等；

存货是指企业在日常生产经营过程中持有以备出售，或者仍然处在生产过程，或者在生产或劳务提供过程中将消耗的材料或物料等。包括各类材料、库存商品、在产品、包装物、低值易耗品等。

（2）非流动资产是指流动资产以外的资产。主要包括长期投资、固定资产、无形资产等。长期投资是指企业持有期间准备超过一年的各种股权性质的投资及不准备随时变现的债券投资等，如持有至到期投资、长期股权投资等。

固定资产是指企业为生产商品、提供劳务、出租或经营管理而持有的、使用寿命超过一个会计年度的各种房屋、建筑物、机器设备、运输设备等。

无形资产是指企业为生产商品、提供劳务、出租给他人或为管理目的而持有的、没有实物形态的、可辨认的非货币性资产，如专利权、非专利技术、商标权、著作权、土地使用权、特许权等。

2. 负债

负债是指过去的交易、事项形成的现时义务，履行该义务预期会导致经济利益流出企业。

负债的定义包括以下含义：

第一，负债是一种经济责任，或者说是一项义务，它需要企业进行偿还。

第二，清偿负债会导致企业未来经济利益的流出，如支付现金、提供劳务、转让其他财产等。

第三，负债是企业过去的交易、事项的一种后果。如赊购货物形成的应付账款、借入的款项等，只有因过去的交易或事项而产生的负债，才能予以确认偿还的义务，而正在筹划的未来的交易或事项是不会产生负债的。另外，会计上的负债一定是能够以货币计量的经济责任，同时，负债具有明确的债权人和偿付日期且其偿还方式应该为债权人所接受。

负债按其流动性，分为流动负债和非流动负债。

（1）流动负债是指企业将在一年（含一年）或者超过一年的一个营业周期内偿还的债务，包括短期借款、应付票据、应付账款、预收账款、应付职工薪酬、应付股利、应交税费、其他应付款等。

短期借款是指企业向银行或其他金融机构借入的偿还期限在一年以下（含一年）的各种借款。如生产周转借款等。

应付账款是指企业因购买材料、商品和接受劳务供应等而应付给供应单位的款项。

应付职工薪酬是指企业根据国家有关规定应付给职工的各种薪酬，包括职工工资、奖金、津贴和补贴，职工福利费，医疗、养老、失业、工伤、生育等社会保险费，住房公积金，工会经费，职工教育经费，非货币性福利等因职工提供服务而产生的义务。

应付股利是指企业应付给投资者的现金股利或利润。

应交税费是指企业应交纳的各种税金。如增值税、消费税、营业税、所得税、资源税、城市维护建设税等。

（2）非流动负债是指流动负债以外的负债，主要包括长期借款、应付债券等。

长期借款是指企业向银行或其他金融机构借入的期限在一年以上（不含一年）的各种

借款。

应付债券是指企业通过发行债券取得的资金而应付给债券持有者的债务。

3. 所有者权益

所有者权益是指企业资产扣除负债后，由所有者享有的剩余权益。包括实收资本（或者股本）、资本公积、盈余公积和未分配利润等。

所有者权益包括以下内容：

（1）实收资本（或股本）是指投资者按照企业章程或合同、协议的约定，实际投入企业的资本，是企业所有者权益的重要组成部分。其中，股份有限公司的实收资本称为股本。

（2）资本公积。资本公积包括资本溢价（或股本溢价）和直接计入所有者权益的利得和损失等。资本（或股本）溢价，是指企业投资者投入的资金超过其在注册资本中所占份额的部分。

（3）盈余公积是指企业按照规定比例从净利润中提取的各种公积金，属于具有特定用途的留存收益。

（4）未分配利润是指截至年度末留存在企业累计未分配的利润。

盈余公积和未分配利润是由企业在生产经营过程中所实现的利润留存在企业所形成的，因此，盈余公积和未分配利润又被称为留存收益。

4. 收入

收入是指企业在日常活动中形成的、会导致所有者权益增加的、与所有者投入资本无关的经济利益的总流入。

对收入的定义，具有以下四个方面的含义：

第一，收入是企业在日常活动中形成的。日常活动是指企业为完成其经营目标所从事的经常性活动以及与之相关的活动。例如，工业企业制造并销售产品、商业企业销售商品、咨询公司提供咨询服务、软件企业为客户开发软件、租赁公司出租资产等，均属于企业的日常活动。明确界定日常活动是为了将收入与利得相区分，因为企业非日常活动所形成的经济利益的流入不能确认为收入，而应当计入利得。

第二，收入会导致所有者权益的增加。与收入相关的经济利益的流入应当会导致所有者权益的增加，不会导致所有者权益增加的经济利益的流入不符合收入的定义，不应确认为收入。例如，企业向银行借入款项，尽管也导致了企业经济利益的流入，但该流入并不导致所有者权益的增加，反而使企业承担了一项现时义务，应当确认一项负债。

第三，收入是与所有者投入资本无关的经济利益的总流入。收入应当会导致经济利益的流入，从而导致资产的增加。但是，经济利益的流入有时是所有者投入资本的增加所导致的，所有者投入资本的增加不应当确认为收入，应当将其直接确认为所有者权益。例如，企业销售商品，应当收到现金或者在未来有权收到现金，才表明该交易符合收入的定义。

收入可以有不同的分类。按收入的性质，可以分为销售商品收入、提供劳务收入和让渡资产使用权取得的收入。按企业经营业务的主次分类，可以分为主营业务收入和其他业务收入。

5. 费用

费用是指企业在日常活动中发生的、会导致所有者权益减少的、与向所有者分配利润无关的经济利益的总流出。

费用的定义，主要有以下三个方面的含义：

第一，费用是企业在日常活动中形成的。企业在销售商品、提供劳务等日常活动中所发生的费用，可划分为两类：一类是应计入成本（如制造业的产品成本）的生产费用，包括直接材料、直接人工和制造费用；另一类是不应计入成本而直接计入当期损益的期间费用，包括管理费用、财务费用和销售费用。两类之间既有联系也有区别。前一类习惯称为成本，是按一定对象所归集的费用，是对象化了的费用，成本与一定种类和数量的产品或商品相联系，而不论发生在哪一个会计期间；期间费用是资产的耗费，它与一定的会计期间相联系，而与生产哪一种产品无关。

企业非日常活动所形成的经济利益的流出不能确认为费用，而应当计入损失。

第二，费用会导致所有者权益的减少。与费用相关的经济利益的流出应当会导致所有者权益的减少，不会导致所有者权益减少的经济利益的流出不符合费用的定义，不应确认为费用。例如，企业用银行存款100万元购买生产用原材料，尽管使企业经济利益流出了100万元，但并不会导致企业所有者权益的减少，它使企业增加了另外一项资产（存货）。在这种情况下，就不应当将该经济利益的流出确认为费用。

第三，费用是与向所有者分配利润无关的经济利益的总流出。费用与收入相反，收入是资产流入企业形成的，而费用则是企业资金的支出，其实质就是一种资产流出，最终导致减少企业资源。由于企业向所有者分配利润也会导致经济利益的流出，而该经济利益的流出显然属于所有者权益的抵减项目，不应确认为费用。

6. 利润

利润是企业在一定会计期间的经营成果。

利润包括收入减去费用后的净额、直接计入当期利润的利得和损失等。其中收入减去费用后的净额反映的是企业日常活动的经营业绩；直接计入当期利润的利得和损失反映的是企业非日常活动的业绩。例如，企业处置固定资产，该事项不属于企业的日常经营活动发生的事项，企业由于该事项增加的收益就属于直接计入当期损益的利得，而由于该事项导致的损失就属于直接计入当期损益的损失。企业应当严格区分收入和利得、费用和损失之间的区别，以更加全面地反映企业的经营业绩。

利润是企业在一定会计期间的经营成果，如果为正数即是利润，反之为亏损。营业利润加营业外收入，减去营业外支出，其余额称为利润总额；利润总额减去所得税费用，其余额称为净利润。

第六节 会计基本前提与会计信息质量要求

一、会计基本前提

前面介绍的资金运动作为会计对象仍然是比较抽象的，具体落实到会计核算上，如何处理？在进行会计核算时首先应当明确前提条件，即会计核算的基本前提（或称基本假设），并在此基础上建立会计核算的基本原则。它之所以又称假设，是指面对变化不定的社会经济环境，会计人员对某种情况进行会计工作的先决条件所作出的合理推断或人为规定。按照国际会计惯例，结合我国情况，企业在组织会计核算时，应以会计主体、持续经营、会计分期、货币计量作为会计核算的基本前提。

（一）会计主体

会计主体又称会计实体，是指会计为之服务的特定单位。会计主体前提是指会计人员只能核算和监督所在主体的经济活动。它明确了会计工作的空间范围。

一般认为，会计主体与法人主体不是同一概念，它可以是一个有法人资格的企业，也可以是由若干家企业通过控股关系组织起来的集团公司，也可以是企业、行政事业单位下属的二级核算单位。

提出会计主体概念，是为了把会计主体的经济业务与其他会计主体以及投资者的经济业务划分开。会计人员只是站在特定会计主体的立场上，核算特定主体的经济活动。

（二）持续经营

持续经营是指在可以预见的将来，企业将会按当前的规模和状态继续经营下去，不会停业，也不会大规模削减业务。在持续经营的前提下，会计确认、计量和报告应当以企业持续、正常的生产经营活动为前提。

会计主体确定后，只有假定这个作为会计主体的企业或行政事业单位是持续、正常经营的，会计原则、相关会计程序才有可能建立在非清算的基础之上，不采用合并、破产清算的那一套处理方法。这样才能保持会计信息处理的一致性和稳定性。例如，只有在持续经营的前提下，企业的资产和负债才区分为流动的和非流动的；企业的资产才能以历史成本计价，而不以现行成本或清算价格计价；只有在持续经营的前提下，才有必要和可能进行会计分期，并为采用权责发生制奠定基础。

持续经营是根据企业发展的一般情况所作的设定，而企业在生产经营过程中缩减经营规模乃至停业的可能性总是存在的。为此，往往要求定期对企业持续经营这一前提做出分析和判断。一旦判定企业不符合持续经营前提，就应当改变会计核算的方法，否则会误导会计信息使用者的经济决策。

（三）会计分期

会计分期是指将一个企业持续经营的生产经营活动划分为一个个连续的、长短相同的期间。会计分期的目的在于通过会计期间的划分，将持续经营的生产经营活动划分成连续、相等的期间，据以结算盈亏，按期编报财务报告，从而及时向财务报告使用者提供有关企业财务状况、经营成果和现金流量的信息。

根据持续经营假设，一个企业将要按当期的规模和状况继续经营下去，要确定企业的经营成果，只能等到一个企业在若干年后歇业的时候核算一次盈亏。但是，生产经营活动和财务、经营决策又要求及时得到有关信息，为此，就要将持续不断的经营活动划分成一个个相等的期间，分期核算和反映。由于会计分期，才产生了本期与非本期的差别，才使不同类型的会计主体有了记账的基准，进而出现了折旧、摊销等会计处理方法。

在会计分期假设下，企业应当划分会计期间，分期结算账目和编制财务报告。

会计期间通常分为年度和中期。中期，是指短于一个完整的会计年度的报告期间，如半年、季度、月份。会计期间的确定主要是确定会计年度，会计年度的确定有两种方法：一是公历年度，即当年 1 月 1 日起至当年 12 月 31 日止；二是营业年度，如从当年 7 月 1 日起至次年 6 月 30 日止。我国规定以公历年度作为一个会计年度。

（四）货币计量

企业的经济活动千差万别，财产物资种类繁多，选择合理、适用又简化的计量单位，对于提高会计信息质量具有至关重要的作用。货币计量，是指企业的生产经营活动及经营成果，或其他单位的经济活动都通过货币计量予以综合反映，其他计量单位虽也要使用，但不占主要地位。货币计量能对所有会计对象采用同一种货币作为统一尺度来进行计量，并把企业经营活动和财务状况的数据转化为按统一货币单位反映的会计信息。

在我国，要求采用人民币作为记账本位币，同时也规定，业务收支以人民币以外的货币为主的单位，可以选定其中一种货币作为记账本位币，但编制的财务报表应当折算为人民币反映。境外企业向国内有关部门编制财务报表，也应当折算为人民币反映。

上述会计核算的四项基本前提，具有互相依存、互相补充的关系。会计要确定为之服务的特定单位和范围，采用货币为统一的计量尺度，在持续经营条件下选择恰当的会计方法对日常的经济业务记录、计算和反映，并按等距期间定期完整、及时、准确地编制出会计报表，这就构成了企业开展会计工作、组织会计核算的前提条件和理论基础。没有会计主体，就不会有持续经营；没有持续经营，就不会有会计分期；没有货币计量，就不会有现代会计。

二、会计基础

企业会计的确认、计量和报告应当以权责发生制为基础。权责发生制基础要求，凡是当期已经实现的收入和已经发生或应当负担的费用，无论款项是否收付，都应当作为当期的收入和费用，计入利润表；凡是不属于当期的收入和费用，即使款项已在当期收付，也不应当作为当期的收入和费用。

在实务中，企业交易或者事项的发生时间与相关货币收支时间有时并不完全一致。例如，款项已经收到但销售并未实现；或者款项已经支付，但并不是为本期生产经营活动而发生的。为了更加真实、公允地反映特定会计期间的财务状况和经营成果，会计基本准则明确规定，企业在会计确认、计量和报告中应当以权责发生制为基础。

收付实现制是与权责发生制相对应的另一种会计基础，它是以收到或支付的现金作为确认收入和费用等的依据。目前，我国的行政单位会计采用收付实现制，事业单位会计除经营业务可以采用权责发生制外，其他大部分业务采用收付实现制。

三、会计信息质量要求

会计信息质量要求是使财务报告中所提供会计信息对投资者等使用者决策有用所应具备的基本特征，它主要包括可靠性、相关性、可理解性、可比性、实质重于形式、重要性、谨慎性和及时性等。

（一）可靠性

可靠性要求企业应当以实际发生的交易或者事项为依据进行确认、计量和报告，如实反映符合确认和计量要求的各项会计要素及其他相关信息，保证会计信息真实可靠、内容完整。为了贯彻可靠性要求，企业应当做到：

（1）以实际发生的交易或者事项为依据进行确认、计量，将符合会计要素定义及其确认条件的资产、负债、所有者权益、收入、费用和利润等如实反映在财务报表中，不得根据虚构的、没有发生的或者尚未发生的交易或者事项进行确认、计量和报告。

（2）在符合重要性和成本效益原则的前提下，保证会计信息的完整性，其中包括应当编报的报表及其附注内容等应当保持完整，不能随意遗漏或者减少应予披露的信息，与使用者决策相关的有用信息都应当充分披露。

（二）相关性

相关性是指会计信息应与决策相关，对决策具有决定性意义，会导致决策上的差别。对于未来事件利用相关信息，使用者可以预测其结果，可以证实以往预测的可靠程度或者据以对以往预测加以修正。如果提供的信息不能导致决策上的差别，不能影响决策者的评价结果，那么这种信息不具有相关性。例如，区分流动资产和非流动资产、流动负债和非流动负债以及适度引入公允价值等，都可以提高会计信息的预测价值，进而提升会计信息的相关性。

相关性是以可靠性为基础的，两者之间并不矛盾，不应将两者对立起来。也就是说，会计信息在可靠性前提下，尽可能地做到相关性，以满足投资者等财务报告使用者的决策需要。

（三）可理解性

企业编制财务报告、提供会计信息的目的在于使用，为了使使用者有效使用会计信息，应当能让其了解会计信息的内涵，这就要求财务报告所提供的会计信息应当清晰明了，易于理解，以提高会计信息的有用性，实现财务报告的目标。可理解性要求企业提供的会计信息应当清晰明了，便于投资者等财务报告使用者理解和使用。

会计信息毕竟是一种专业性较强的信息产品，在强调会计信息的可理解性要求的同时，还应假定使用者具有一定的有关企业经营活动和会计方面的知识，并且愿意付出努力去研究这些信息。对于某些复杂的信息，如交易本身较为复杂或者会计处理较为复杂，但其与使用者的经济决策相关的，企业就应当在财务报告中予以充分披露。

（四）可比性

可比性要求企业提供的会计信息应当相互可比。这主要包括两层含义：

（1）同一企业不同时期可比，即纵向可比。要求同一企业不同时期发生的相同或者相似的交易或者事项，应当采用一致的会计政策，不得随意变更。这是为了便于财务报告使用者了解企业财务状况、经营成果和现金流量的变化趋势，比较企业不同时期的财务报告信息，客观地评价过去、预测未来，从而做出决策。但是，满足会计信息可比性要求，并非表明企业不得变更会计政策，如果按照规定或者在会计政策变更后可以提供更可靠、更相关的会计信息，可以变更会计政策。有关会计政策变更的情况应当在附注中予以说明。

（2）不同企业相同会计期间可比，即横向可比。要求不同企业同一会计期间发生的相同或者相似的交易或者事项，应当采用规定的会计政策，确保会计信息口径一致、相互可比，以使不同企业按照一致的确认、计量和报告要求提供有关会计信息，这是为了便于财务报告使用者评价不同企业的财务状况、经营成果和现金流量及其变动情况。

（五）实质重于形式

实质重于形式要求企业应当按照交易或者事项的经济实质进行会计确认、计量和报告，不仅仅以交易或者事项的法律形式为依据。

例如，企业按照销售合同销售商品但又签订了售后回购协议，且在协议中确定了回购价格。虽然从法律形式上实现了收入，但企业并没有将商品所有权上的主要风险和报酬转移给购货方，没有满足收入确认的各项条件，因此即使签订了商品销售合同或者已将商品交付给购货方，也不应当确认销售收入。

（六）重要性

重要性要求企业提供的会计信息应当反映与企业财务状况与经营成果和现金流量有关的所有重要交易或者事项。

如果会计信息的省略或者错报会影响投资者等财务报告使用者据此作出决策的，该信息就具有重要性。重要性的应用需要依赖职业判断，企业应当根据其所处环境和实际情况，从项目的性质和金额大小两方面加以判断。例如，我国会计准则规定，上市公司年度财务报告的附注披露要比中期财务报告的附注披露详细，这种附注披露就体现了会计信息质量的重要性要求。

（七）谨慎性

谨慎性要求企业对交易或者事项进行会计确认、计量和报告应当保持应有的谨慎，不应高估资产或者收益、低估负债或者费用。

在市场经济环境下，企业的生产经营活动面临着许多风险和不确定性，如应收款项的可收回性、固定资产的使用寿命、售出存货可能发生的退货或者返修等。根据谨慎性要求，需要企业在面临不确定性因素的情况下作出职业判断时，应当保持应有的谨慎，充分估计到各种风险和损失，既不高估资产或者收益，也不低估负债或者费用。例如，要求企业对可能发生的资产减值损失计提资产减值准备，就体现了会计信息质量的谨慎性要求。

（八）及时性

及时性要求企业对于已经发生的交易或者事项，应当及时进行确认、计量和报告，不得提前或者延后。

会计信息的价值在于帮助所有者或者其他方面作出经济决策，具有时效性。即使是可靠、相关的会计信息，如果不及时提供就失去了时效性，对于使用者的效用就大大降低甚至不再具有实际意义。对于及时性要求有以下几点：

一是要求及时收集会计信息，即在经济交易或者事项发生后，及时收集整理各种原始单据或者凭证；

二是要求及时处理会计信息，即按照会计准则的规定，及时对经济交易或者事项进行确认或者计量，并编制财务报告；

三是要求及时传递会计信息，即按照国家规定的有关时限，及时地将编制的财务报告传递给财务报告使用者，便于其及时使用和决策。例如，我国上市公司的季度财务报告应该在季度资产负债表日的一个月内报出，年度财务报告应该在年度资产负债表日后的四个月内报出。

四、会计核算方法

会计核算是一个连续、系统和完整的过程，包括确认、计量、记录和报告四方面的内容。即对经济业务进行会计核算时，首先要对经济业务进行确认和计量，在此基础上，利用会计凭证和账簿等进行记录，再以账簿记录等为依据，编制会计报表，并将报表报送给使用者。会计确认和计量贯穿于会计核算的全过程。

（1）会计确认。会计确认就是将某一项目作为某一会计要素正式记入账册，进而在期末正式列入会计报表的过程。

会计确认要解决的问题是：发生的会计交易或事项是否应当记入账册，作为什么要素记入账册，何时记入账册。

会计确认包括要素项目确认和时间确认。确认标准和时间选择是会计确认的核心。要素确认的基本标准是：

① 定义标准，是指要确认的会计交易或事项应符合某一会计要素的定义和特征。

② 具有可计量性，是指某项交易或事项可以用货币计量。

③ 具有相关性，是指在使用人的决策中具有举足轻重的作用。

④ 具有可靠性，是指该项交易或事项必须是真实的、可验证的和客观公正的。

时间确认的基本标准是：应在交易或事项实际发生的时间确认。

（2）会计计量。会计计量是为了将符合确认条件的会计要素登记入账并列报于财务报表而确定其金额的会计处理过程。会计计量包括计量单位和计量属性。

① 计量单位，是指计量尺度的量度单位。一般情况下，会计以货币作为计量单位。

② 计量属性，是指要予以计量的某一会计要素的品质。会计计量属性主要有历史成本、重置成本、可变现净值、现值和公允价值等。

（3）会计记录。会计记录是指各项经济业务经过确认、计量后，采用一定方法在账户中加以记录的过程，包括以原始凭证为依据编制记账凭证，再以记账凭证为依据登记账簿。

（4）会计报告。会计报告就是正式编制财务会计报告，对外传输财务会计信息的过程。会计报表是会计报告的主要构成内容，编制会计报表包括将账簿中的数据资料进行加工整理和综合汇总，并填入相关表格等一系列方法。

会计确认、计量、记录和报告是会计核算的核心，在进行会计核算时，需要运用一系列的专门方法。所谓会计核算方法，是指对会计对象进行确认、计量、记录和报告时所应用的方法。由于会计对象的多样性、经营过程的连续性，这就要求会计核算必须应用一系列专门方法，构成一个完整的科学的方法体系，连续、系统、全面、综合地反映会计对象。主要有以下方法：

（一）设置会计科目和账户

会计科目和账户是对会计对象的具体内容进行的分类，是记录会计对象的工具。通过会计科目和账户，可以有序地、系统地、分类地将会计对象——各项经济业务增减变动的数据记入账户，从而分门别类地提供各种会计信息，供国家、投资者、债权人等有关各方使用。所以，设置会计科目和账户是会计核算最基本的方法。

（二）复式记账

复式记账是与单式记账相对称的一种记账方法。这种方法的特点是对每一项经济业务都要以相等的金额，同时记入两个或两个以上的有关账户中，通过账户的对应关系，可以了解有关经济业务内容的来龙去脉；通过账户的平衡关系，可以检查有关业务的记录是否正确。

（三）填制和审核会计凭证

会计凭证是记录经济业务、明确经济责任的书面证明，是登记账簿的依据。会计凭证必须经过会计部门和有关部门审核。只有经过审核并认为正确无误的会计凭证，才能作为记账的根据。填制和审核会计凭证，不仅为经济管理提供真实可靠的数据资料，也是实行会计监督的一个重要方面。

（四）登记账簿

账簿是指由具有专门格式的账页所组成的簿籍。登记账簿，是运用复式记账原理，根据审核无误的会计凭证，在账簿上连续地、完整地、系统地记录经济业务的一种专门方法。会计凭证填制、审核无误后，应据以进行账簿登记，为企业单位经营管理和编制会计报表提供连续、系统的数据资料。账簿登记后，要定期进行账目核对、结账，使得账证相符、账账相符、账实相符。

（五）成 本 计 算

成本计算是指在生产经营过程中发生的各种费用支出，以确定该对象的总成本和单位成本的一种专门方法。通过成本计算，可以确定材料的采购成本、产品的生产成本和销售成本，可以反映和监督生产经营过程中发生的各项费用是节约还是超支，并据以确定企业经营盈亏。

（六）财 产 清 查

财产清查是指通过盘点实物、核对账目，保持账实相符的一种方法。通过财产清查，可以查明各项财产物资和货币资金的保管和使用情况，以及往来款项的结算情况，监督各类财产物资的安全与合理使用。在清查中如发现财产物资和货币资金的实有数与账面结存数额不一致时，应及时查明原因，通过一定审批手续进行处理，并调整账簿记录，使账面数额与实存数额保持一致，以保证会计核算资料的正确性和真实性。

（七）编 制 会 计 报 表

会计报表是根据账簿记录定期编制的、总括反映企业和行政事业单位特定时点（月末、季末、半年末、年末）和一定时期（月、季、半年、年）财务状况、经营成果、现金流量以及成本费用等的书面文件。会计报表的格式、编制要求、表内各项目的填制方法等，都有统一的要求，使得提供的会计信息具有相关性，满足有关各方对会计信息的需求。

上述各种会计核算方法相互联系、密切配合，构成了一个完整的方法体系。在会计核算方法体系中，一个会计期间内所发生的经济业务，都要通过各环节进行会计处理，将大量的经济业务转换为系统的会计信息，这个转换过程，即是会计循环。

会计循环的基本内容是：经济业务发生后，经办人员要填制或取得原始凭证，经会计人员审核整理后，按照设置的会计科目和账户，运用复式记账法，编制记账凭证，并据以登记账簿；要依据会计凭证和账簿记录对生产经营过程中所发生的各项费用进行成本计算，并依据财产清查对账簿记录进行核实，在保证账实相符的基础上定期编制出会计报表。

第七节 会计学科的发展

综上所述，可以知道经济环境的变化，直接影响到会计学科的产生和发展。简单的经济生活，只需要简单的会计方法，但是当经济活动不断创新、复杂之后，应用复杂的会计方法会为管理者带来高于成本的效益，这时，复杂的会计方法就会被需求，会计学科也因此而发展。

一般而言，财务会计、审计和管理会计构成了现代会计的基本框架。其中，财务会计是以外部信息使用者为向导，向外部信息使用者提供反映企业管理者经营业绩的信息。由于财务会计信息是由企业内部人员提供给外部使用者的，为确保财务报告信息的可靠性，应该由独立于企业的职业会计人员站在中立的角度，对企业所提供的财务会计信息进行鉴证，以确保外部信息使用者的利益不受损害。管理会计主要是面向企业管理当局，为企业的管理层更有效地管理企业提供各种信息。它们相互补充，形成了现代会计学科相对比较完整的体系。

思考与练习

思考题

1. 如何理解会计的含义？会计应当完成哪些任务？

2. 企业会计要素的具体内容是什么？

3. 如何理解会计的目标？会计主要向哪些会计信息需求者提供信息？提供什么样的信息？如何提供信息？

4. 会计核算的基本前提有何意义？包括哪些内容？

5. 会计的基本职能是什么？

6. 什么是会计基础？并说明权责发生制的具体含义。

7. 会计核算方法包括哪些专门方法？如何理解它们之间的关系？

练习题

一、单项选择题

1. 确立会计核算空间范围所依据的会计基本假设是（　　　）。

A. 会计主体　　　　B. 持续经营　　　　C. 会计分期　　　　D. 货币计量

2. 会计在反映企业经济活动时主要使用（　　　）。

A. 实物计量　　　　B. 其他计量　　　　C. 劳动计量　　　　D. 货币计量

3. 会计的基本职能是（　　　）。

A. 反映和控制　　　B. 核算和监督　　　C. 反映与核算　　　D. 核算与分析

4. （　　　）要求企业应当以实际发生的交易或者事项为依据进行确认、计量和报告。

A. 可靠性　　　　　B. 相关性　　　　　C. 可理解性　　　　D. 及时性

5. 基于（　　　）会计基础，凡是当期已经实现的收入和已经发生或应当负担的费用，无论款项是否收付，都应当作为当期的收入和费用，计入利润表。

A. 权责发生制　　　B. 收付实现制　　　C. 会计分期　　　　D. 持续经营

二、多项选择题

1. 下列各项中，属于会计基本假设的有（　　　）。

A. 会计主体　　　　B. 持续经营　　　　C. 会计分期　　　　D. 货币计量

E. 实质重于形式

2. 下列各项中，属于会计信息质量要求的有（　　　）。

A. 可靠性　　　　　B. 可理解性　　　　C. 权责发生制　　　D. 谨慎性

E. 实质重于形式

3. 会计核算全过程包括（　　　　）。

A. 确认　　　　　　　B. 计量　　　　　　　C. 记录　　　　　　　D. 监督

E. 报告

4. 会计信息需求者包括（　　　　）。

A. 投资者　　　　　　B. 债权人　　　　　　C. 政府部门　　　　　D. 社会公众

E. 企业职工

5. 以下内容属于会计核算方法的有（　　　　）。

A. 设置账户　　　　　B. 复式记账　　　　　C. 登记账簿　　　　　D. 成本核算

E. 货币计量

三、判断题

1. 会计的核算和监督是会计的两个基本职能。如果只有核算，没有监督就无法保障会计信息的真实和可靠；所以会计的监督职能是会计最基本的职能。　　　　　（　　　）

2. 投资者最为关心的是企业的偿债能力。　　　　　（　　　）

3. 对企业财务会计报告规定报送时间，体现了会计核算重要性要求。　　　　　（　　　）

4. 一般认为，会计主体与法人主体不是同一概念，它可以是一个有法人资格的企业，也可以是由若干家企业通过控股关系组织起来的集团公司，也可以是企业下属的二级核算单位。　　　　　（　　　）

5. 会计产生于经济管理的需要，并随着经济管理的发展不断地发展和完善。（　　　）

第二章

会 计 循 环

【内容提要】

会计循环是指经济业务发生时，从填制和审核会计凭证开始，到登记账簿，直至编制财务会计报告的账务处理过程。会计循环的起点是原始凭证，终点是财务会计报告。企业应采用的记账方法是借贷记账法，其试算平衡有发生额平衡法和余额平衡法两种。记账凭证是根据原始凭证编制的、确定会计分录的凭证，是直接据以记账的依据，一般分为收款凭证、付款凭证和转账凭证三种。以会计凭证为依据，具有一定格式，用来系统、序时、分类记录各交易或事项的簿籍，就是会计账簿。账簿记录是编制会计报表的重要依据，在编表前，应按照权责发生制的要求进行有关账项调整，进行财产清查，保证账实相符；同时应及时进行对账和结账，并在此基础上编制财务会计报告。上述由取得原始凭证到编制财务会计报告，便形成了一次会计循环。

【教学要点】

本章的教学要点包括会计科目与账户的概念、内容，借贷记账法及账户结构，会计分录编制，会计凭证的概念、作用、类型及填制，会计账簿的概念、作用及登记方法，试算平衡的方法，主要的会计核算形式等。

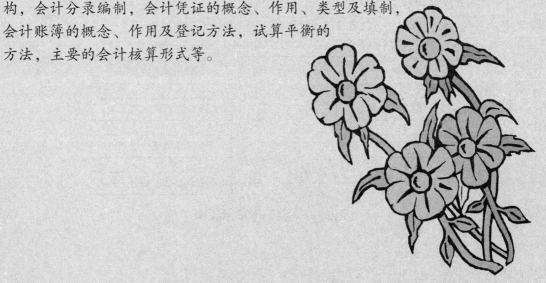

第一节 会计循环概述

会计是一个信息系统，在这个系统中，会计人员运用复式记账法对经济业务进行处理，并在此基础上编制财务报告以提供完整信息。确认、计量、记录是会计人员"生产"会计信息的过程，财务报告是会计人员生产的"产品"。习惯上，人们将这种依次发生、周而复始地以记录为主的会计处理过程称为会计循环。

从具体记录方法的角度理解会计循环，可以认为它从填制和审核凭证开始，依次经过登记账簿、成本计算、财产清查等加工程序，到最后编制财务报告，从而完成一次会计循环。会计循环的过程和步骤如下：

（1）会计确认。企业发生经济业务后，以能否用货币计量为标准分析发生的经济业务，将能够以货币计量的经济业务纳入会计核算系统，并确定经济业务的发生对会计要素的具体影响。

（2）编制会计分录。通过审核原始凭证分析具体的经济业务，在记账凭证上编制会计分录：确定应借、应贷账户的名称及金额，以便据以登记有关账簿。

（3）记账。根据已编制审核的会计凭证登记到日记账及分类账簿中，以便分类反映各会计要素，也称为过账。

（4）对账、结账。进行对账工作，并将各种收入账户和费用账户转到有关账户中，结清收入和费用账户，以便结出本期的经营成果。

（5）编制调整前的试算平衡表。根据账簿中记载的余额、发生额等编制试算平衡表，以检验账簿记录的正确性。

（6）编制期末调整分录并过账。依据权责发生制原则对分类账户的有关记录进行调整，以便正确计算当期损益；对未入账的经济业务编制调整分录，以使各账户反映最新的情况。

（7）编制调整后的试算平衡表。由于编制了期末调整分录并过账，需要再次编制调整后的平衡表，再次检验账簿记录的正确性。

（8）编制正式的财务报告。根据调整后的试算平衡表编制正式的财务报告。

上述步骤可以通过图 2 - 1 表示。

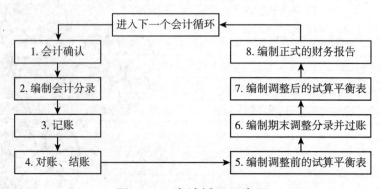

图 2 - 1 会计循环示意图

会计循环过程的主要环节是"会计凭证→会计账簿→会计报表",简称为"证、账、表"过程。在学习中,以编写会计分录代替填制会计凭证,以登记"丁"字账户或"T"形账户代替登记会计账簿,以简化的表格代替正式的会计报表。另外,本章将不涉及会计循环中的"6. 编制期末调整分录并过账",从而也将不探讨"7. 编制调整后的试算平衡表"这个环节。

第二节 会计科目与账户

一、设置会计科目的意义和原则

会计科目是对会计对象具体内容进行分类核算的项目。为了全面、系统地反映和监督各项会计要素的增减变动情况,分门别类地为经济管理提供会计信息,就需要设置会计科目。例如,为了反映和监督各项资产的增减变动,设置了"库存现金"、"原材料"、"交易性金融资产"、"固定资产"等科目;为了反映和监督负债及所有者权益的增减变动,设置了"短期借款"、"应付账款"、"长期借款"和"实收资本"、"资本公积"、"盈余公积"等科目;为了反映和监督收入、成本、费用和利润的增减变动,设置了"主营业务收入"、"生产成本"、"管理费用"、"本年利润"和"利润分配"等科目。

在实际工作中,会计科目是通过《企业会计准则——应用指南》预先规定的,它是开设账户、处理账务所必须遵守的规则和依据,是正确组织会计核算的一个重要条件。设置会计科目应遵循以下原则:(1)必须结合会计对象的特点,全面反映会计对象的内容。(2)既要满足对外报告的要求,又要符合内部经营管理的需要。(3)既要适应经济业务发展的需要,又要保持相对稳定。(4)做到统一性与灵活性相结合。(5)会计科目要简明、适用,并要分类、编号。

二、会计科目的内容和级次

会计科目作为一个体系包括科目的内容和科目的级次。科目的内容反映各科目之间的横向联系,科目级次反映科目内部的纵向联系。

(一)会计科目的内容

会计科目的内容是指在设计会计制度时,要规定会计科目反映的经济内容。要依据会计要素各组成内容的客观性质划分,并要适应宏观和微观经济管理的需要。

为了便于掌握和运用会计科目,使记账工作正常进行,对会计科目还应进行分类和编号,并编成会计科目表。一般工业企业所设置的基本会计科目见表 2 - 1。

表2-1 《企业会计准则——应用指南》附录中规定的会计科目（部分）

顺序号	编号	会计科目名称	
一、资产类			
1	1001	库存现金	
2	1002	银行存款	
3	1012	其他货币资金	
4	1101	交易性金融资产	
5	1121	应收票据	
6	1122	应收账款	
7	1123	预付账款	
8	1131	应收股利	
9	1132	应收利息	
10	1221	其他应收款	
11	1231	坏账准备	
12	1401	材料采购	
13	1402	在途物资	
14	1403	原材料	
15	1404	材料成本差异	
16	1405	库存商品	
17	1406	发出商品	
18	1408	委托加工物资	
19	1411	周转材料	
20	1471	存货跌价准备	
21	1501	持有至到期投资	
22	1502	持有至到期投资减值准备	
23	1503	可供出售金融资产	
24	1511	长期股权投资	
25	1512	长期股权投资减值准备	
26	1521	投资性房地产	
27	1531	长期应收款	
28	1601	固定资产	
29	1602	累计折旧	

顺序号	编号	会计科目名称	
一、资产类			
30	1603	固定资产减值准备	
31	1604	在建工程	
32	1605	工程物资	
33	1606	固定资产清理	
34	1701	无形资产	
35	1702	累计摊销	
36	1703	无形资产减值准备	
37	1711	商誉	
38	1801	长期待摊费用	
39	1811	递延所得税资产	
40	1901	待处理财产损溢	
二、负债类			
41	2001	短期借款	
42	2101	交易性金融负债	
43	2201	应付票据	
44	2202	应付账款	
45	2203	预收账款	
46	2211	应付职工薪酬	
47	2221	应交税费	
48	2231	应付利息	
49	2232	应付股利	
50	2241	其他应付款	
51	2501	长期借款	
52	2502	应付债券	
53	2701	长期应付款	
54	2901	递延所得税负债	
三、所有者权益类			
55	4001	实收资本	
56	4002	资本公积	
57	4101	盈余公积	

顺序号	编号	会计科目名称	
三、所有者权益类			
58	4103	本年利润	
59	4104	利润分配	
四、成本类			
60	5001	生产成本	
61	5101	制造费用	
62	5201	劳务成本	
63	5301	研发支出	
五、损益类			
64	6001	主营业务收入	
65	6051	其他业务收入	
66	6101	公允价值变动损益	
67	6111	投资收益	
68	6301	营业外收入	
69	6401	主营业务成本	
70	6402	其他业务成本	
71	6403	营业税金及附加	
72	6601	销售费用	
73	6602	管理费用	
74	6603	财务费用	
75	6701	资产减值损失	
76	6711	营业外支出	
77	6701	所得税费用	
78	6901	以前年度损益调整	

（二）会计科目的级次

一般情况下，会计科目的级次可分为以下两类：

（1）总分类科目。是对会计要素具体内容所作的总括分类，是提供总括性核算指标的科目。如："固定资产"、"原材料"、"实收资本"、"应付账款"等。

（2）明细分类科目。是对总分类科目所含内容所作的进一步分类，是提供详细、具体核算指标的科目。如"应付账款"总分类科目下按具体单位分设的明细科目，具体反映应付哪个单位的货款。

会计科目的级次要体现提供核算指标的详细程度，会计科目级次的设置要兼顾各会计信息使用者的需要。为了适应管理工作的需要，如果有的总分类科目下设的明细科目太多时，可在总分类科目与明细分类科目之间增设二级科目（也称子目）。一般讲，明细科目可分为二级、三级等级次，即总分类科目统辖下属数个明细科目，或者是统辖下属数个二级科目，再在每个二级科目下设置明细科目。

按我国现行会计制度规定，总分类科目一般由财政部统一制定，在不影响会计核算要求和会计报表指标汇总以及对外提供统一的会计报表的前提下，各单位可以根据实际情况自行增设、减少或合并某些会计科目。明细分类科目除会计制度规定设置的以外，在不违反统一会计核算要求的前提下，各单位可根据实际需要自行设置。

当然，也不是所有总分类科目都需要设置明细分类科目。有的总分类科目就不设明细分类科目，如"库存现金"、"银行存款"等。

会计科目按提供指标详细程度的分类如表 2-2 所示。

表 2-2 会计科目按提供指标详细程度的分类

总分类科目 （一级科目）	明细分类科目	
	二级科目（子目）	明细科目（细目）
生产成本	××车间	×产品 ×产品
	××车间	×产品 ×产品
其他应收款	备用金	×部门或个人

三、账户及其基本结构

（一）设置账户的必要性

账户是对会计要素进行分类核算的工具，它以会计科目为名称，并具有一定的格式。账户能够提供有关会计要素变动情况和变动结果的数据资料。账户的开设与会计科目的级次有关，即根据总分类科目开设总分类账户，根据明细分类科目开设明细分类账户。由于总分类账户提供的是总括分类核算指标，因而一般只用货币计量；明细分类账户提供的是明细分类核算指标，因而除用货币量度外，有的还用实物量度（件、千克、吨等）辅助计量。

账户与会计科目是两个既相互联系又有区别的概念。它们都被用来分门别类地反映会计对象的具体内容，但账户是根据会计科目开设的，会计科目只是账户的名称，它只能表明该科目核算的经济内容和结构，而账户除了名称之外，还具有一定的格式，可以对会计对象进行连续、系统的记录，以反映该账户所记录经济内容的增减变化及其结果。由于账户按照会计科目命名，两者名称完全一致，因而在实际工作中，会计科目与账户常被作为同义词来理解，互相通用，不加区别。

（二）账户的基本结构

由于经济业务的发生所引起的各项会计要素的变动，从数量上看不外乎是增加和减少两种情况。因此，账户结构也相应地分为两个基本部分，划分为左右两方，以一方登记增加额，另一方登记减少额。账户一般应包括下列内容：

（1）账户的名称（即会计科目）；

（2）年、月、日（登记日期）；

（3）凭证种类、编号（登账的依据）；

（4）摘要（概括说明经济业务的内容）；

（5）增加或减少的金额及余额。

账户的一般格式如表2-3所示。

表2-3　　　　　　　　　　　　　　账户格式

账户名称（会计科目）

年		凭证		摘要	借方	贷方	借或贷	余额
月	日	种类	编号					

上列账户格式是手工记账经常采用的格式。其金额栏下设借、贷两栏，分别记录增加额和减少额，增减相抵后的差额，称为账户的余额。余额按其表示的时间不同，分为期初余额和期末余额。余额和发生额的关系可以用下列公式表示：

$$期末余额 = 期初余额 + 本期增加发生额 - 本期减少发生额$$

为教学方便，可将上列账户简化为"丁"字形（或称"T"形）账户，如图2-2所示。

借方　　　　　　　　　　　账户名称（会计科目）　　　　　　　　　贷方

图2-2　"丁"字形（或"T"形）账户

至于在账户的左右两方中，哪一方记增加，哪一方记减少，则取决于所采用的记账方法和所记录的经济业务内容。

第三节 复式记账法

一、会计基本等式

会计等式是由会计要素所组成的，反映了会计要素之间的平衡关系，它是设置账户、复式记账和编制资产负债表的理论根据。

（一）反映企业某一时点财务状况的等式

$$资产 = 负债 + 所有者权益$$

这是最基本的会计等式。等式左端是从资产的具体形态和分布状况方面来反映企业资产价值总量，等式右端则是从形成、取得的渠道也即从来源方面来反映资产的价值总量。反映的对象是同一的，只是角度不同。企业资产从占用和分布情况来看，体现为不同类别的资产，如银行存款、存货等流动资产，厂房、设备等固定资产。从其来源看：一是向金融机构或非金融机构借款、发行债券、向有关单位赊购物资而形成的应付款等；二是投资者投入资本以及经营过程中形成的盈余也即利润。前者统称为负债，后者统称为所有者权益。也可以说企业的资产归属于所有者和债权人，归属于所有者的部分形成所有者权益，归属于债权人的部分形成债权人权益（从本企业角度即为企业的负债）。资产来源于权益，因此，资产对其提供者承担着满足其要求权的经济责任。因此，有如下等式：

$$资产 = 权益$$

企业的投资人和债权人把资产投入企业因而对企业的资产就享有一定的权利，如收回本金和获取投资报酬的权利。这种权利在会计上统称为权益。债权人和投资人两者的权益具有明显的区别。作为债权人，将资产提供给企业后，一般要求债务人到期偿还债务的本金，并按约定支付利息，因此，会计上将债权人权益称为本企业的负债；投资人将资产投入企业供企业长期使用，目的是获取更高的报酬，称为所有者权益，在数量上等于所有者投入企业的资本和企业累积的利润，即企业的全部资产减去全部负债的余额。资产和权益的数量关系又可以表述如下：

$$资产 = 债权人权益 + 所有者权益$$

或：

$$资产 = 负债 + 所有者权益$$

这一平衡公式反映了会计基本要素（资产、负债和所有者权益）之间的数量关系，反映了企业资产的归属关系，它是设置账户、复式记账、试算平衡和编制会计报表等会计核算方法的理论依据，在会计核算中有着非常重要的地位。

企业在经营过程中，不断发生各种经济业务，例如，购买材料、支付工资、销售产品、上交税费等等。这些业务在会计上称作"会计交易或事项"，其发生会对有关会计要素产生影响。但是，无论发生什么经济业务，上述资产与负债和所有者权益各会计要素之间的平衡关系一直保持不变。经济业务发生后，引起各项资产、负债和所有者权益的增减变动，主要有以下四种类型：

第一种类型：资产和负债及所有者权益双方同时等额增加。

第二种类型：资产和负债及所有者权益双方同时等额减少。

第三种类型：资产内部有增有减，增减的金额相等。

第四种类型：负债及所有者权益内部有增有减，增减的金额相等。

以上四种资金变化情况，如图 2-1 所示。

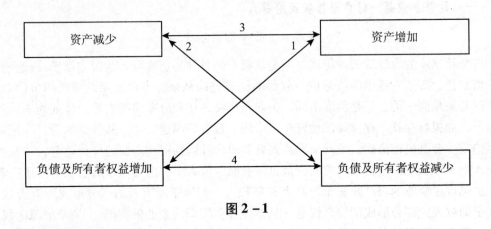

图 2-1

现对上述变化情况举例说明如下：

假设 ABC 公司 20×8 年 3 月末的财务状况如表 2-1 所示。

表 2-1 资产负债表（简式）

20×8 年 3 月 31 日　　　　　　　　　　　　　单位：元

资　产	金　额	负债及所有者权益	金　额
库存现金	5 000	短期借款	220 000
银行存款	180 000	应付账款	200 000
应收账款	55 000		
原材料	120 000		
库存商品	300 000	实收资本	500 000
固定资产	480 000	盈余公积	100 000
无形资产	60 000	未分配利润	180 000
资产合计	1 200 000	负债及所有者权益合计	1 200 000

表 2-1 资产和负债及所有者权益各为 1 200 000 元，双方相等。随着经济业务的发生有关项目会相应发生变化，但无论如何变化，双方的总额总是平衡的。

该公司 4 月份发生以下会计事项：（假设期初的未分配利润均为本年度前 3 个月产生的利润）

【例 2 - 1】 向供货单位购入原材料 10 000 元，货款暂欠，材料已验收入库。

这笔经济业务，使企业资产中的原材料增加 10 000 元，同时使企业负债及所有者权益中应付账款增加 10 000 元，资产项目和权益项目以相等的金额同时增加，双方总额虽然均发生变动，但仍保持平衡关系，结果双方总额仍保持平衡。

【例 2 - 2】 以银行存款归还前欠供应商的货款 20 000 元。

这笔经济业务使资产中的银行存款减少 20 000 元，同时使负债及所有者权益中的应付账款减少 20 000 元，结果双方总额仍保持平衡。

【例 2 - 3】 收回以前销售产品的货款 35 000 元，存入银行。

这笔经济业务使资产中的银行存款增加 35 000 元，同时资产中的应收账款减少 35 000 元，资产方总额不变，双方总额仍保持平衡。

【例 2 - 4】 向银行借入短期借款 30 000 元，直接偿付应付供货单位的货款 30 000 元。

这笔经济业务，使负债及所有者权益中的短期借款增加 30 000 元，同时使负债及所有者权益中的应付账款减少 30 000 元。结果负债及所有者权益方总额不变，双方总额仍保持平衡。

经过上述四项经济业务的变动对会计等式的影响如下：

资产的期初总额 1 200 000 ＝负债及所有者权益期初总额 1 200 000

银行存款	② - 20 000	短期借款	④ + 30 000
	③ + 35 000	应付账款	① + 10 000
应收账款	③ - 35 000		② - 20 000
原材料	① + 10 000		④ - 30 000

资产的期末总额 1 190 000 ＝负债及所有者权益期末总额 1 190 000

可以看出，无论哪一项经济业务的发生，均未破坏会计基本等式的平衡。

会计要素增减变动的 4 种类型还可进一步细分为以下 9 种情况：

（1）一项资产增加，另一项资产减少；

（2）一项负债增加，另一项负债减少；

（3）一项所有者权益增加，另一项所有者权益减少；

（4）一项资产增加，另一项负债增加；

（5）一项资产增加，另一项所有者权益增加；

（6）一项资产减少，另一项负债减少；

（7）一项资产减少，另一项所有者权益减少；

（8）一项负债减少，另一项所有者权益增加；

（9）一项负债增加，另一项所有者权益减少。

（二）反映某一时期经营成果的等式

$$收入 - 费用 = 利润$$

随着企业经营活动的进行，在一个会计期间内，一方面取得各类收入；另一方面也必然会发生与取得收入相关的各种费用。企业一定时期所获得的收入扣除所发生的各项费用后的余额，即表现为利润。收入、费用和利润的上述关系是编制利润表的基础。

在取得收入、发生费用的同时，会有以下的会计要素变动情况：

1. 取得了收入，会表现为资产要素和收入要素同时增加，或者是在增加收入时减少负债。

2. 发生了费用，会表现为费用要素的增加和资产要素的减少，或者是增加费用时增加负债。

3. 在会计期末，按收入减费用计算出的利润再按规定程序进行分配以后，其留归企业部分（如盈余公积金）和未分配部分仍为所有者权益的增加；反之，如若发生亏损则又为所有者权益的减少，变化后的会计等式仍会保持平衡。

将上述变化用等式表示，则有下列扩展的会计等式：

$$资产 = 负债 + 所有者权益 + (收入 - 费用)$$

期末，利润或亏损归入所有者权益之后，等式又恢复为基本等式：

$$资产 = 负债 + 所有者权益$$

因此，可以这样理解几个等式的关系：

在会计基本等式中（资产 = 负债 + 所有者权益），之所以没有"收入"、"费用"、"利润"要素，是因为会计期初或期末时"利润"已经实现并已分配完毕，在数量关系上通过资产、负债、所有者权益三个要素数量变化来体现，所以在形式上已看不到收入、费用或利润的"影子"。换句话说，会计期末与会计期初虽在形式上保持了"资产 = 负债 + 所有者权益"的恒等关系，但恒等的数量基础已经变化，因为期末的恒等式中已经包含了本会计期间利润的实现及其分配因素。

在扩展的会计等式即资产 = 负债 + 所有者权益 + (收入 - 费用)中，反映会计期间内任一时日（不必是会计期末或期初）全部会计要素之间的恒等关系，此时，利润正在实现过程中，当然还没有分配，所以等式包含了收入、费用要素。因此，扩展会计等式可看做是经营资金静态、动态相结合的反映。两个会计等式形式上虽然有差异，本质上却是相同的。

以上说明，任何经济业务发生，都不会破坏资产与权益（负债及所有者权益）的平衡关系。由于这一平衡原理揭示了企业会计要素之间的这种规律性联系，因而它是设置会计科目、复式记账和编制会计报表的理论依据。同时，按照这一平衡原理建立的各种会计方法，可以清楚地反映资产与负债、所有者权益各个会计要素之间的规律性联系，可以为经济管理提供各种会计信息。

二、复式记账原理

（一）记账方法及其种类

记账方法是在账户中登记经济业务的方法。经济业务的发生会引起各有关会计要素的增减变动，如何将这些经济业务登记在有关的账户中，曾采用过不同的方法：即单式记账法和复式记账法。

单式记账法，指对发生的经济业务，只在一个账户中进行登记的记账方法。例如，用银行存款购买材料的业务发生后，只在账户中登记银行存款的付出业务，而对材料的收入业务，却不设账作相应的记录。

复式记账法，指对发生的每一项经济业务，都以相等的金额，在相互关联的两个或两个以上账户中进行登记的记账方法。例如，上述用银行存款购买材料业务，采用复式记账法，则应以相等的金额，一方面在"银行存款"账户中记录银行存款的付出业务；另一方面在"原材料"账户中登记材料收入业务。

单式记账法是一种比较简单、不完整的记账方法。它在选择单方面记账时，重点考虑的是现金、银行存款以及债权债务方面发生的经济业务。因此，一般只设置"库存现金"、"银行存款"、"应收账款"、"应付账款"等账户，而没有一套完整的账户体系，账户之间也形不成相互对应关系，所以不能全面、系统地反映经济业务的来龙去脉，也不便于检查账户记录的正确性。

（二）复式记账法的优点

会计等式的平衡原理，不仅为设置会计科目和账户提供了基础，也是复式记账法建立的理论依据。平衡原理阐述了任何经济业务的发生都会引起会计等式中相关会计要素（资产、负债及所有者权益）的增减变动，但却不会破坏会计等式（资产＝负债＋所有者权益）两边的平衡关系。因此，依据会计等式的平衡原理，当经济业务发生时，以相等的金额，在相互关联的两个或两个以上账户中进行记录，这种记录方法就是复式记账法。由此可见，复式记账法体现了会计等式的平衡原理，是依据会计等式建立的一种记账方法。

与单式记账法相比，复式记账法的优点是：（1）由于对每一项经济业务，都在两个或两个以上相互关联的账户中进行记录。这样，在将全部经济业务都相互联系地记入各有关账户以后，通过账户记录不仅可以清晰地反映每一项经济业务的来龙去脉，而且通过全部经济业务的记录还能够全面、系统地了解经济活动的全过程和结果。（2）由于每项经济业务发生后，都以相等的金额在有关账户中进行记录，因而可据以进行试算平衡，以检查账户记录是否正确。

复式记账法有多种，目前，我国会计制度规定，企业和行政、事业单位均采用复式记账法中的借贷记账法记账。这是因为借贷记账法经过数百年的实践，已被全世界各国公认为是一种科学的记账方法而被广泛采用。另外，从实务角度看，企业间或国与国之间记账方法不统一，会给企业间横向经济联系和国际经济交往带来诸多不便；不同行业、企业记账方法不统一，也必然会加大跨行业的公司和企业集团会计工作的难度，使经济活动和经营成果不能及时、准确地反映。因此，统一记账方法，对会计核算工作的规范和更好地发挥会计的作用具有重要意义。

三、借贷记账法

借贷记账法是以"借"、"贷"作为记账符号，反映各项会计要素增减变动情况的一种记账方法，是各种复式记账法中应用最广泛的一种方法。

（一）借贷记账法的记账符号

"借"、"贷"两字的含义，最初表示债权债务的变化。随着社会经济的发展，"借"、"贷"两字逐渐失去原来的含义，而转化为纯粹的记账符号，用以标明记账的方向。

（二）借贷记账法的账户结构

在借贷记账法下，账户的基本结构是：左方为借方，右方为贷方。但哪一方登记增加，哪一方登记减少，则要根据账户反映的经济内容的性质决定。

1. 资产、负债及所有者权益类账户的结构

按照会计等式建立的资产负债表，资产的项目一般列在左方，负债及所有者权益项目一般列在右方。为了使账户中的记录与资产负债表的结构相一致，各项资产的期初余额应分别记入各该账户的左方（借方）；各项负债及所有者权益的期初余额，应分别记入各该账户的右方（贷方）。这样，在账户中登记经济业务时，资产的增加，应记在与资产期初余额的同一方向，即账户的左方（借方）；资产的减少，应记在资产增加的相反方向，即账户的右方（贷方）；同理，负债及所有者权益的增加，应记在账户的右方（贷方）；负债及所有者权益的减少，应记在账户的左方（借方）。

上述资产类和负债及所有者权益类账户的结构见图2-3和图2-4。

借方	资产类账户名称	贷方
期初余额		
本期增加额	本期减少额	
本期借方发生额合计	本期贷方发生额合计	
期末余额		

图2-3　资产类账户结构

借方	负债及所有者权益类账户名称	贷方
	期初余额	
本期减少额	本期增加额	
本期借方发生额合计	本期贷方发生额合计	
	期末余额	

图2-4　负债及所有者权益类账户结构

2. 成本和费用、收入、利润类账户的结构

成本和费用可理解为资产耗费的转化形态，在抵销收入之前，可以将其看作是一种资

产。所以，成本和费用类账户的结构类似资产类账户，增加额记借方，减少额记贷方。期末如有余额应在借方，表示期末尚未结转的成本。

由于收入、利润可理解为所有者权益的增加，所以，收入类和利润类账户的结构类似负债及所有者权益类账户，增加额记在贷方，减少额记在借方。收入结转后，账户一般没有余额。利润结转后，如有余额则表示本期所有者权益的变动额，可能在借方，也可能在贷方。若余额在贷方，表示所有者权益的增加；反之，若余额在借方，则表示所有者权益的减少。

为便于初学者掌握，也可将上述四类账户合并为两类：（1）资产、成本和费用类账户；（2）负债及所有者权益、收入、利润类账户。这两类账户结构明显不同，突出表现在登记增加、减少和余额的方向正好相反。

3. 借贷记账法账户的基本结构

综合账户结构的分类，可以概括出借贷记账法账户的基本结构：账户分左右两方，左方为借方，右方为贷方；账户借方登记：资产、成本和费用增加，负债及所有者权益、收入、利润减少；账户贷方登记：负债及所有者权益、收入、利润增加，资产、成本和费用减少；期末如有借方余额，表示期末资产余额；如为贷方余额，表示期末负债及所有者权益余额。

借贷记账法账户基本结构见图2-5。

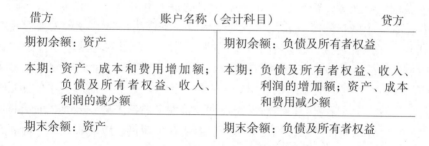

图 2-5 借贷记账法账户基本结构

（三）借贷记账法的记账规则

借贷记账法的记账规则，概括地说就是"有借必有贷，借贷必相等"。根据复式记账的原理，在借贷记账法下，任何一项经济业务发生都必须以相等的金额，在两个或两个以上相互关联的账户中进行登记。以下述四项业务为例：

（1）从银行取出存款2 000元。这项业务的发生，使库存现金和银行存款两个流动资产项目一增一减。增加记借方，减少记贷方，借贷金额相等。

（2）向银行借入短期借款10 000元，直接偿还应付账款。这项业务的发生，使短期借款和应付账款两个流动负债项目一增一减。增加记贷方，减少记借方，借贷金额相等。

（3）接受其他单位捐赠新设备一台，价值26 000元。这项业务的发生，使固定资产这一资产项目和资本公积这一所有者权益项目同时增加26 000元。资产增加记借方，所有者权益增加记贷方，借贷金额相等（暂不考虑增值税）。

（4）用银行存款 80 000 元归还长期借款。这项业务的发生，使银行存款这一流动资产项目和长期借款这一长期负债项目同时减少 80 000 元。资产减少记贷方，负债减少记借方，借贷金额相等。

按照对会计等式的影响，全部经济业务可以划分为四类，即图 2 - 6 中的 1 至 4。上述四例各代表了其中的一类经济业务。因此，在借贷记账法下，对任何类型的经济业务，都一律采用"有借必有贷，借贷必相等"的记账规则。

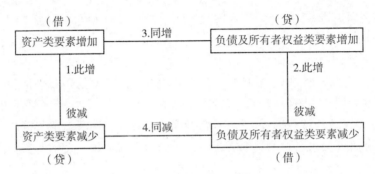

图 2 - 6　经济业务分类图示

遇有复杂的经济业务，需要登记在一个账户的借方和几个账户的贷方，即一借多贷；或者需要登记在一个账户的贷方和几个账户的借方，即多借一贷；或者需要登记在几个账户的借方和几个账户的贷方，即多借多贷。但无论怎样，借贷双方的金额都必须相等。

运用借贷记账法记账时，在有关账户之间都会形成应借、应贷的相互关系，这种关系叫做账户对应关系，发生对应关系的账户叫对应账户。为了保证账户对应关系的正确性，在每项经济业务发生后，正式记入账户之前，先根据经济业务所涉及账户及其借贷方向和金额编制会计分录。会计分录简称分录，就是标明某项经济业务应借、应贷账户及其金额的记录。

编制会计分录，应按以下步骤进行：

（1）一项业务发生后，首先分析这项业务涉及的会计要素是资产、成本和费用，还是负债、所有者权益、收入、利润，是增加，还是减少；根据会计科目表，确定记入哪个账户的名称；

（2）根据第一步分析来确定应记账户的方向，应借还是应贷；

（3）按会计分录的书写格式正确书写会计分录；

（4）分录编好后，检查分录中应借、应贷科目（账户名称）是否正确；借贷方金额是否相等，有无错误。

以用银行存款 10 000 元归还长期借款为例。按上述步骤，经分析这项业务涉及的是资产和负债同时减少，反映银行存款和长期借款增减变动的账户是"银行存款"和"长期借款"；资产减少记贷方，负债减少记借方；据此，编制如下会计分录。

借：长期借款　　　　　　　　　　　　　　　　　　　　　10 000
　　贷：银行存款　　　　　　　　　　　　　　　　　　　　　　10 000

在会计实际工作中，企业所编制的会计分录有两种：（1）简单会计分录，指一个账户借方只同另一个账户贷方发生对应关系的会计分录，即一借一贷的会计分录；（2）复合会计分录，指一个账户借方同几个账户贷方发生对应关系，或一个账户贷方同几个账户借方发生对应关系，或几个账户借方同几个账户贷方发生对应关系的会计分录，即一借多贷、多借一贷或多借多贷的会计分录。比如，某企业生产产品领用材料 5 000 元，车间一般消耗领用材料 500 元。若用简单会计分录应作两笔分录，即：

（1）借：生产成本	5 000	
贷：原材料		5 000
（2）借：制造费用	500	
贷：原材料		500

若用复合会计分录，则可作一笔会计分录：

借：生产成本	5 000	
制造费用	500	
贷：原材料		5 500

（四）借贷记账法的试算平衡

试算平衡是一种验算方法，它可以检验一定时期内发生的经济业务在账户中登记的正确性。试算平衡通常是在期末通过编制总分类账户试算平衡表进行的，包括发生额试算平衡法和余额试算平衡法。试算平衡公式如下：

全部账户本期借方发生额合计 = 全部账户本期贷方发生额合计

全部账户期（初）末借方余额合计 = 全部账户期（初）末贷方余额合计

因为按照借贷记账法"有借必有贷，借贷必相等"的记账规则，每一笔经济业务的会计分录，借贷双方的发生额是必然相等的。因此，将一定时期内（如一个月）的全部经济业务的会计分录，都记入有关账户后，全部账户的借方和贷方本期发生额合计数也必然相等。期末结账后，全部账户借方和贷方期末余额合计数也必然相等。

应当注意的是，试算平衡只是根据借贷发生额与余额是否平衡来检查账户记录是否正确。如果借贷发生额或余额不平衡，可以肯定账户的记录或计算存在错误；但是，有时即便借贷已经平衡，也不能肯定记账没有错误，这是因为有些错误并不影响借贷平衡。例如，分录被漏记、重记；用错科目、记错方向等，也不影响试算平衡的结果。

第四节　借贷记账法的应用

本节以制造业企业主要经济业务为例，系统地说明账户和借贷记账法的具体应用。此外，在材料采购、产品生产和产品销售业务核算中，还举例说明了成本计算方法的应用。

本节的中心案例是一家制造业企业——善水工厂2014年12月一个月的业务。

一、制造业企业的主要经济业务

制造业企业的生产经营活动过程是生产准备、产品生产和产品销售三个过程的统一。为了独立地进行生产经营活动，每个企业都必须拥有一定数量的经营资金，作为从事经营活动的物质基础。这些资金都是从一定的来源渠道取得的，并在经营活动中被具体运用，表现为不同的占用形态。随着企业生产经营活动的进行，资金的占用形态不断转化，周而复始，形成资金的循环和周转。

企业以从各种渠道筹集的资金，建造厂房、购买机器设备和各种材料物资，为进行产品生产准备必要的生产资料。在产品生产过程中，劳动者借助于劳动资料对劳动对象进行加工，制造出各种为社会所需要的产品。产品的生产过程，也是生产的耗费过程。在生产过程中，为生产一定种类和数量产品发生的各种材料费用、固定资产折旧费用、工资费用等生产费用的总和构成了产品成本。在产品销售过程中，企业一方面将产品销售给购买单位；另一方面要办理结算并收取货款。企业将一定期间所取得的全部收入与全部费用支出相抵后就可以得到企业的财务成果（利润或亏损）。如果企业实现了利润可以进行分配；如果企业发生了亏损需要进行弥补。通过利润分配，一部分资金退出企业，一部分资金要重新投入生产周转。在整个企业生产经营活动过程中，资金呈现出货币资金、储备资金、生产资金、固定资金与产成品资金等资金形态。见图2-7。

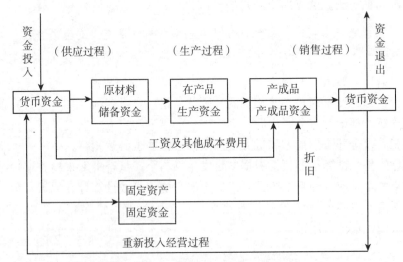

图2-7　制造业企业的经营过程

二、资金筹集业务的核算

企业筹集资金的主要渠道，一是投资者投入的资本，二是从债权人处借入的资金。从企业投资者处筹集的资金，形成所有者权益；从企业债权人处筹集的资金，则属于企业的负债。

（一）实收资本（股本）的核算

实收资本（股本）是指企业实际收到的投资者（股东）投入的资本，它是企业所有者权益中的主要部分。企业的资本按照投资主体的不同，分为国家投入资本、法人投入资本、个人投入资本和外商投入资本等；按照投入资本的不同物质形态，分为货币投资、实物投资、证券投资和无形资产投资等。

为了反映和监督企业实收资本的增减变动情况及其结果，应开设"实收资本"（"股本"）账户，其结构见图2-8。该账户按投资者设置明细账，进行明细分类核算。企业在生产经营中所取得的收入和收益、所发生的费用和损失，不得直接增减实收资本。

借方	实收资本	贷方
投入资本的减少	收到投资者投入的资本	
	余额：投入资本的实有数额	

图2-8　实收资本账户结构

实收资本的总分类核算举例如下：

【例2-1】　善水工厂收到母公司投资35 000元，款项存入银行。

这项经济业务的发生，一方面使企业的银行存款增加35 000元；另一方面使国家对企业的投资也增加35 000元。因此，这项经济业务涉及"银行存款"和"实收资本"两个账户。银行存款增加是资产的增加，应记入"银行存款"账户的借方；国家对企业投资的增加是所有者权益的增加，应记入"实收资本"账户的贷方。这项业务应编制如下会计分录：

借：银行存款	35 000
贷：实收资本	35 000

【例2-2】　善水工厂收到甲公司作为投资投入的新设备一台，该设备所确认的价值为60 000元（假定不考虑增值税）。

这项经济业务的发生，一方面使企业的固定资产增加60 000元；另一方面使甲公司对企业的投资也增加60 000元。因此，这项经济业务涉及"固定资产"和"实收资本"两个账户。固定资产增加是资产的增加，应记入"固定资产"账户的借方；甲公司对企业投资的增加是所有者权益的增加，应记入"实收资本"账户的贷方。这项业务应编制如下会计分录：

借：固定资产	60 000
贷：实收资本	60 000

（二）银行借款的核算

企业在生产经营过程中，为弥补生产周转资金的不足，经常需要向银行或其他金融机构等债权人借入资金，偿还期限在一年（含一年）以内的各种借款为短期借款，偿还期限在一年以上的各种借款为长期借款。企业借入的各种款项应该按期支付利息并按期归还。本节只阐述短期借款的核算。

短期借款属于企业的流动负债。短期借款的核算包括取得借款、支付借款利息和归还借款三项主要内容。为了反映和监督短期借款的取得、归还和企业遵守信贷纪律的情况，应开设"短期借款"账户，其结构见图 2-9。该账户应按债权人设置明细账，并按借款种类进行明细分类核算。

借方	短期借款	贷方
归还短期借款	取得短期借款	
	余额：期末尚未归还的短期借款	

图 2-9　短期借款账户结构

短期借款的总分类核算举例如下：

【例 2-3】　善水工厂 12 月 5 日从银行取得借款 60 000 元，期限为 6 个月，年利率为 8%，利息每季结算一次，借入款项已存入银行。

这项经济业务的发生，一方面使银行存款增加 60 000 元；另一方面使企业的短期借款增加 60 000 元。因此，这项业务涉及"银行存款"和"短期借款"两个账户，应编制如下会计分录：

```
借：银行存款                                    60 000
    贷：短期借款                                    60 000
```

企业从银行借入的短期借款所应支付的利息，一般采用按季结算的办法。借款利息支出较大的企业可以采用按月预提的方式计入各月财务费用，按季结算，于季末一次支付。有关借款利息的计算和账务处理，将在本节财务费用核算中具体说明。

三、生产准备业务的核算

为了进行产品生产，企业必须建造厂房、建筑物，购置机器设备，进行材料采购。因此，固定资产购建业务和材料采购业务的核算，就构成了生产准备业务核算的主要内容。

（一）固定资产购入业务的核算

固定资产，一般是指使用期限在一年以上，能在若干个生产周期中发挥作用，并保持其原有实物形态的劳动资料，包括房屋、建筑物、机器、机械、运输工具、器具等。与其他资产一样，固定资产应按取得时的实际成本（即原始价值）入账，实际成本是指为购建某项固定资产达到可使用状态前所发生的一切合理、必要的支出，包括买价、税金、运输费、包装费和安装费等。

1. 开设账户

为了反映和监督企业固定资产的增减变动和结存情况，应设置"固定资产"账户。账户借方登记增加固定资产的原始价值，贷方登记减少固定资产的原始价值，期末余额在借方，表示期末结存固定资产的原始价值。"固定资产"账户应按照固定资产的种类设置明细账，进行明细分类核算。

"固定资产"账户的结构可用图 2-10 表示。

借方	固定资产	贷方
增加固定资产的原始价值	减少固定资产的原始价值	
余额：结存固定资产的原始价值		

图 2-10　固定资产账户结构

2. 固定资产购入业务的总分类核算

以机器设备为例，企业购入的机器设备中，有的不需要安装，即可投入生产使用，有的则需要安装、调试后才能投入生产使用。如果购入的是需要安装的机器设备，应将其购进时支付的价款、包装费、运输费和安装费用记入"在建工程"账户的借方，在安装完工交付使用时，再将购进和安装该设备的全部支出，即其原始价值，从"在建工程"账户贷方转入"固定资产"账户的借方。

【例 2-4】　善水工厂购入不需要安装的机器设备一台，买价 18 000 元，增值税专用发票上注明的增值税为 3 060 元，同时支付包装费和运输费 360 元，全部款项已用银行存款支付。为突出要点，忽略了运费中增值税的核算。

这项经济业务的发生，一方面使企业的固定资产增加 18 360 元，企业增值税可以抵扣的进项税额 3 060 元；另一方面使企业的银行存款减少 21 420 元。因此，这项经济业务涉及"固定资产"、"应交税费"和"银行存款"三个账户。固定资产的增加是资产的增加，应按其原始价值记入"固定资产"账户的借方；企业可以抵扣的进项税额为 3 060 元，记入"应交税费"借方；银行存款的减少是资产的减少，应按购置该项固定资产的全部支出记入"银行存款"账户的贷方。这项业务应编制如下计分录：

借：固定资产	18 360
应交税费——应交增值税（进项税额）	3 060
贷：银行存款	21 420

（二）材料采购业务的核算

企业要进行正常的生产经营活动，就必须购买和储备一定种类和数量的材料。在材料采购过程中，一方面是企业从供应单位购进各种材料物资；另一方面是企业要支付材料的买价和各种采购费用，包括运输费、装卸费和入库前的整理挑选费用等，并与供应单位发生货款结算关系。企业购进的材料，经验收入库后即为可供生产领用的库存材料。材料的买价加上各种采购费用，就构成了材料的采购成本。

1. 开设账户

为了加强对材料采购业务的管理，反映和监督库存材料的增减变动和结存情况，以及因采购材料而与供应单位发生的债务结算关系，核算中应开设以下账户：

（1）"在途物资"账户。是用来反映和监督企业货款已经支付但尚未验收入库材料的增减变动及结存情况。账户借方登记购入材料所支付的款项，包括买价和采购费用，贷方登记已验收入库材料的金额，期末"在途物资"账户如有余额，余额在借方，表示尚未运达企业或已运达企业尚未验收入库的在途材料的实际成本。"在途物资"账户应按材料品种设置明细账，进行明细分类核算。"在途物资"账户的结构可用图 2 - 11 表示。

借方	在途物资	贷方
购入材料的买价和采购费用	已验收入库材料的实际成本	
余额：在途材料的实际成本		

图 2 - 11　在途物资账户结构

（2）"原材料"账户。是用来反映和监督企业库存各种材料增减变动和结存情况的账户。账户借方登记已验收入库材料的实际成本；贷方登记发出材料的实际成本，期末余额在借方，表示库存材料的实际成本。"原材料"账户应按照材料的保管地点（仓库）、材料的类别、品种和规格设置材料明细账（或材料卡片）进行明细分类核算。"原材料"账户的结构可用图 2 - 12 表示。

借方	原材料	贷方
入库材料的实际成本	发出材料的实际成本	
余额：期末结存材料的实际成本		

图 2 - 12　原材料账户结构

（3）"应付账款"账户。是用来反映和监督企业因采购材料而应付给供应单位的款项增减变动情况的账户。账户贷方登记应付供应单位的款项，借方登记已偿还供应单位的款项，余额一般在贷方，表示尚未偿还的应付款项。该账户应按供应单位设置明细账，进行明细分类核算。"应付账款"账户的结构见图 2 - 13。

借方	应付账款	贷方
偿还应付供应单位款项	应付供应单位款项	
	余额：尚未偿还的应付款项	

图 2 – 13 应付账款账户结构

（4）"预付账款"账户。该账户用来反映和监督企业按照购货合同规定预付给供应单位款项，与供应单位发生债权结算业务的情况。企业向供应单位预付款项，表明企业的债权增加，应记入"预付账款"账户借方；收到供应单位提供的材料，冲销预付款时，表明企业债权的减少，应记入"预付账款"账户贷方，补付的款项，借记本账户；退回多付的款项，贷记本账户。期末如有借方余额，表示实际预付而尚未结算的款项；如为贷方余额，表示应付大于预付，应向供应单位补付的款项。该账户应按供应单位设置明细账，进行明细分类核算。"预付账款"账户的结构见图 2 – 14。

借方	预付账款	贷方
向供应单位预付款项	冲销预付供应单位款项	
余额：期末实际预付而尚未结算的款项		

图 2 – 14 预付账款账户结构

（5）"应交税费"账户。是用来反映和监督企业与税务机关之间有关税金结算情况的账户，账户贷方登记应交纳的各种税金，借方登记实际上交的各种税金，期末余额可能在贷方也可能在借方。如为贷方余额表示应交未交的税金，如为借方余额表示多交的税金。该账户应按税种设置明细账，进行明细分类核算。其中，"应交税费——应交增值税"账户最为常用，它是用来反映和监督企业应交和实交增值税结算情况的账户。我国增值税税法规定一般纳税人的税率为17%。企业购买材料时交纳的增值税进项税额记入该账户的借方；企业销售产品时向购买单位收取的销项税额记入该账户的贷方。期末将贷方所记销项税额与借方所记进项税额相抵扣后，如为贷方余额表示企业尚未交纳的增值税税金；如为借方余额，表示企业多交或尚未抵扣的增值税税金。"应交税费"账户的结构见图 2 – 15。

借方	应交税费	贷方
实际交纳的各种税金	应交纳的各种税金	
余额：多交的税金	余额：未交的税金	

图 2 – 15 应交税费账户结构

2. 材料采购业务的总分类核算

【例2-5】 善水工厂从大恒公司购入甲、乙两种材料，材料买价为82 000元，购入材料的运杂费2 600元，增值税进项税额13 940（82 000×17%）元。上述款项已用银行存款支付，材料已运达企业，并已验收入库。为突出要点，忽略了运费中增值税的核算，下同。

这项经济业务的发生，一方面使材料采购支出增加98 540元，其中材料买价82 000元，运杂费2 600元，增值税进项税额13 940元；另一方面使企业的银行存款减少98 540元。因此，这项经济业务涉及"原材料"、"应交税费——应交增值税（进项税额）"和"银行存款"三个账户。材料价款（包括买价和运杂费）支出的增加是资产的增加，应记入"原材料"账户的借方，增值税进项税额的增加是负债的减少，应记入"应交税费——应交增值税（进项税额）"账户的借方，银行存款的减少是资产的减少，应记入"银行存款"账户的贷方。这项业务应编制如下会计分录：

借：原材料	84 600
应交税费——应交增值税（进项税额）	13 940
贷：银行存款	98 540

【例2-6】 善水工厂从裕丰公司购进丙材料11 200元，材料的运杂费400元，增值税进项税额1 904（11 200×17%）元。材料尚未运达企业。账单、发票已到，但材料价款、税金尚未支付。

这项经济业务的发生，一方面使材料采购支出增加13 504元，其中材料买价和运杂费11 600元，增值税进项税额1 904元；另一方面使应付账款增加13 504元。因此，这项经济业务涉及"在途物资"、"应交税费——应交增值税（进项税额）"和"应付账款"三个账户。材料价款支出应记入"在途物资"账户的借方，增值税进项税额应记入"应交税费——应交增值税（进项税额）"账户借方，应付账款增加是负债增加，应记入"应付账款"账户贷方。此项业务应编制如下会计分录：

借：在途物资	11 600
应交税费——应交增值税（进项税额）	1 904
贷：应付账款	13 504

【例2-7】 善水工厂按照购货合同规定以银行存款26 400元，向光华工厂预付材料货款。

这项业务的发生，一方面使预付账款增加26 400元；另一方面使企业的银行存款减少26 400元。因此，这项业务涉及"预付账款"和"银行存款"两个账户。预付账款增加是企业资产（债权）的增加，应记入"预付账款"账户的借方，银行存款减少是企业资产的减少，应记入"银行存款"账户的贷方。这项业务应编制如下会计分录：

| 借：预付账款 | 26 400 |
| 贷：银行存款 | 26 400 |

【例2-8】 善水工厂用银行存款偿还前欠裕丰公司的货款13 504元。这项经济业务的发生，一方面使企业的应付账款减少13 504元；另一方面使企业的银行存款减少13 504

元，涉及"应付账款"和"银行存款"两个账户。应付账款的减少是企业负债的减少，银行存款减少是企业资产的减少。因此，这项业务应编制如下会计分录：

| 借：应付账款 | 13 504 |
| 贷：银行存款 | 13 504 |

【例2－9】 善水工厂收到光华工厂发运来的已预付货款的材料，并验收入库。该批材料的买价27 700元，运杂费500元，增值税进项税额4 709元，应付款项共计32 909元，冲销原预付货款26 400元后，不足部分用银行存款补付。

这项经济业务的发生，一方面使材料采购支出增加32 909元，其中材料价款28 200元，增值税进项税额4 709元；另一方面使预付款项减少32 909元，因补付使银行存款减少6 509（32 909－26400）元。因此，这项经济业务涉及"原材料"、"应交税费——应交增值税（进项税额）"、"预付账款"和"银行存款"四个账户。材料采购支出的增加应记入"原材料"账户的借方，增值税进项税额应记入"应交税费——应交增值税（进项税额）"账户的借方；预付款项的减少是资产（债权）的减少，应记入"预付账款"账户的贷方。补付的款项应记入"预付账款"账户的借方和"银行存款"账户的贷方。这项业务应编制以下两笔会计分录：

收到账单、发票时：

借：原材料	28 200
应交税费——应交增值税（进项税额）	4 709
贷：预付账款	32 909

【例2－10】 承接上例，补付款项时：

| 借：预付账款 | 6 509 |
| 贷：银行存款 | 6 509 |

四、产品生产业务的核算

制造业企业的主要经济活动是生产符合社会需要的产品。产品的生产过程同时也是生产的耗费过程。企业要生产产品就会发生生产耗费，包括生产资料中的劳动手段（例如机器设备）和劳动对象（例如原材料）的耗费以及劳动力等方面的耗费。企业在一定时期内发生的、用货币额表现的生产耗费，称为生产费用。这些费用最终都要归集、分配到一定种类和一定数量产品上，形成各种产品的成本。换言之，企业为生产一定种类、一定数量产品所支出的各种生产费用的总和，就是这些产品的成本。因此，在产品生产过程中费用的发生、归集和分配，以及产品成本的形成，构成了产品生产业务核算的主要内容。

（一）开设账户

为了反映和监督各项生产费用的发生、归集和分配，正确计算产品的生产成本，应开设以下账户：

（1）"生产成本"账户。是用来归集和分配生产费用，计算产品生产成本的账户。账户借方登记应计入产品生产成本的各项费用，包括直接计入产品生产成本的原材料和生产工人工资，以及分配计入产品生产成本的制造费用等；贷方登记结转完工入库产品的生产成本，期末如有余额，余额在借方，表示尚未制造完工的产品（在产品）的成本。从资金占用形态看，就是生产资金的占用额。该账户可按产品品种设置明细账，进行明细分类核算。"生产成本"账户的结构见图 2 - 16。

借方	生产成本	贷方
为生产产品所发生的费用	完工入库产品的生产成本	
余额：在产品成本		

图 2 - 16　生产成本账户结构

（2）"制造费用"账户。是用来归集和分配企业生产车间为生产产品而发生的各项间接生产费用，包括工资及福利费、折旧费、修理费、办公费、水电费、机物料消耗等。账户借方登记实际发生的各项制造费用，贷方登记转入"生产成本"账户借方即分配计入各种产品成本的制造费用。期末费用结转后账户一般没有余额。该账户应按不同车间设置明细账，进行明细分类核算。"制造费用"账户的结构见图 2 - 17。

借方	制造费用	贷方
本期发生的各种制造费用	分配计入各种产品成本的制造费用	

图 2 - 17　制造费用账户结构

（3）"应付职工薪酬"账户。是用来核算企业应付职工的工资及津贴、补贴、保险金及公积金等各种薪酬，反映和监督企业与职工薪酬结算情况的账户。账户贷方登记本月结算的应付职工薪酬；同时，应付的各种薪酬作为一项费用，按其经济用途分配记入有关的成本、费用账户。账户借方登记本月实际支付的薪酬数。该账户应设置应付薪酬明细账，根据企业具体情况，按职工类别、薪酬总额的组成内容等进行明细核算。"应付职工薪酬"账户的结构见图 2 - 18。

借方	应付职工薪酬	贷方
实际支付的薪酬	应付职工薪酬金额	
余额：多支付的薪酬	余额：应付未付的薪酬	

图 2 - 18　应付职工薪酬账户结构

（4）"累计折旧"账户。是用来反映和监督企业固定资产累计折旧情况的账户。前面曾讲述，为了反映企业固定资产的增减及其结存情况，核算中开设了"固定资产"账户，通过"固定资产"账户反映固定资产原始价值的增减变动和结存情况。固定资产虽然在其使用期限内保持原有实物形态，但是其价值却随着固定资产的损耗而逐渐减少，固定资产由于损耗而减少的价值称为折旧。为了反映固定资产损耗而减少的价值（即折旧额），需要专门开设一个账户，即"累计折旧"账户进行核算。固定资产折旧应该作为费用计入产品成本和期间费用，这样做不仅是为了使企业在将来有能力重置固定资产，更主要的是为了实现期间收入与费用的正确配比。

企业每月计提的固定资产折旧，记入该账户的贷方，表示固定资产因损耗而减少的价值；对于固定资产因出售、报废等原因引起的价值减少，应借记"累计折旧"账户，结转其已提取的折旧额。"累计折旧"账户期末应为贷方余额，表示现有固定资产累计已提取的折旧额。将"累计折旧"账户的贷方余额抵减"固定资产"账户的借方余额，即可求得固定资产的账面价值。"累计折旧"账户的结构见图2-19。

借方	累计折旧	贷方
固定资产折旧的减少或注销	固定资产折旧的增加	
	余额：现有固定资产的累计折旧额	

图2-19　累计折旧账户结构

累计折旧账户只进行总分类核算，不进行明细分类核算。如需要查明某项固定资产已提折旧，可以根据固定资产卡片上记载的资料计算。

（5）"库存商品"账户。是用来反映和监督企业库存各种商品实际成本的增减变动及其结存情况的账户。制造业企业的库存商品主要是指产成品，产成品是指已经完成全部生产过程并已验收入库，可以作为商品对外销售的产品。"库存商品"账户的借方登记已经完成全部生产过程并已验收入库的产成品的实际成本；贷方登记出库产成品的实际成本，余额在借方，表示库存产成品的实际成本。该账户应按产成品的种类、品种和规格设置明细账，进行明细分类核算。"库存商品"账户的结构见图2-20。

借方	库存商品	贷方
完工入库产成品的实际成本	出库产成品的实际成本	
余额：库存产成品的实际成本		

图2-20　库存商品账户结构

（二）产品生产业务的总分类核算

假定企业生产A、B两种产品，本月发生下列经济业务。

【例2-11】　本月生产车间领用的材料及其用途如表2-4所示。

　　　　　　　　　　　　　　　　原材料领用表　　　　　　　　　　　　　　　单位：元

项　目	投产件数	甲材料	乙材料	丙材料	合计
生产产品耗用		4 000	2 000	800	6 800
其中：A 产品	24 件	2 400	1 200	600	4 200
B 产品	20 件	1 600	800	200	2 600
车间一般耗用		—	60	40	100
合计		4 000	2 060	840	6 900

　　这项经济业务的发生，一方面使企业库存材料减少 6 900 元；另一方面使生产费用增加 6 900 元；其中直接用于产品生产、应计入产品生产成本的为 6 800 元，车间一般消耗、应计入制造费用的为 100 元。因此，这项经济业务涉及"原材料"、"生产成本"和"制造费用"三个账户。库存材料减少是资产的减少，应记入"原材料"账户的贷方；生产费用的增加，应按照其在生产过程中的用途，分别记入"生产成本"和"制造费用"账户的借方。这项业务应编制如下会计分录：

　　借：生产成本——A 产品　　　　　　　　　　　　　　　　　　　　　　4 200
　　　　　　　　——B 产品　　　　　　　　　　　　　　　　　　　　　　2 600
　　　　制造费用　　　　　　　　　　　　　　　　　　　　　　　　　　　　100
　　　　贷：原材料　　　　　　　　　　　　　　　　　　　　　　　　　　6 900

【例 2－12】　结算本月应付职工工资 18 565 元。其中：生产 A 产品的工人工资 11 065 元，生产 B 产品的工人工资 4 000 元；车间管理人员工资 3 500 元。

　　这项经济业务的发生，一方面使企业应付职工工资增加 18 565 元；另一方面使生产费用增加 18 565 元，其中生产工人工资 15 065 元，应计入产品生产成本；车间管理人员工资 3 500 元应计入制造费用。因此，这项经济业务涉及"生产成本"、"制造费用"和"应付职工薪酬"三个账户。生产工人工资作为直接生产费用应记入"生产成本"账户的借方，车间管理人员的工资作为间接生产费用应记入"制造费用"账户的借方；应付工资的增加是企业负债的增加，应记入"应付职工薪酬"账户的贷方。这项业务应编制如下会计分录：

　　借：生产成本——A 产品　　　　　　　　　　　　　　　　　　　　　 11 065
　　　　　　　　——B 产品　　　　　　　　　　　　　　　　　　　　　　4 000
　　　　制造费用　　　　　　　　　　　　　　　　　　　　　　　　　　　3 500
　　　　贷：应付职工薪酬　　　　　　　　　　　　　　　　　　　　　　 18 565

【例 2－13】　月末计提本月车间使用厂房的折旧 4 000 元。

　　这项经济业务的发生，一方面使企业固定资产的折旧额增加 4 000 元；另一方面使企业的制造费用增加 4 000 元。因此，这项经济业务涉及"累计折旧"和"制造费用"两个账户。固定资产折旧额增加实际上是固定资产价值的减少，应计入"累计折旧"账户的贷方；折旧费用增加应记入"制造费用"账户的借方，这项业务应编制如下会计分录：

借：制造费用	4 000
贷：累计折旧	4 000

【例 2 – 14】 月末，将本月发生的制造费用总额 7 600 元转入生产成本。对制造费用这样的间接费用，善水工厂按各种产品耗用的生产工时比例分配，本月 A、B 产品的生产工时分别为 600 小时和 400 小时，则：

分配率 = 制造费用总额/生产工时总数 = 7 600/(600 + 400) = 7.60 （元/小时）

A 产品应分配的制造费用 = 600 × 7.60 = 4 560 （元）

B 产品应分配的制造费用 = 400 × 7.60 = 3 040 （元）

这项经济业务的发生，一方面使生产成本增加 7 600 元；另一方面使制造费用减少 7 600 元。生产成本的增加是费用的增加，应记入"生产成本"账户的借方；制造费用的减少是费用的结转，应记入"制造费用"账户的贷方。这项业务涉及"生产成本"和"制造费用"两个账户，应编制如下会计分录：

借：生产成本——A 产品	4 560
——B 产品	3 040
贷：制造费用	7 600

【例 2 – 15】 月末，A 产品全部完工、B 产品全部未完工。计算并结转已完工入库的 A 产品的实际生产成本。

已知 A 产品期初为 1 件，从表 2 – 4 知，本月投产 A 产品 24 件，A 产品本月全部完工，共计 25 件。其生产费用为：

完工 A 产品总成本 = 期初 175 元 + 本月原材料 4 200 元 + 本月工资 11 065 元 + 本月制造费用 4 560 元

= 20 000 （元）

完工 A 产品单位生产成本 = 20 000 ÷ 25 = 800 （元/件）

这项经济业务的发生，一方面使企业库存产成品成本增加；另一方面由于结转完工入库产品的实际成本而使生产过程中成本减少。因此，涉及"库存商品"和"生产成本"两个账户。库存产成品增加是资产的增加，应记入"库存商品"账户的借方；结转入库产品成本使生产成本减少，应记入"生产成本"账户的贷方。这项业务应编制如下会计分录：

借：库存商品——A 产品	20 000
贷：生产成本——A 产品	20 000

结转后，"生产成本"账户余额为 10 030 元，是未完工的 B 产品的生产成本。

五、产品销售业务的核算

产品销售过程是产品价值的实现过程。在这一过程中，一方面企业要将产品及时地销售给购买单位；另一方面要向购买单位收取货款。这时，企业的经营资金就从产成品资金形态转化为货币资金形态，完成了一次资金循环。

在产品销售过程中，企业要确认产品销售收入的实现；与购买单位办理结算并收回货款；结转已销售产品的成本；计算和交纳产品销售税金及附加；最后确定产品销售损益。上述各项业务就构成了产品销售业务核算的主要内容。

（一）产品销售收入的核算

制造业企业在销售产品、提供劳务等经营业务中所产生的收入称为营业收入。由于企业提供的各种产品和劳务，有的属于企业的主要经营范围，有的属于企业附带经营业务，因而与之相联系的营业收入也分为主营业务收入和其他业务收入两类。制造业企业销售产品的收入属于主营业务收入（其他业务收入略）。

为了反映和监督企业销售产品、提供劳务所发生的收入，以及因销售产品而与购买单位之间发生的货款结算业务，应开设以下账户：

（1）"主营业务收入"账户。是用来反映和监督企业销售产品、提供劳务所发生的收入的账户。账户贷方登记企业实现的产品销售收入，借方登记发生销售退回和销售折让时，应冲减本期的产品销售收入以及期末转入"本年利润"账户的产品销售收入，结转后该账户应无余额。"主营业务收入"账户应按照产品种类设置明细账，进行明细分类核算。该账户的结构见图2-21。

借方	主营业务收入	贷方
销售退回和销售折让冲减的产品销售收入	本期发生的产品销售收入	
期末转入"本年利润"账户的产品销售收入		

图2-21 主营业务收入账户结构

（2）"应收账款"账户。是用来反映和监督企业因销售产品应向购买单位收取款项的结算情况的账户。账户借方登记由于销售产品而发生的应收账款，贷方登记已经收回的应收账款，期末余额一般在借方，表示尚未收回的应收账款。企业为购货单位代垫的包装费、运杂费，借记本账户，贷记"银行存款"账户；收回代垫费用时，作相反的会计分录。该账户应按不同的单位设置明细账，进行明细分类核算。该账户结构见图2-22。

借方	应收账款	贷方
发生的应收账款	收回的应收账款	
余额：尚未收回的应收账款		

图2-22 应收账款账户结构

（3）"预收账款"账户。企业有时会发生预收购买单位货款的业务，这时就需要设置"预收账款"账户，用来反映和监督企业按照合同规定向购买单位预收货款的发生与偿付情况。发生预收货款，意味着企业负债的增加，应贷记"预收账款"账户；企业用产品或劳务抵偿预收货款时，意味着企业负债的减少，应借记"预收账款"账户，期末余额一般在贷方，表示尚未用产品或劳务偿付的预收账款。该账户应按购买单位设置明细账，进行明细分类核算。账户结构见图2-23。

借方	预收账款	贷方
用产品或劳务偿付的预收款项	发生的预收款项	
	余额：尚未偿付的预收款项	

图2-23 预收账款账户结构

产品销售收入的总分类核算通过下例予以说明。假定企业本月发生下列销售业务：

【例2-16】 向京海公司销售A产品40件，每件售价1 500元，价款共计60 000元，应向购买单位收取的增值税销项税额10 200元，以上款项已通过银行转账收讫。

这项经济业务的发生，一方面使企业银行存款增加70 200元；另一方面使企业的产品销售收入增加60 000元，应交增值税增加10 200元，涉及"银行存款"、"主营业务收入"、"应交税费——应交增值税（销项税额）"三个账户。其中，实现的产品销售收入，表明主营业务收入增加，应记入"主营业务收入"账户的贷方。应交增值税的增加属于负债的增加，应记入"应交税费——应交增值税（销项税额）"账户的贷方。这项业务应编制如下会计分录：

借：银行存款	70 200
贷：主营业务收入	60 000
应交税费——应交增值税（销项税额）	10 200

【例2-17】 收到沪光公司预付购买A产品的货款30 000元，已存入银行。

这项经济业务的发生，一方面使企业银行存款增加30 000元；另一方面使企业预收款项增加30 000元。预收款项的增加是负债的增加，应记入"预收账款"账户的贷方。这项经济业务应编制如下会计分录：

借：银行存款	30 000
贷：预收账款	30 000

【例2-18】 向虹建公司发出A产品30件，每件售价1 500元，价款共计45 000元，增值税销项税额7 650元，以银行存款支付代垫运费850元，货款及税金尚未收到。

这项经济业务的发生，一方面使企业的应收账款增加53 500元；另一方面使企业产品销售收入增加45 000元，银行存款减少850元，增值税销项税额增加7 650元，涉及"应收账款"、"主营业务收入"、"应交税费——应交增值税（销项税额）"和"银行存款"四个账户，应编制如下会计分录：

借：应收账款	53 500	
贷：主营业务收入		45 000
应交税费——应交增值税（销项税额）		7 650
银行存款		850

【例 2 – 19】 向南通公司销售 B 产品 10 件，每件售价 1 000 元，价款共计 10 000 元，增值税销项税额 1 700 元，货款及税金尚未收到。

这项经济业务的发生，一方面使企业的应收账款增加 11 700 元；另一方面使企业的产品销售收入增加 10 000 元，增值税销项税额增加 1 700 元，涉及"应收账款"、"主营业务收入"、"应交税费——应交增值税（销项税额）"三个账户。其中，应收账款的增加是企业资产（债权）的增加，应记入"应收账款"账户的借方。这项业务应编制如下会计分录：

借：应收账款	11 700	
贷：主营业务收入		10 000
应交税费——应交增值税（销项税额）		1 700

【例 2 – 20】 按合同向预付货款的沪光公司发出 A 产品 15 件，每件售价 1 500 元，价款共计 22 500 元，增值税销项税额 3 825 元，以银行存款支付代垫运杂费 800 元。冲销原预收货款 27 125（22 500 + 3 825 + 800）元，同时，用银行存款支付沪光公司多付的款项 2 875（30 000 – 27 125）元。

这项经济业务的发生，一方面使预收货款减少 30 000 元；另一方面使产品销售收入增加 22 500 元，增值税销项税额增加 3 825 元，银行存款减少 2 875 元，涉及"预收账款"、"主营业务收入"、"应交税费——应交增值税（销项税额）"、"银行存款"四个账户。其中，预收货款减少是企业负债的减少，应记入"预收账款"账户的借方。这项业务应编制如下会计分录：

借：预收账款	27 125	
贷：主营业务收入		22 500
应交税费——应交增值税（销项税额）		3 825
银行存款		800
借：预收账款	2 875	
贷：银行存款		2 875

（二）产品销售成本、费用的核算

根据会计核算的配比原则，企业的收入与其相关的成本、费用应当相互配比。同一会计期间内的各项收入和与其相关的成本、费用，应当在该会计期间内确认。这里所讲的与产品销售收入相配比的成本、费用，是指产品销售成本和产品销售税金及附加。

为了核算与产品销售收入配比的成本、费用，应开设以下账户：

（1）"主营业务成本"账户。是用来反映和监督企业已销售产品、提供劳务等主营业务成本的计算和结转的账户。借方登记从"库存商品"账户结转的本期已销售产品的生产成本；贷方登记期末转入"本年利润"账户的已销售产品的生产成本，结转后该账户应无余额。"主营业务成本"账户应按照产品（或劳务）种类设置明细账，进行明细分类核算。该账户的结构见图 2 - 24。

借方　　　　　　　　　主营业务成本　　　　　　　　　贷方	
本期已销售产品的生产成本	销售退回结转的产品成本
	期末转入"本年利润"账户的本期已销售产品的生产成本

图 2 - 24　主营业务成本账户结构

（2）"营业税金及附加"账户。是用来反映和监督应由销售产品和提供劳务等主营业务负担的各种税金及附加（如营业税、消费税、城市维护建设税和教育费附加等）的账户。借方登记按照税法规定计算出的应由主营业务负担的税金和附加；贷方登记期末转入"本年利润"账户的营业税金及附加，结转后该账户应无余额。该账户应按照税金及附加类别设置明细账，进行明细分类核算。"营业税金及附加"账户的结构见图 2 - 25。

借方　　　　　　　　　营业税金及附加　　　　　　　　贷方	
本期应由主营业务负担的税金及附加	期末转入"本年利润"账户的营业税金及附加

图 2 - 25　营业税金及附加账户结构

产品销售成本、费用的总分类核算举例说明如下：

【例 2 - 21】　按照规定计算出本月应由主营业务负担的消费税、城市维护建设税等税金（教育费附加从略），共计 4 124 元。

这项经济业务的发生，一方面使本月主营业务应负担的税金增加 4 124 元；另一方面使企业应交税金增加 4 124 元。因此，这项业务涉及"营业税金及附加"和"应交税费"两个账户。营业税金及附加增加是费用的增加，应记入"营业税金及附加"账户的借方；应交税费增加是负债的增加，应记入"应交税费"账户的贷方。这项业务应编制如下会计分录：

　　借：营业税金及附加　　　　　　　　　　　　　　　　　　　　　　4 124
　　　　贷：应交税费　　　　　　　　　　　　　　　　　　　　　　　　　　　4 124

【例 2 - 22】　期末结转本月已销售产品的生产成本。

本月善水工厂共销售 A 产品 85 件，B 产品 10 件。已知本月销售的 A 产品的单位生产成本为 800 元；本月销售的 B 产品的单位生产成本为 500 元。据此可以计算出本月已销售产品的生产成本如表 2 - 5 所示。

表2-5		本月已销售产品生产成本计算表	单位：元
产品种类	已销售产品数量	单位生产成本	生产成本合计
A	85	800	68 000
B	10	500	5 000
合计	—	—	73 000

结转已销售产品的生产成本，一方面表明已销售产品成本的增加，另一方面表明库存产成品成本的减少。因此，这项经济业务涉及"主营业务成本"和"库存商品"两个账户。产品销售成本增加是费用的增加，应记入"主营业务成本"账户的借方；库存产成品成本的减少是资产的减少，应记入"库存商品"账户的贷方。这项业务应编制如下会计分录：

```
借：主营业务成本                          73 000
    贷：库存商品——A产品                        68 000
            ——B产品                             5 000
```

根据以上资料，将本期实现的主营业务收入与为取得这些收入而耗费的成本、税金及附加对比，其差额即为本期营业利润（或亏损），具体计算如下：

营业利润＝主营业务收入－主营业务成本－营业税金及附加
　　　　＝137 500－73 000－4 124＝60 376（元）

六、财务成果业务的核算

制造业企业的财务成果，就是通常所说的企业利润（或亏损），简称损益。进行财务成果核算的一个重要任务，就是正确计算企业在一定会计期间的利润（或亏损）。在我国，企业在一定会计期间的利润（或亏损）形成如下：

营业利润＝营业收入－营业成本－营业税金及附加－销售费用－管理费用
　　　　　－财务费用＋投资收益＋公允价值变动损益－资产减值损失

利润总额＝营业利润＋营业外收入－营业外支出

净利润＝利润总额－所得税费用

企业实现的净利润（即所得税后利润），要按照国家有关规定进行分配，如提取盈余公积金，向投资者分配利润或弥补亏损等。因此，确定企业实现的利润和对利润进行分配，就构成了企业财务成果业务核算的主要内容。

（一）利润实现的核算

企业在一定会计期间内实现的利润（或发生的亏损）取决于该期间全部收入和全部费用的对比。其中，有关主营业务利润的核算内容已在上小节说明，本小节主要阐述销售费用、管理费用、财务费用、营业外收入、营业外支出、所得税费用以及利润总额和净利润的核算。

1. 销售费用、管理费用、财务费用的核算

销售费用是指企业在销售产品过程中发生的费用，包括运输费、装卸费、包装费、保险费、展览费和广告费等各种费用以及专设销售机构的经费。管理费用是指企业行政管理部门为组织和管理生产经营而发生的各项费用，包括企业董事会的会费、行政管理部门在经营管理中发生的工资及福利费、办公费、折旧费、工会经费、职工教育经费、业务招待费、坏账损失、房产税、车船税、土地使用税、印花税、劳动保险费等。财务费用是指企业为筹集生产经营所需资金而发生的各项费用，包括银行借款利息支出（减存款的利息收入）、汇兑损失（减汇兑收益）以及相关的手续费等。销售费用、管理费用和财务费用因与产品制造没有直接联系，因而不计入产品生产成本，而是作为期间费用直接计入当期损益。

为了反映销售费用、管理费用和财务费用计划的执行情况，监督各项费用支出的合理性、合法性和合规性，应开设以下账户：

（1）"销售费用"账户。借方登记发生的各种销售费用；贷方登记期末转入"本年利润"账户的销售费用，结转后该账户应无余额。该账户应按费用项目设置明细账，进行明细分类核算。账户结构见图 2 − 26。

借方	销售费用	贷方
本期发生的各种销售费用	期末转入"本年利润"账户的销售费用	

图 2 − 26　销售费用账户结构

（2）"管理费用"账户。借方登记本期发生的各项管理费用；贷方登记本期发生的应冲减管理费用数和期末转入"本年利润"账户的管理费用，结转后该账户应无余额。该账户应按费用项目设置明细账，进行明细分类核算。"管理费用"账户的结构见图 2 − 27。

借方	管理费用	贷方
本期发生的各种管理费用	期末转入"本年利润"账户的管理费用	

图 2 − 27　管理费用账户结构

（3）"财务费用"账户。借方登记本期发生的各项财务费用，如利息支出等；贷方登记本期发生的利息收入和期末转入"本年利润"账户的财务费用，结转后该账户应无余额。该账户应按费用项目设置明细账，进行明细分类核算。"财务费用"账户结构见图 2 − 28。

借方	财务费用	贷方
本期发生的各种财务费用	本期发生的利息收入 期末转入"本年利润"账户的财务费用	

图 2-28 财务费用账户结构

(4)"其他应收款"账户的结构与"应收账款"账户相同,但其核算的内容是除应收账款、应收票据和预收账款等以外的其他各种应收、暂付款项。其账户结构见图 2-29。

借方	其他应收款	贷方
发生的其他应收、暂付款项	收回的其他应收、暂付款项	
余额：尚未收回的其他应收、暂付款项		

图 2-29 其他应收款账户结构

销售费用、管理费用和财务费用的总分类核算举例说明如下:

【例 2-23】 用银行存款支付产品销售过程中发生的运输费和装卸费 1 060 元。

这项经济业务的发生,一方面使企业的银行存款减少 1 060 元;另一方面使企业的销售费用增加 1 060 元。销售费用的增加应记入"销售费用"账户的借方。这项经济业务应编制如下会计分录:

借：销售费用   1 060
  贷：银行存款   1 060

【例 2-24】 用银行存款支付本月行政管理部门的办公费 500 元。

这项经济业务的发生,一方面使企业的管理费用支出增加 500 元;另一方面使企业的银行存款减少 500 元,涉及"管理费用"和"银行存款"两个账户,应编制如下会计分录:

借：管理费用   500
  贷：银行存款   500

【例 2-25】 预提应由本月负担的短期借款利息 400 (60 000×8%×1/12) 元。

这项经济业务的发生,一方面使企业的财务费用增加 400 元;另一方面使企业应付利息增加 400 元。财务费用增加是费用的增加,应记入"财务费用"账户的借方;应付利息增加是负债的增加,应记入"应付利息"账户的贷方。这项业务应编制如下会计分录:

借：财务费用   400
  贷：应付利息   400

【例2-26】 结算本月应付行政管理部门人员工资8 000元。

这项经济业务涉及"管理费用"、"应付职工薪酬"两个账户。应编制如下会计分录：

借：管理费用	8 000
贷：应付职工薪酬	8 000

【例2-27】 计提本月行政管理部门使用固定资产的折旧1 020元。

这项经济业务的发生涉及"管理费用"和"累计折旧"两个账户，应编制如下会计分录：

借：管理费用	1 020
贷：累计折旧	1 020

【例2-28】 李明报销差旅费480元（原借600元），余额退回现金。

这项经济业务的发生，一方面使企业的管理费用增加480元，现金增加120元；另一方面使应收回职工李明的欠款减少600元。应收职工欠款减少是资产（债权）的减少，应记入"其他应收款"账户的贷方。这项业务涉及"管理费用"、"库存现金"和"其他应收款"三个账户。这项业务应编制如下会计分录：

借：管理费用	480
库存现金	120
贷：其他应收款	600

2. 营业外收支的核算

营业外收支是指那些与企业生产经营活动无直接关系的收入和支出，如固定资产的盘盈和盘亏、处理固定资产的净收益或净损失、捐赠支出、罚款支出以及由于自然灾害造成的损失等。由于营业外收入和支出也影响企业的损益，因而正确地核算营业外收支是正确计算企业实现利润的前提条件之一。

为了反映和监督企业获得的各项营业外收入和发生的各项营业外支出，应设置"营业外收入"和"营业外支出"账户。

（1）"营业外收入"账户。贷方登记发生的各项营业外收入，借方登记期末转入"本年利润"账户的营业外收入，结转后该账户应无余额。该账户应按收入项目设置明细账，进行明细分类核算。"营业外收入"账户的结构见图2-30。

借方	营业外收入	贷方
期末转入"本年利润"账户的营业外收入	发生的各项营业外收入	

图2-30　营业外收入账户结构

（2）"营业外支出"账户。借方登记发生的各项营业外支出，贷方登记期末转入"本年利润"账户的营业外支出，结转后该账户应无余额。"营业外支出"账户应按费用项目设置明细账，进行明细分类核算。该账户的结构见图2－31。

借方	营业外支出	贷方
发生的各项营业外支出		期末转入"本年利润"账户的营业外支出

图2－31　营业外支出账户结构

营业外收支的总分类核算举例说明如下：

【例2－29】　用银行存款支付社会捐赠支出2 400元。这项经济业务的发生，使银行存款减少2 400元，营业外支出增加2 400元，应编制如下会计分录：

借：营业外支出　　　　　　　　　　　　　　　　　　　　2 400
　　贷：银行存款　　　　　　　　　　　　　　　　　　　　　　　2 400

【例2－30】　企业取得罚款收入5 000元，经批准转作营业外收入。

这项经济业务的发生，一方面使银行存款增加5 000元；另一方面使营业外收入增加5 000元，涉及"银行存款"和"营业外收入"两个账户，应编制如下会计分录：

借：银行存款　　　　　　　　　　　　　　　　　　　　　5 000
　　贷：营业外收入　　　　　　　　　　　　　　　　　　　　　　5 000

3. 所得税费用的核算

所得税是企业依照国家税法的规定，对企业某一经营年度的所得，按照规定的税率计算交纳的税款。企业所得税通常是按年计征，分月或者分季预交，年终汇算清交，多退少补。企业所得税计算的基本公式为：

$$企业所得税 = 应纳税所得额 \times 适用税率$$
$$(应纳税所得额 = 利润总额 \pm 所得税前利润中予以调整的项目)$$

企业所得税是企业应计入当期损益的一项费用支出，按照权责发生制和收入与费用配比的原则，应在净利润前扣除。为了反映和监督企业按规定从本期损益中扣除的所得税，应开设"所得税费用"账户。其借方登记企业应计入本期损益的所得税额；贷方登记期末转入"本年利润"账户的所得税额，结转后该账户应无余额。"所得税费用"账户的结构见图2－32。

借方	所得税费用	贷方
应计入本期损益的所得税额		期末转入"本年利润"账户的所得税额

图2－32　所得税费用账户结构

【例2-31】 善水工厂本年度1~11月累计应纳税所得额（假定无税前扣除项目，即利润总额）为360 000元，累计已交纳所得税90 000（360 000×25%）元，12月实现的应纳税所得额（无税前扣除项目，即利润总额）为60 376元，所得税税率为25%，则：

本年累计应纳所得税额 =（360 000 + 60 376）×25% = 420 376×25% = 105 094（元）

本月应纳所得税额 = 105 094 - 90 000 = 15 094（元）

这项经济业务的发生，一方面应从本期损益中扣减所得税费用15 094元；另一方面使企业应交纳的所得税增加15 094元。从本期损益中扣减的所得税费用，应记入"所得税费用"账户的借方；应交所得税的增加是负债的增加，应记入"应交税费"账户的贷方。这项业务涉及"所得税费用"和"应交税费"两个账户，应编制如下会计分录：

借：所得税费用	15 094
贷：应交税费——应交所得税	15 094

4. 利润实现的核算

上面已将本期发生的各种收入和各种费用全部记入了各自账户。期末，将本期发生的各项收入、费用从上述收入、费用账户结转记入"本年利润"账户，将收入与费用进行对比之后所确定的差额，即为企业本期实现的净利润或发生的净亏损。

为了反映和监督企业本年实现的净利润或发生的净亏损，应开设"本年利润"账户。账户贷方登记从各收入账户转入的本期发生的各种收入；借方登记从各费用账户转入的本期发生的各种费用。将收入与费用相抵后，如收入大于费用，即为贷方余额，表示本期实现的净利润，如费用大于收入，即为借方余额，表示本期发生的净亏损。在年度中间，该账户的余额保留在本账户，不予转账，表示截至本期本年度累计实现的净利润或发生的净亏损。年末，应将该账户余额转入"利润分配"账户，结转后该账户应无余额。"本年利润"账户的结构见图2-33。

借方	本年利润	贷方
从有关费用账户转入的：	从有关收入账户转入的：	
（1）主营业务成本	（1）主营业务收入	
（2）其他业务成本	（2）其他业务收入	
（3）营业税金及附加	（3）营业外收入	
（4）销售费用		
（5）管理费用		
（6）财务费用		
（7）营业外支出		
（8）所得税费用		
余额：累计发生的净亏损	余额：累计发生的净利润	

图2-33 本年利润账户结构

利润实现的总分类核算：综合前述的本月产品销售业务和财务成果业务核算的资料，善水工厂本月全部收入账户和费用账户的发生额如表2-6所示：

表2-6　　　　　　　　善水工厂收入和费用账户发生额　　　　　　　单位：元

账户名称	借方发生额	贷方发生额
主营业务收入		137 500
营业外收入		5 000
主营业务成本	73 000	
营业税金及附加	4 124	
销售费用	1 060	
管理费用	10 000	
财务费用	400	
营业外支出	2 400	
所得税费用	15 094	
合计	106 078	142 500

【例2-32】　期末，结转本月发生的各种收益类账户共计142 500元，其中：主营业务收入137 500元，营业外收入5 000元。

这项转账业务涉及"主营业务收入"、"营业外收入"和"本年利润"三个账户。将各种收益类账户的贷方发生额从各收益类账户借方转入"本年利润"账户贷方，应编制如下会计分录：

借：主营业务收入	137 500
营业外收入	5 000
贷：本年利润	142 500

【例2-33】　期末，结转本月发生的各种费用、支出共计106 078元，其中：主营业务成本73 000元、营业税金及附加4 124元、销售费用1 060元、管理费用10 000元、财务费用400元、营业外支出2 400元、所得税费用15 094元。

这项转账业务涉及"本年利润"、"主营业务成本"、"营业税金及附加"、"销售费用"、"管理费用"、"财务费用"、"营业外支出"和"所得税费用"八个账户。将各种费用、支出类账户本月借方发生额从贷方转入"本年利润"账户借方，应编制如下会计分录：

借：本年利润	106 078
贷：主营业务成本	73 000
营业税金及附加	4 124
销售费用	1 060
管理费用	10 000
财务费用	400
营业外支出	2 400
所得税费用	15 094

通过以上账项结转，本月发生的全部收益和全部费用、支出都汇集于"本年利润"账户，将收益与费用、支出对比，其差额即为本月实现的净利润或发生的净亏损。根据以上数字计算，企业本月实现的净利润为 36 422 元。善水工厂全年实现的净利润见表 2 - 7。

表 2 - 7　　　　　　　　善水工厂经营年度实现的净利润

1 ~ 11 月实现的利润总额	360 000
减：1 ~ 11 月应交所得税	90 000
1 ~ 11 月实现的净利润	270 000
加：12 月实现的净利润	36 422
全年实现的净利润	306 422

（二）利润分配的核算

企业实现的净利润，应当按照国家规定进行分配。企业利润分配主要包括以下内容：

（1）提取盈余公积金。法定盈余公积金一般按照本年实现净利润的 10% 提取。当公司法定盈余公积金累计额为公司注册资本 50% 以上的，可以不再提取。公司股东大会决议，可以提取任意盈余公积金。

（2）分配给投资者。公司弥补亏损和提取公积金后的剩余利润，可以按相关规定向投资者分配利润。

为了反映和监督企业利润的分配情况，核算中应开设以下账户：

（1）"利润分配"账户。企业进行利润分配，意味着企业实现的净利润的减少，本应借记"本年利润"账户，直接冲减本年实现的净利润。但是如果这样处理，"本年利润"账户的期末贷方余额只能是未分配利润（实现的利润减去已分配的利润），就不能提供截至本期企业累计实现的净利润，而这项指标恰恰又是管理上需要的。因此，企业为了满足管理上的需要，除了设置"本年利润"账户以反映企业累计实现净利润的原始数据，还专门开设"利润分配"账户，用以反映企业的利润分配（或亏损的弥补）和历年分配（或弥补）后的结存余额。年度终了，如果企业实现的是净利润，应将"本年利润"账户借方结转记入"利润分配"账户的贷方;如企业发生的是净亏损,作相反会计分录。结转后,"利润分配"账户如为贷方余额,表示企业历年结存的未分配利润;如为借方余额,表示历年积存的未弥补亏损。

为了具体地反映和监督企业利润分配的去向和历年分配后的结存金额,"利润分配"账户一般应设置"提取盈余公积"、"应付股利"、"未分配利润"等明细账户,进行明细分类核算。年度终了,将"利润分配"账户下其他明细账户的余额转入"未分配利润"明细账户。"利润分配"账户的结构见图2-34。

借方	利润分配	贷方
实际分配的利润数: (1)提取盈余公积金 (2)分配给投资者的利润	每年年末从"本年利润"账户 转入的当年实现的净利润	
余额:期末未弥补亏损	余额:期末未分配利润	

图2-34 利润分配账户结构

(2)"盈余公积"账户。是用来反映和监督企业从净利润中提取的盈余公积金增减变动和结余情况的账户。贷方登记从净利润(即所得税后利润)中提取的盈余公积金;借方登记盈余公积金的使用,如转增资本金、弥补亏损等,期末余额在贷方,表示期末盈余公积金的结余额。"盈余公积"账户的结构见图2-35。

借方	盈余公积	贷方
盈余公积金的使用数	从净利润中提取的盈余公积金	
	余额:盈余公积金结余额	

图2-35 盈余公积账户结构

(3)"应付股利"账户。是用来反映和监督企业向股东和投资者(包括国家、其他单位以及个人)分配现金股利或利润情况的账户。贷方登记企业计算出的应支付的现金股利或利润;借方登记实际支付的现金股利或利润,期末余额一般在贷方,表示应付而尚未支付的现金股利或利润。"应付股利"账户的结构见图2-36。

借方	应付股利	贷方
实际支付的现金股利或利润	计算出的应支付的现金股利或利润	
	余额:应付而未付的现金股利或 利润	

图2-36 应付股利账户结构

利润分配的总分类核算举例说明如下：

【例2－34】 年终，结转全年实现的净利润306 422元。

这项转账业务，就是将企业全年实现的净利润306 422元，从"本年利润"账户借方转入"利润分配"账户贷方。因此，应编制如下会计分录：

借：本年利润 306 422

　　贷：利润分配 306 422

【例2－35】 善水工厂按净利润的10%，计算提取盈余公积金30 642.20元。

从表2－7可知，善水工厂全年实现净利润为306 422元。则：

全年应提取法定盈余公积金 = 306 422 × 10% = 30 642.20（元）

这项经济业务的发生，一方面使企业利润分配数额增加30 642.20元；另一方面使企业提取的盈余公积金增加30 642.20元。利润分配的增加是所有者权益中未分配利润的减少，应记入"利润分配"账户的借方；盈余公积金的计提是所有者权益中盈余公积金的增加，应记入"盈余公积"账户的贷方。可见，这项经济业务的发生，引起的是所有者权益的两个项目此增彼减的变化，涉及"利润分配"和"盈余公积"两个账户，应编制如下会计分录：

借：利润分配——提取盈余公积 30 642.20

　　贷：盈余公积 30 642.20

【例2－36】 年末，企业确定分配给投资者股利15 000元。

这项经济业务的发生，一方面使利润分配数额增加15 000元；另一方面使企业应支付的股利增加15 000元，涉及"利润分配"和"应付股利"两个账户。利润分配增加是所有者权益的减少，应记入"利润分配"账户的借方；应付股利增加是负债的增加，应记入"应付股利"账户的贷方。这项业务应编制如下会计分录：

借：利润分配 15 000

　　贷：应付股利 15 000

七、资金退出企业及其他业务的核算

制造业企业在生产经营过程中，除了发生前述资金筹集业务、生产准备业务、产品生产业务、产品销售业务和计算财务成果业务外，还会发生资金退出企业业务和其他业务。例如用银行存款交纳各种税金，向投资者、股东支付利润或现金股利，偿还应付账款等资金退出企业业务，以及从银行提取现金和用现金支付工资等业务。发生上述业务涉及的账户在前面各节都已涉及，下面仅举例说明这些经济业务的核算：

【例2－37】 用银行存款15 094元交纳所得税。

这项经济业务的发生涉及"银行存款"和"应交税费"两个账户，银行存款的减少是资产的减少，应交税费的减少是负债的减少，应编制如下会计分录：

| 借：应交税费——应交所得税 | 15 094 |
| 贷：银行存款 | 15 094 |

【例 2 - 38】 用银行存款 15 000 元支付应付投资者股利。

这项经济业务的发生涉及"银行存款"和"应付股利"两个账户。应付股利的减少是负债的减少，应编制如下会计分录：

| 借：应付股利 | 15 000 |
| 贷：银行存款 | 15 000 |

【例 2 - 39】 善水工厂用银行存款 26 565 元支付职工工资，应编制如下会计分录：

| 借：应付职工薪酬 | 26 565 |
| 贷：银行存款 | 26 565 |

八、会计循环举例

前文介绍了善水工厂 12 月发生的主要经济业务如何编制会计分录，在此将承续此案例，介绍如何记账、编制试算平衡表。

（一）善水工厂的相关资料

（1）期初余额。

表 2 - 8　　善水工厂 12 月 1 日总分类科目及有关明细科目余额

会计科目	总分类科目期初余额		明细分类科目期初余额	
	借方余额	贷方余额	借方余额	贷方余额
库存现金	8 270			
银行存款	100 000			
应收账款	64 200			
原材料	4 400			
生产成本	565			
——A 产品			175	
——B 产品			390	
库存商品	60 000			
——A 产品			52 000	
——B 产品			8 000	
固定资产	180 000			

会计科目	总分类科目期初余额		明细分类科目期初余额	
	借方余额	贷方余额	借方余额	贷方余额
累计折旧		3 000		
应交税费		5 600		
实收资本		100 000		
其他应收款	600			
本年利润		270 000		
利润分配		39 435		
合计	418 035	418 035		

（2）善水工厂12月发生的主要经济业务即前述【例2-1】至【例2-39】。

（二）核算形式

善水工厂采用记账凭证核算形式（参见本章第七节），直接根据记账凭证逐笔登记总分类账。因此，以下根据【例2-1】至【例2-39】的会计分录，登记总分类账户及有关明细账户。本案例共需开设30个总分类账户和4个明细分类账户。为简捷起见，仅列示如下两个总分类账户和全部4个明细分类账户的登记，其余可仿照作出。见图2-37。

银行存款

期初余额	100 000		
（1）	35 000	（4）	21 420
（3）	60 000	（5）	98 540
（16）	70 200	（7）	26 400
（17）	30 000	（8）	13 504
（30）	5 000	（10）	6 509
		（18）	850
		（20）	2 875
		（20）	800
		（23）	1 060
		（24）	500
		（29）	2 400
		（37）	15 094
		（38）	15 000
		（39）	26 565
本期借方发生额	200 200	本期贷方发生额	231 517
期末余额	68 683		

原材料

期初余额	4 400		
(5)	84 600	(11)	6 900
(9)	28 200		
本期借方发生额	112 800	本期贷方发生额	6 900
期末余额	110 300		

库存商品——A产品

期初余额	52 000		
(15)	20 000	(22)	68 000
本期借方发生额	20 000	本期贷方发生额	68 000
期末余额	4 000		

库存商品——B产品

期初余额	8 000		
(22)	5 000		
本期发生额	5 000		
期末余额	3 000		

生产成本——A产品

期初余额	175		
(11)	4 200	(15)	20 000
(12)	11 065		
(14)	4 560		
本期发生额	19 825	本期发生额	20 000

生产成本——B产品

期初余额	390		
(11)	2 600		
(12)	4 000		
(14)	3 040		
本期发生额	9 640		
期末余额	10 030		

图2-37 总分账户和明细分类账户登记

（三）试算平衡

使用借贷记账法的试算平衡公式，根据全部"丁"字账户的计算结果，编制总分类账户本期发生额和期末余额试算平衡表，见表2-9和表2-10。

表2-9　　　　　　善水工厂12月总分类账户本期发生额试算平衡表

会计科目	本期发生额	
	借方本期发生额	贷方本期发生额
库存现金	120	
银行存款	200 200	231 517
应收账款	65 200	
在途物资	11 600	
原材料	112 800	6 900
生产成本		
——A产品	19 825	20 000
——B产品	9 640	
库存商品		
——A产品	20 000	68 000
——B产品		5 000
固定资产	78 360	
累计折旧		5 020
制造费用	7 600	7 600
管理费用	10 000	10 000
销售费用	1 060	1 060
财务费用	400	400
所得税费用	15 094	15 094
主营业务成本	73 000	73 000
营业税金及附加	4 124	4 124
应付账款	13 504	13 504
预收账款	30 000	30 000
应交税费	38 707	42 593

会计科目	本期发生额	
	借方本期发生额	贷方本期发生额
实收资本		95 000
短期借款		60 000
本年利润	412 500	142 500
利润分配	45 642.20	306 422
盈余公积		30 642.20
主营业务收入	137 500	137 500
营业外收入	5 000	5 000
营业外支出	2 400	2 400
应付利息		400
应付职工薪酬	26 565	26 565
其他应收款		600
预付账款	32 909	32 909
应付股利	15 000	15 000
合计	1 388 750.20	1 388 750.20

表 2 - 10　　　　善水工厂 12 月总分类账户期末余额试算平衡表

会计科目	期末余额	
	借方余额	贷方余额
库存现金	8 390	
银行存款	68 683	
应收账款	129 400	
原材料	110 300	
生产成本		
——A 产品		
——B 产品	10 030	
在途物资	11 600	
库存商品		
——A 产品	4 000	

会计科目	期末余额	
	借方余额	贷方余额
——B 产品	3 000	
固定资产	258 360	
累计折旧		8 020
短期借款		60 000
应交税费		9 486
应付利息		400
实收资本		195 000
盈余公积		30 642.20
利润分配		300 214.80
合计	603 763	603 763

第五节 会 计 凭 证

一、会计凭证的概念与种类

会计凭证是记录经济业务、明确经济责任的书面证明，也是登记账簿的依据。任何单位为了保证会计信息的客观、真实，对所发生的每一项经济业务都必须由经办业务的有关人员填制或取得会计凭证，记录经济业务发生或完成的日期，注明经济业务的内容，并在凭证上签名或盖章，明确经济责任。会计凭证必须经过会计机构、会计人员严格的审核，经确认无误后，才能作为登记账簿的依据。

会计凭证按其填制的程序和用途不同可以分为原始凭证和记账凭证。原始凭证是在经济业务发生或完成时取得或填制的，用来证明经济业务的发生或者完成的情况，并作为记账的原始依据。原始凭证是会计核算的原始资料，也是填制记账凭证的依据。记账凭证是由会计人员根据审核无误的原始凭证或汇总原始凭证编制的，用来确定会计分录，作为登记账簿直接依据的会计凭证。

由于经济业务的种类和数量繁多，相关的原始凭证的格式和内容也各不相同，加上原始凭证一般都不能具体表明经济业务应记入的账户及其借贷方向，直接根据原始凭证登记账簿容易发生差错。因此，在记账之前需要根据审核无误的原始凭证，经过归类整理，填制具有统一格式的记账凭证，确定经济业务应借、应贷的会计科目和金额，并将相关的原始凭证附在记账凭证的后面。这样既方便了记账、减少了差错，也有利于原始凭证的保管，提高对账和查账的效率。在前面的章节中曾指出，在登记账簿之前，应按实际发生经济业务编制会计分录，然后据以登记账簿。在实际工作中，会计分录是通过填制记账凭证来完成的。会计凭证主要分类如图 2 - 38 所示。

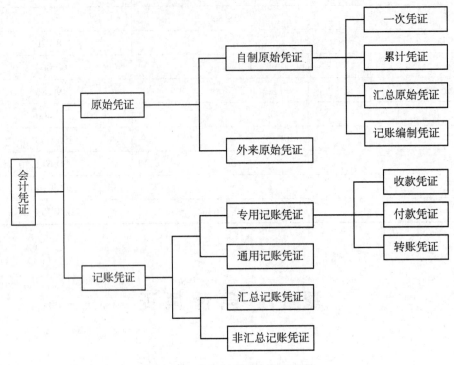

图 2 - 38　会计凭证主要分类

二、原始凭证

由于经济业务内容和经济管理要求不同，原始凭证的名称、格式和内容也是多种多样的。但是，为了满足会计工作的需要，无论何种原始凭证都必须具备以下基本内容（也称为原始凭证要素）：原始凭证名称；填制原始凭证的日期；接受原始凭证的单位名称；经济业务内容（含数量、单价和金额）；填制单位签章；经办人员签章等。

原始凭证按其来源不同，可以分为自制原始凭证和外来原始凭证。

（1）自制原始凭证。它是指由本单位内部经办业务的部门或人员，在某项经济业务发生或完成时自行填制的凭证。自制原始凭证按其填制手续不同，分为一次凭证、累计凭证、汇总原始凭证和记账编制凭证。

① 一次凭证。是指只反映一项经济业务，或者同时反映若干项同类性质的经济业务，其填制手续是一次完成的会计凭证。如企业购进材料验收入库，由仓库保管员填制的"收料单"；车间或班组向仓库领用材料时填制的"领料单"（格式与内容见表 2 - 11）。

表 2 –11

领料单

领料部门　　　　　　　　　　　　　　　年　月　日　　　　　　　　　　　　　　　凭证编号
用途　　　　　　　　　　　　　　　　　　　　　　　　　　　　　　　　　　　　　收料仓库

材料编号	材料规格及名称	计量单位	数量		价格	
			请领	实领	单价	金额
备注					合计	

记账　　　　　　　发料　　　　　　　审批　　　　　　　领料

② 累计凭证。是指在一定时期内连续记载若干项同类经济业务的会计凭证。这类凭证的填制手续是随着经济业务发生而分次进行的，如"限额领料单"就是累计凭证（格式与内容见表 2 –12）。

表 2 –12

限额领料单

领料部门　　　　　　　　　　　　　　　　　　　　　　　　　　　　　　凭证编号
用途　　　　　　　　　　　　　　年　月　日　　　　　　　　　　　　　发料仓库

材料类别	材料编号	材料名称及规格	计量单位	领用限额	实际领用	单价	金额	备注

| 供应部门负责人： | | | | | 生产计划部门负责人： | | | |

日期	数量		领料人签章	发料人签章	扣除代用数量	退料			限额结余
	请领	实发				数量	收料人	发料人	
合计									

③ 汇总原始凭证。是指将一定时期内若干份记录同类经济业务的原始凭证汇总编制的，用以集中反映某项经济业务总括情况的会计凭证，如"发料凭证汇总表"（格式与内容见表 2 –13）、"收料凭证汇总表"等。

表 2 –13

发料汇总表

年　月　日

材料用途	领料单位	原材料 A	原材料 B	合计
生产用	一车间			
	二车间			
	小计			

材料用途	领料单位	原材料 A	原材料 B	合计
一般耗用	一车间			
	二车间			
	小计			
总计				

会计负责人　　　　　　　　　复核　　　　　　　　　制表

④ 记账编制凭证。是指会计人员根据账簿记录加以整理后重新编制的原始凭证，如"制造费用分配表"、"固定资产折旧计算表"等。记账编制凭证与上述其他原始凭证的不同点主要在于，其他原始凭证一般都是依据实际发生的经济业务编制的，而记账编制凭证则是根据账簿记录加以整理后编制的。

（2）外来原始凭证。它是指在经济业务发生或者完成时，从外部单位或个人处取得的原始凭证。外来原始凭证都是一次凭证，如购买货物取得的增值税专用发票、银行为企业代收款项的收款通知单等。

原始凭证的审核主要包括审核其内容是否合法、合理、真实；审核其填制是否完整、正确、清楚等。

三、记账凭证

记账凭证的主要作用在于对原始凭证进行分类、整理，按照借贷记账法的要求，运用会计科目编制会计分录，据以登记账簿。因此，记账凭证必须具备下列基本内容（也称记账凭证要素）：填制凭证的日期；凭证的种类和编号；经济业务摘要；会计科目（包括一级科目、二级科目和明细科目）应记方向及金额；所附原始凭证的张数；填制人员、稽核人员、记账人员和会计主管人员（收款凭证和付款凭证还应增加出纳人员）的签章。

记账凭证按其适用的经济业务，分为专用记账凭证和通用记账凭证。

（1）专用记账凭证。是指专门用来记录某一类经济业务的记账凭证。专用记账凭证按其所记录的经济业务是否与现金和银行存款收付业务有关，分为收款凭证、付款凭证和转账凭证。收款凭证是指专门用于登记现金和银行存款收入业务的记账凭证。见图 2-39，凭证中所登记的业务是前述的【例 2-17】。付款凭证是指专门用于登记现金和银行存款付出业务的记账凭证。见图 2-40，凭证中所登记的业务是前述的【例 2-20】。转账凭证是指专门用于登记现金和银行存款收付业务以外的转账业务的记账凭证。见图 2-41，凭证中所登记的业务是前述的【例 2-12】。使用专用记账凭证，可以区别不同的经济业务并有利于进行分类管理，但增加了会计核算的工作量。一般适用于经济业务较多特别是收付款业务较多的单位。

收款凭证

借方科目：银行存款　　　　　　　　　　××年12月×日　　　　　　　　　　收字第×号

摘　　要	贷方科目		金　额
	一级科目	明细科目	
收沪光公司购A产品预付款	预收账款	沪光公司	30 000
合　计			￥30 000

附单据×张

财务主管：张三　　　记账：李四　　　出纳：王五　　　审核：赵六　　　制单：刘七

图2-39　收款凭证格式

付款凭证

贷方科目：银行存款　　　　　　　　　　××年12月×日　　　　　　　　　　付字第×号

摘　　要	借方科目		金　额
	一级科目	明细科目	
为沪光公司代垫运杂费	预收账款	沪光公司	800
返还余款	预收账款	沪光公司	2 875
合　计			￥3 675

附单据×张

财务主管：张三　　　记账：李四　　　出纳：王五　　　审核：赵六　　　制单：刘七

图2-40　付款凭证格式

转账凭证

××年12月×日　　　　　　　　　　转字第×号

摘要	会计科目		借方金额	贷方金额
	一级科目	明细科目		
计算工资	生产成本	A产品	11 065	
	生产成本	B产品	4 000	
	制造费用		3 500	
	应付职工薪酬			18 565
合　计			18 565	18 565

附单据×张

财务主管：张三　　　记账：李四　　　出纳：王五　　　审核：赵六　　　制单：刘七

图2-41　转账凭证格式

需要注意的是，对于现金和银行存款之间相互划转的业务，如从银行提取现金或将现金存入银行，为了避免重复记账，只编制付款凭证，不编制收款凭证。如从银行提取现金时，只编制银行存款付款凭证；如将现金存入银行时，只编制现金付款凭证。

（2）通用记账凭证。它是指适用于各类经济业务、具有统一格式的记账凭证，也称标准凭证。通用记账凭证的格式不再分为收款凭证、付款凭证和转账凭证，而是以一种格式记录全部经济业务。通用记账凭证一般在业务量少、凭证不多的单位中应用。

为了保证账簿记录和会计信息的质量，记账凭证必须经过有关稽核人员的审核，才能登记账簿。如前所述，记账凭证是根据审核无误的原始凭证填制的。因此，记账凭证的审核，除了要对原始凭证进行复审外，还应审核以下内容：内容是否合法、真实，是否附有原始凭证；应借、应贷会计科目是否正确，金额计算是否准确；摘要是否填写清楚、项目填写是否完整以及有关人员签章是否齐全等。

四、会计凭证的传递

会计凭证传递是指会计凭证从填制到归档保管整个过程中，在单位内部有关部门和人员之间的传递程序和传递时间。会计凭证的传递，要求能够满足内部控制制度的要求，传递程序合理有效，同时尽量节约传递时间，减少传递的工作量。企业生产组织特点不同、经济业务的内容不同和管理要求不同，会计凭证的传递也有所不同。企业应根据具体情况制定每一种凭证的传递程序和方法。例如，收料单的传递中应规定：材料到达企业后多长时间内验收入库，收料单由谁填制，一式几联，各联次的用途是什么，何时传递到会计部门，会计部门由谁负责收料单的审核工作，由谁据以编制记账凭证、登记账簿、整理归档等。

第六节　会计账簿

一、会计账簿的概念与种类

（一）会计账簿的概念

通过对会计凭证的填制与审核，可以将每天发生的经济业务进行如实、正确的记录，明确其经济责任。但会计凭证数量繁多、信息分散，并缺乏连续性、系统性，不便于会计信息的整理与报告。为了全面、系统、连续地核算和监督单位的经济活动及其财务收支情况，应设置会计账簿。会计账簿（简称账簿）是指由一定格式账页组成的，以会计凭证为依据，全面、系统、连续地记录各项经济业务的簿记。设置和登记账簿，是编制会计报表的基础，是联结会计凭证与会计报表的中间环节，在会计核算中具有十分重要的意义。通过账簿的设置和登记，记载、储存、分类、汇总会计信息；通过账簿可以检查、校正会计信息，并最终生产、输出会计信息。

（二）账簿的种类

1. 账簿按用途分类

账簿按用途不同，分为序时账、分类账和备查簿。

（1）序时账。也称日记账，是指按经济业务发生的先后顺序逐日逐笔登记的账簿。实际工作中，应用最多的是现金日记账和银行存款日记账。

（2）分类账。是指按总分类账户和明细分类账户进行分类登记的账簿。按总分类账户分类登记的账簿称为总分类账，按明细分类账户分类登记的账簿称为明细分类账。总分类账提供总括的会计信息，明细分类账提供详细的会计信息，二者相辅相成，互为补充。

（3）备查簿。是指对某些在日记账和分类账中未记录或记录不全的经济业务进行补充登记的账簿。如临时租入固定资产备查簿、受托加工材料备查簿等。

2. 账簿按格式分类

账簿按格式不同，分为三栏式账簿、多栏式账簿和数量金额式账簿。

3. 账簿按外形分类

账簿按外形不同，分为订本账、活页账和卡片账。账簿主要分类见图2－42。

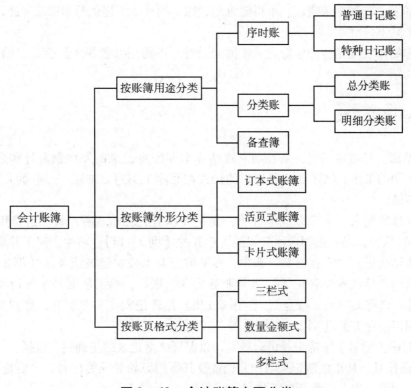

图 2－42　会计账簿主要分类

二、会计账簿的登记要求

（1）为了保证账簿记录的正确性，必须根据审核无误的会计凭证记账。

（2）为了保持账簿记录的持久性，防止涂改，必须使用蓝黑墨水用钢笔书写，不得用铅笔或规定以外的圆珠笔书写。

（3）记账时，必须按账户页次逐页逐行登记，不得隔页、跳行。如无意发生隔页、跳行现象，应在空页、空行处用红色墨水划对角线注销，加盖"此页空白"或"此行空白"戳记，并由记账人员签章。

（4）账簿登记完毕，应在记账凭证"过账"栏内注明账簿页数或划对钩，表示记账完毕，避免重记、漏记。

（5）记账时必须对账页中的日期、凭证编号、摘要、金额等项目填写齐全，做到"摘要"简明扼要、文字规范清楚，数字清晰无误。结出账户余额后，在"借或贷"栏目注明"借"或"贷"字样，以示余额的方向；对于没有余额的账户，应在此栏内标"平"字，在"余额"栏写"ⓞ"。

（6）每一账页记录完毕，应在该账页最末一行加计发生额合计及余额，在该行"摘要"栏注明"转次页"或"过次页"，并将这一金额记入下一页第一行有关金额栏内，在该行"摘要"栏注明"承前页"以保持账簿记录的连续性，便于对账和结账。

（7）如发生账簿记录错误，不得随意刮、擦、挖补或用褪色药水更改字迹，而应采用规定的方法更正。

（8）除结账、改错、冲账等有关账簿记录外，不得用红色墨水。会计中的红色数字，表示负数。

三、结账和对账

（1）结账。是指定期（一般在期末）结算本期账簿记录的发生额合计和余额，并将余额结转下期的工作。结账要按照规定的格式在账簿上书写。结账一般分为月结、季结、半年结和年结。

在会计核算期末，为配合成本计算，要完成如下的转账业务：将制造费用分配计入"生产成本"账户，参见前面善水公司经济业务的【例2-14】。将生产完工并验收入库的产成品成本结转记入"库存商品"账户，参见前面善水公司经济业务的【例2-15】。将本期已销售的产品成本结转记入"主营业务成本"账户，参见前面善水公司经济业务的【例2-22】。将有关收入（收益）、费用（支出）结转记入"本年利润"账户等，参见前面善水公司经济业务的【例2-32】、【例2-33】。

（2）对账。就是对账簿记录进行核对，以保证账簿记录的正确性。包括：

① 账证核对。是指账簿记录与记账凭证及其所附原始凭证的核对。主要是记账时间、记账内容、记账方向及记账金额等核对。

② 账账核对。是指不同账簿记录之间的核对。主要核对：所有总账账户借方发生额

合计与贷方发生额合计是否相符；所有总账账户借方余额合计与贷方余额合计是否相符；有关总账账户余额与其所属明细分类账余额合计是否相符；现金日记账和银行存款日记账的余额与其总账余额是否相符；会计部门有关财产物资明细账余额与财产物资保管、使用部门的有关明细账余额是否相符等。

③ 账实核对。是指各项财产物资账面余额与其实有数额之间的核对。主要核对：现金日记账账面余额与库存现金数额是否相符；银行存款日记账账面余额与银行对账单的余额是否相符；原材料、产成品、固定资产等财产物资明细账余额与财产物资保管、使用部门的有关明细账余额是否相符；有关债权债务明细账账面余额与对方单位的账面记录是否相符等。

第七节　会计核算形式

一、概述

会计核算形式也称会计核算组织程序或会计循环程序，是指会计凭证、会计账簿、会计报表相结合的方式。包括会计凭证和账簿的种类、格式，会计凭证与账簿之间的联系方法，由原始凭证到编制记账凭证、登记明细分类账和总分类账、编制会计报表的工作程序和方法等。会计凭证、会计账簿、会计报表之间的结合方式不同，就形成不同的会计核算形式；各种会计核算形式之间的区别，主要表现在登记总账的依据和方法不同。

不同的会计核算形式有不同的适用范围。在我国，常用的会计核算形式有记账凭证核算形式、科目汇总表核算形式、汇总记账凭证核算形式等。因篇幅所限，这里仅介绍前两种。

二、记账凭证核算形式

（一）基本内容

记账凭证核算形式的特点是：直接根据记账凭证逐笔登记总分类账，它是最基本的核算形式。其一般程序是：①根据原始凭证编制汇总原始凭证；根据原始凭证或汇总原始凭证、编制记账凭证；②根据收款凭证、付款凭证逐笔登记现金日记账和银行存款日记账；③根据原始凭证、汇总原始凭证和记账凭证，登记各种明细分类账；④根据记账凭证逐笔登记总分类账；⑤月末，现金日记账、银行存款日记账和明细分类账的余额同有关总分类账的余额核对相符；⑥月末，根据总分类账和明细分类账的记录，编制会计报表。如图 2 – 43 所示。

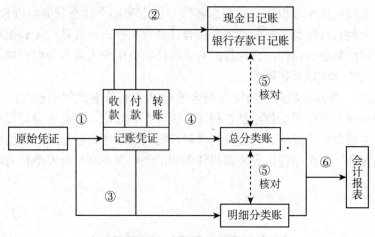

图 2 –43　记账凭证核算形式

（二）优缺点及适用范围

记账凭证核算形式简单明了，易于理解，总分类账可以较详细地反映经济业务的发生情况。其缺点是：登记总分类账的工作量较大，因而适用于单位规模较小、经济业务量较少的单位。

三、科目汇总表核算形式

（一）基本内容

科目汇总表核算形式的特点是：根据所有记账凭证定期编制科目汇总表，再根据科目汇总表登记总分类账。科目汇总表是根据一定时期内的全部记账凭证，按照会计科目进行归类后编制的。在科目汇总表中，分别计算并列示每一个总账科目的借方发生额合计数、贷方发生额合计数。由于借贷记账法的记账规则是"有借必有贷，借贷必相等"，所以在编制的科目汇总表内，全部总账科目的借方发生额合计数与贷方发生额合计数应相等。

科目汇总表可以每月汇总编制一张，其格式和内容见表 2 –11。也可以每旬汇总一次、每月编制一张；若企业经济业务数量多，还可以每 3 天或 5 天等汇总一次，每月编制若干张科目汇总表。其格式各异，但原理相同。

科目汇总表核算形式的一般程序是：①根据原始凭证编制汇总原始凭证；根据原始凭证或汇总原始凭证，编制记账凭证；②根据收款凭证、付款凭证逐笔登记现金日记账和银行存款日记账；③根据原始凭证、汇总原始凭证和记账凭证，登记各种明细分类账；④根据各种记账凭证编制科目汇总表；⑤根据科目汇总表登记总分类账；⑥月末，现金日记账、银行存款日记账和明细分类账的余额同有关总分类账的余额核对相符；⑦月末，根据总分类账和明细分类账的记录，编制会计报表。如图 2 –44 所示。

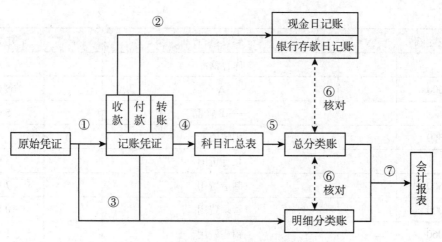

图2-44　科目汇总表核算形式图

（二）优缺点及适用范围

科目汇总表核算形式减轻了登记总分类账的工作量，并可做到试算平衡，简明易懂，方便易学。其缺点是：按照总分类账编制科目汇总表，不能反映账户对应关系，不便于查对账目。它适用于经济业务较多的单位。

（三）科目汇总表举例

前文介绍善水工厂采用记账凭证核算形式。在此假设善水工厂采用科目汇总表核算形式，由于经济业务数量不多，因此每月汇总编制一张，其12月的科目汇总表见表2-11。表中的"√"是记账符号，即当该项金额记入总分类账户后，标上"√"，以防止遗漏、重记等。

从表2-14可知，所有数字与表2-9"善水工厂12月总分类账户本期发生额试算平衡表"完全相同，因此可以相互替代。

表2-14　　　　　　　　　　　科目汇总表

　　　　　　　　　　　××年12月　　　　　　　　　　　　　　　第×号

借方发生额	√	会计科目	√	贷方发生额
120		库存现金		
200 200		银行存款		231 517
65 200		应收账款		
112 800		原材料		6 900
		生产成本		
19 825		——A产品		20 000
9 640		——B产品		

借方发生额	√	会计科目	√	贷方发生额
		库存商品		
20 000		——A 产品		68 000
		——B 产品		5 000
78 360		固定资产		
		累计折旧		5 020
7 600		制造费用		7 600
10 000		管理费用		10 000
1 060		销售费用		1 060
400		财务费用		400
15 094		所得税费用		15 094
73 000		主营业务成本		73 000
4 124		营业税金及附加		4 124
13 504		应付账款		13504
30 000		预收账款		30 000
38 707		应交税费		42 593
		实收资本		95 000
		短期借款		60 000
412 500		本年利润		142 500
45 642. 20		利润分配		306 422
		盈余公积		30 642. 20
137 500		主营业务收入		137 500
5 000		营业外收入		5 000
2 400		营业外支出		2 400
		应付利息		400
26 565		应付职工薪酬		26 565
		其他应收款		600
11 600		在途物资		
32 909		预付账款		32 909
15 000		应付股利		15 000
1 388 750. 20		合　计		1 388 750. 20

财务主管：张三　　　　记账：李四　　　　复核：赵六　　　　制表：刘七

第八节 财产清查

一、财产清查的意义与种类

财产清查是通过对财产物资、现金的实地盘点，对银行存款、债权债务的查对，确定其实存数、查明账面结存数与实存数是否相符的一种专门方法。造成账实不符的原因很多，例如，财产物资保管过程中发生的自然损耗；财产收发过程中由于计量或检验不准，造成多收或少收的差错；在账簿记录中发生的重记、漏记、错记；由于有关凭证未到，形成未达账项，造成结算双方账务不符，等等。

通过财产清查，可以做到账实相符，保证会计信息的真实性、可靠性，保护各项财产的安全完整；可以查明财产物资盘盈盘亏的原因，落实经济责任；可以挖掘财产物资潜力，提高资金的使用效能，加速资金周转，等等。

财产清查的种类。按财产清查的范围，分为全面清查和局部清查；按财产清查的时间，分为定期清查和不定期清查。定期清查是指根据计划安排的时间对财产物资进行的清查，一般在期末进行。不定期清查是指根据实际需要对财产物资所进行的临时性清查。

二、财产清查的方法

财产清查的方法有如下几种。

1. 实物的清查方法

（1）实地盘点法。是指在财产物资存放现场逐一清点数量或用计量仪器确定其实存数的一种方法，此方法数字准确可靠，但工作量较大。

（2）技术推算法。是指利用技术方法推算财产物资实存数的方法，适用于煤炭、砂石等大宗物资的清查，此方法盘点数字不够准确，但工作量较小。

对各项财产物资的盘点结果，应逐一填制"盘存单"，并同账面余额记录核对，确认盘盈盘亏数，填制"实存账存对比表"，作为调整账面记录的原始凭证。对于清查出现的盘盈盘亏，应调整有关账面记录。

2. 货币资金的清查方法

（1）现金的清查。应采用实地盘点的方法来确定库存现金的实存数，然后再与现金日记账的账面余额核对，以查明账实是否相符及盈亏情况。现金清查后应填写"现金盘点报告表"，并据以调整现金日记账的账面记录。

（2）银行存款的清查。应通过与开户银行转来的对账单进行核对，以便查明银行存款的实有数额。

3. 往来款项的清查方法。往来款项的清查一般采用"函询核对法"，即在保证往来账户记录完整正确的基础上，编制"往来款项对账单"，寄往各有关往来单位。对方单位核对后退回，盖章表示核对相符，如不相符由对方单位另外说明。据此编制"往来款项清查表"，注明核对相符与不相符的款项，对不符的款项按有争议、未达账项、无法收回等情况归类，并针对具体情况及时采取措施予以解决。

三、财产物资的盘存制度

（1）实地盘存制。是指平时在账簿中只登记财产物资的增加数，月末根据对各项财产物资实地盘点数确认其账面余额，进而倒算出本月减少数并据以记账的财产盘存制度。实地盘存制方法简单，工作量小，但手续不严密，不便于会计监督，通常适用于售卖生鲜食品，例如菜蔬鱼肉等行业。公式为：

$$本期减少数 = 期初账面余额 + 本期增加数 - 期末实际盘存数$$

（2）永续盘存制。也称账面盘存制，是指平时各项财产物资的增加、减少都要以会计凭证为依据及时入账，并随时结出余额的财产盘存制度。账面盘存制虽然平时工作量较大，并可能产生账实不符的情况，但手续严密，可以及时记录和反映各项财产物资的增减变动情况，有利于监督和保护财产物资的完整性和安全性，有利于充分发挥会计监督作用。因此，在企业实际工作中广泛采用这一盘存制度。公式为：

$$期末账面余额 = 期初账面余额 + 本期增加数 - 本期减少数$$

本书中有关财产物资增减及结存情况的账务处理，采用的盘存制度都是永续盘存制。

思考与练习

思考题

1. 什么是账户？账户与会计科目是什么关系？

2. 账户的基本结构是什么？四项金额之间的关系怎样？

3. 制造业企业的经济业务主要包括哪些？为了反映和监督经济业务的变动情况都开设了哪些账户？这些账户之间的联系是什么？

4. 涉及现金和银行存款之间的收付款业务应填制什么凭证？为什么？

5. 什么是会计凭证的传递？在制定会计凭证传递程序时，应注意哪些问题？

练习题

一、单项选择题

1. 下列各项中，体现制造业企业会计对象特点的会计科目是（　　）。

A. 主营业务成本　　B. 材料采购　　　　C. 生产成本　　　　D. 本年利润

2. 货币之间的收付业务（从银行取出或存入现金）应编制（　　）。

A. 收款凭证　　　　B. 付款凭证　　　　C. 转账凭证　　　　D. 原始凭证

3. "生产成本"账户的期末借方余额表示（　　）。

A. 完工产品成本　　　　　　　　　B. 期末在产品成本

C. 本期生产费用合计　　　　　　　D. 库存产成品成本

4. 现金日记账应采用（　　）。

A. 订本账簿　　　　B. 活页账簿　　　　C. 卡片账簿　　　　D. 备查账簿

5. 各种会计核算形式的根本区别在于（　　）不同。

A. 设置日记账的格式　　　　　　　B. 填制记账凭证的程序

C. 编制会计报表的依据　　　　　　D. 登记总账的依据和方法

二、多项选择题

1. 下列经济业务，能够引起一项资产增加，另一项资产减少的有（　　）。

A. 从银行存款中提取现金　　　　　B. 以银行存款购买原材料

C. 以银行存款支付办公费　　　　　D. 银行存款归还前欠供应商的货款

E. 以银行存款购买设备

2. 下列错误中，不能通过试算平衡发现的有（　　）。

A. 某项经济业务未入账

B. 应借应贷的账户中借贷方向颠倒

C. 借贷双方同时多计了经济业务的金额

D. 借贷双方中一方多计金额，一方少计金额

E. 借贷方的会计科目不符合实际发生的经济业务

3. 总分类账户和明细分类账户平行登记的要点包括（   ）。

A. 同期间登记   B. 同方向登记   C. 复式登记   D. 同金额登记

E. 无关登记

4. 下列各项中，构成各种会计核算形式的相同点有（   ）。

A. 根据原始凭证编制汇总原始凭证

B. 根据原始凭证及记账凭证登记明细分类账

C. 根据收、付款凭证登记现金日记账

D. 根据总账和明细账编制会计报表

E. 月末将总账与明细账、日记账进行核对

5. 财产清查按照时间划分，可分为（   ）。

A. 全面清查   B. 局部清查   C. 定期清查   D. 不定期清查

E. 现金清查

三、计算与核算题

（一）练习会计分录的编制

资料：

1. 投资者追加投资 150 000 元，存入银行。

2. 以银行存款 50 000 元偿还银行借款。

3. 购进设备 30 000 元。

4. 向银行借款 100 000 元，偿还前欠货款。

5. 收回前欠的货款 30 000 元，存入银行。

6. 从银行提取现金 1 000 元。

7. 某职工借款 1 200 元作为暂借差旅费。

8. 销售产品 70 000 元，货款存入银行。

9. 以银行存款 8 000 元支付水电费。

10. 以银行存款 30 000 元购买材料。

要求：（1）分析各项经济业务，说明经济业务发生后引起哪些资产类、负债类及所有者权益类项目的变动；

（2）涉及哪些会计科目、记账方向及记账金额；

（3）编制会计分录；

（4）编制总分类账户发生额试算平衡表。

（二）练习产品销售业务的核算

资料：某工业企业某年 10 月发生如下经济业务：

1. 销售给五一工厂 A 产品 300 件，单位售价 1 700 元；B 产品 50 件，售价 150 元，共计 517 500 元。货款已存入银行。

2. 以银行存款支付销售 A、B 产品的运杂费 300 元。

3. 销售给向阳工厂 A 产品 100 件，单位售价 1 700 元；B 产品 50 件，单位售价 150 元，共计 177 500 元，原预收货款 10 000 元。其余部分尚未收回。

4. 以银行存款支付销售 A、B 产品的运输费 110 元。

5. 按照合同向宏大公司发出 B 产品 200 件，单位售价 240 元，货款共计 48 000 元，用银行存款代垫运杂费用 470 元，货款及运费尚未收回。

6. 结转本月已销售 A、B 产品的实际生产成本（单件产品的实际生产成本为 A 产品 1 400 元、B 产品 120 元）。

7. 按规定的税率（销售收入的 5%）计算应交纳的销售税金。

要求：根据以上经济业务编制会计分录。

（三）练习财务成果业务的核算

资料：某工业企业某年 12 月发生如下有关经济业务：

1. 由于购货方违约，按合同规定收取罚款 2 500 元，存入银行。

2. 将逾期未退回随同产品出售的包装物押金 2 000 元，作为企业的营业外收入处理。

3. 以现金 8 000 元支付罚款。

4. 结转本月的营业收入和营业外收入。"主营业务收入"账户期末结转前的余额为 1 700 000 元。

5. 结转本月的主营业务成本、营业税金、期间费用和营业外支出。"主营业务成本"账户期末结转前的余额为 1 000 000 元，"营业税金及附加"账户为 170 000 元，"销售费用"账户为 30 000 元，"管理费用"账户为 200 000 元。

6. 按规定计算应交纳 100 000 元的所得税。

7. 按规定计算确定应付给投资者 120 000 元的利润。

8. 按规定计算应提取留用 80 000 元的盈余公积金。

要求：根据以上经济业务编制会计分录。

（四）练习科目汇总表核算形式下的账务处理

资料：将【例 2-1】至【例 2-39】中的所有原始金额各自除以 10，忽略所有的实物量度数字，如件数等。

要求：

1. 根据以上经济业务编制记账凭证。

2. 根据收付款凭证逐日逐笔顺序登记现金日记账和银行存款日记账。

3. 根据原始凭证、记账凭证登记材料明细账。

4. 根据以上的记账凭证编制科目汇总表。

5. 根据科目汇总表登记总分类账。

6. 根据总分类账资料编制总分类账户发生额及余额试算平衡表。

上述均以会计分录代替记账凭证；以"丁"字形账户代替各种账簿。

第三章

流动资产

【内容提要】

流动资产是指预计在一个正常营业周期中变现、出售或耗用，或者主要为交易目的而持有，或者预计在资产负债表日起一年内（含一年）变现的资产。企业的流动资产主要包括货币资金、应收及预付款项、交易性金融资产和存货等。

本章阐述了企业流动资产的核算，包括货币资金、应收及预付款项、交易性金融资产和存货的核算等。

【教学要点】

本章的教学要点包括库存现金和银行存款的核算、应收账款和坏账准备的核算、交易性金融资产的核算、存货的计量和核算。

流动资产是指预计在一个正常营业周期中变现、出售或耗用，或者主要为交易目的而持有，或者预计在资产负债表日起一年内（含一年）变现的资产。企业的流动资产主要包括货币资金、应收及预付款项、交易性金融资产和存货等。

第一节 货币资金

一、库存现金的核算

（一）现金管理制度

1. 现金的使用范围

根据国家现金管理制度和结算制度的规定，企业收支的各种款项必须按照国务院颁发的《现金管理暂行条例》的规定办理，在规定的范围内使用现金。企业可在下列范围内使用现金：

（1）职工工资、津贴，个人劳务报酬。

（2）根据国家规定颁发给个人的科学技术、文化艺术、体育等各种奖金。

（3）各种劳保、福利费用以及国家规定的对个人的其他支出。

（4）向个人收购农副产品和其他物资的价款。

（5）出差人员必须随身携带的差旅费。

（6）结算起点以下的零星支出。

（7）中国人民银行确定需要支付现金的其他支出。

属于上述现金结算范围的支出，企业可以根据需要向银行提取现金支付，不属于上述现金开支范围的款项支付一律通过银行办理转账结算。

2. 库存现金的限额管理

库存现金限额是指为保证各单位日常零星开支，按规定允许留存的现金最高数额。银行对各开户单位的库存现金都要核定限额，一般按开户单位 3～5 天的日常零星开支所需现金确定。边远地区或交通不发达地区的开户单位的库存现金限额可以适当放宽，但最多不超过 15 天的日常零星开支。库存现金限额一经确定，要求企业必须严格遵守，超过库存限额的现金要及时送存银行；库存现金低于限额时，可以签发现金支票从银行提取现金，补足限额。

3. 现金收支的规定

企业现金收入应于当日送存开户银行，当日送存有困难的，由开户银行确定送存时间。企业支付现金可以从本企业库存现金限额中支付或者从开户银行提取，不得从本单位的现金收入中直接支付（即坐支）。因特殊情况需要坐支现金的，应当事先报经开户银行审查批准，由开户银行核定坐支范围和限额。企业从开户银行提取现金时，应当写明用途，由本单位财会部门负责人签字盖章，经开户银行审核后，予以支付现金。因采购地点不固定、交通不便以及其他特殊情况必须使用现金的，应向开户银行提出申请，经开户银行审核后予以支付现金。

企业不准用不符合财务制度的凭证顶替库存现金，即不得"白条顶库"；不准谎报用途套取现金；不准利用银行账户代其他单位和个人存入或支取现金；不准将单位收入的现金以个人名义存入储蓄；不准保留账外公款，不得设置"小金库"等。

（二）库存现金的账务处理

为了总括核算和反映企业库存现金的收入、支出和结存情况，企业应设置"库存现金"科目，该科目属于资产类科目，借方登记库存现金的增加，贷方登记库存现金的减少，期末余额在借方，反映企业持有的库存现金。企业内部各部门周转使用的备用金，可以单独设置"备用金"科目进行核算。

企业应当设置现金总账和现金日记账，分别对企业库存现金进行总分类核算和明细分类核算。现金日记账由出纳人员根据收付款凭证，按照业务发生顺序逐笔登记。每日终了，应当计算当日的现金收入合计额、现金支出合计额和结余额，并将结余额与实际库存额核对，做到账款相符；月度终了，现金日记账的余额应当与现金总账的余额核对，做到账账相符。

每日终了结算库存现金收支、财产清查等发现的有待查明原因的库存现金短缺或溢余，应通过"待处理财产损溢"科目进行核算，按管理权限报经批准后，分别以下情况处理：对于现金短缺，属于应由责任人赔偿或保险公司赔偿的部分，记入"其他应收款"；属于无法查明原因的记入"管理费用"。对于现金溢余，属于应支付给有关人员或单位的，记入"其他应付款"；属于无法查明原因的，记入"营业外收入"。

二、银行存款的核算

银行存款是指企业存放在银行或其他金融机构的货币资金。按照国家有关规定，凡是独立核算的单位都必须在当地银行开设账户，以办理存款、取款和各种收支转账业务的结算。企业除了按核定限额保留库存现金外，超过限额的现金必须存入银行；除了在规定的范围内可以用现金直接支付的款项外，在经营过程中发生的一切货币收支业务，都必须通过银行存款账户进行结算。

（一）银行支付结算方式

根据中国人民银行有关支付结算办法规定，目前企业发生的货币资金收付业务可采用以下几种结算方式，通过银行办理转账结算。

1. 银行汇票

银行汇票是汇款人将款项交存当地出票银行，由出票银行签发的，由其在见票时，按照实际结算金额无条件支付给收款人或持票人的票据。银行汇票具有使用灵活、票随人到、兑现性强等特点，适用于先收款后发货或钱货两清的商品交易。单位和个人的各种款项结算，均可使用银行汇票。银行汇票可以用于转账，填明"现金"字样的银行汇票也可以用于支取现金。银行汇票的付款期限为自出票日起 1 个月内。银行汇票的收款人可以将银行汇票背书转让给他人。

2. 银行本票

银行本票是银行签发的，承诺自己在见票时无条件支付确定金额给收款人或者持票人的票据。银行本票具有信誉高、支付功能强等特点，单位和个人在同一票据交换区域需要支付的各种款项，均可使用。银行本票可以用于转账，在票面划去转账字样的，为现金本票。银行本票分定额本票和不定额本票。银行本票的付款期限为自出票日起最长不超过 2 个月，在付款期内银行本票见票即付。收款单位可以根据需要在票据交换区域内背书转让银行本票。

3. 商业汇票

商业汇票是出票人签发的，委托付款人在指定日期无条件支付确定的金额给收款人或者持票人的票据。按其承兑人的不同，分为商业承兑汇票和银行承兑汇票。商业承兑汇票由银行以外的付款人承兑，银行承兑汇票由承兑申请人提出申请，经银行审查同意承兑。在银行开立存款账户的法人，以及其他组织之间必须具有真实的交易关系或债权债务关系，才能使用商业汇票。商业汇票的付款期限由交易双方商定，但最长不得超过 6 个月。商业汇票的提示付款期限自汇票到期日起 10 日内。商业汇票可以背书转让。符合条件的商业承兑汇票的持票人可持未到期的商业承兑汇票连同贴现凭证，向银行申请贴现。

4. 支票

支票是单位或个人签发的，委托办理支票存款业务的银行在见票时无条件支付确定的金额给收款人或持票人的票据。支票结算方式是同城结算中应用比较广泛的一种结算方式。单位和个人在同城或同一票据交换区域的各种款项结算，均可以使用支票。支票由银行统一印制，支票上印有"现金"字样的为现金支票；支票上印有"转账"字样的为转账支票，转账支票只能用于转账。还有未注明转账或现金字样的为普通支票，普通支票可以用于转账，也可以支取现金。在普通支票左上角划两条平行线的为划线支票，划线支票只能用于转账，不得支取现金。支票的提示付款期限为自出票日起 10 日内。转账支票可以根据需要在票据交换区域内背书转让。企业不得签发空头支票。

5. 信用卡

信用卡是指商业银行向个人和单位发行的，凭以向特约单位购物、消费和向银行存取现金，且具有消费信用的特制载体卡片。信用卡按使用对象分为单位卡和个人卡；按信誉等级分为金卡和普通卡。凡在中国境内金融机构开立基本存款账户的单位可申领单位卡。单位卡可申领若干张，持卡人资格由申领单位法定代表人或其委托的代理人书面指定和注销，持卡人不得出租或转借信用卡。单位卡账户的资金一律从基本存款账户转账存入，不得交存现金，不得将销售收入的款项存入其账户。单位卡一律不得用于 10 万元以上的商品交易、劳务供应款项的结算，不得支取现金。信用卡在规定的限额和期限内允许善意透支，透支期限最长 60 天。

6. 汇兑

汇兑是汇款人委托银行将其款项支付给收款人的结算方式。单位和个人的各种款项的结算均可使用汇兑结算方式。汇兑分为信汇和电汇两种，由汇款人根据需要选择使用。汇兑结算方式适用于异地之间的各种款项结算，具有结算手续简便，划款迅速，不受金额起点限制的特点。

7. 委托收款

委托收款是收款人委托银行向付款人收取款项的结算方式。在银行开立账户的单位和个人，发生的商品交易和水费、邮电费、电话费等款项的结算，以及其他各种款项的结算，均可使用委托收款方式，委托收款结算方式既可以用于同城结算，也可以用于异地结算。这种结算方式便于企业主动向付款单位发货或提供劳务，也便于付款单位主动收货或接受劳务，是建立在商业信用基础上的一种结算方式。委托收款结算款项划回的方式分为邮寄和电报两种。

8. 托收承付

托收承付是根据购销合同由收款人发货后委托银行向异地付款人收取款项，由付款人向银行承认付款的结算方式。使用托收承付结算方式的收款单位和付款单位，必须是国有企业、供销合作社以及经营管理较好，并经开户银行审查同意的城乡集体所有制工业企业。办理托收承付结算的款项，必须是商品交易以及因商品交易而产生的劳务供应的款项。代销、寄销、赊销商品的款项，不得办理托收承付结算。托收承付款项按划回方式的不同，分为邮寄和电报两种，由收款人根据需要选择使用；收款单位办理托收承付，必须具有商品销售发票、商品发出的证件或其他证明。托收承付结算每笔的金额起点为 10 000元。新华书店系统每笔金额起点为 1 000 元。采用托收承付结算方式时，购销双方必须签有符合《经济合同法》的购销合同，并在合同上订明使用托收承付结算方式。按照《支付结算办法》的规定，承付货款分为验单付款和验货付款两种，验单付款规定承付期为 3天，验货付款规定承付期为 10 天。

9. 信用证

信用证结算方式是国际结算的一种主要方式。经中国人民银行批准经营结算业务的商业银行总行，以及经商业银行总行批准开办信用证结算业务的分支机构，也可以办理国内企业之间商品交易的信用证结算业务。采用信用证结算方式的，收款单位收到信用证后，即备货装运，签发有关发票账单，连同运输单据和信用证，送交银行，根据退还的信用证等有关凭证编制收款凭证；付款单位在接到开证行的通知时，根据付款的有关单据编制付款凭证。

（二）银行存款业务的账务处理

为了核算企业存入银行或其他金融机构的各种款项，企业应设置"银行存款"科目，该科目属于资产类科目，借方登记银行存款的增加额，贷方登记银行存款的减少额，期末余额在借方，反映企业存在银行或其他金融机构的各种款项。银行汇票存款、银行本票存款、信用卡存款、信用证保证金存款、存出投资款、外埠存款等，在"其他货币资金"科目核算。

企业应当设置银行存款总账和银行存款日记账，分别对企业的银行存款进行总分类核算和明细分类核算。企业可按开户银行和其他金融机构、存款种类等设置"银行存款日记账",根据收付款凭证,按照业务的发生顺序逐笔登记。每日终了,应结出余额。"银行存款日记账"应定期与"银行对账单"核对,至少每月核对一次。企业银行存款账面余额与银行对账单余额之间如有差额,应编制"银行存款余额调节表"调节相符。若无记账差错,调整后的银行存款余额应该相等。银行存款余额调节表只是用来进行对账,不能作为记账依据。对于未达账项并不进行账面调整,待结算凭证收到后再进行账务处理。

【例3-1】 北方公司收到新华工厂为归还前欠货款而交来的转账支票,金额计3 800元。企业填进账单连同支票送存银行。根据进账单回单,编制如下会计分录:

借:银行存款	3 800
贷:应收账款——新华工厂	3 800

【例3-2】 北方公司签发现金支票一张,计2 500元,从银行提取现金,补足备用现金。根据支票存根,编制如下会计分录:

借:库存现金	2 500
贷:银行存款	2 500

【例3-3】 2014年9月30日某企业银行存款日记账余额为88 424元,银行对账单余额为86 386元,经查对有下列未达账项:

(1) 银行收到托收的销货款2 426元,银行已经入账,企业尚未入账。

(2) 银行代扣电话费2 408元,银行已入账,账单尚未到达企业,企业尚未入账。

(3) 企业9月30日存入银行的转账支票一张计2 946元,银行尚未入账。

(4) 企业9月30日开出转账支票一张计890元,银行未入账。

根据上述资料,编制"银行存款余额调节表"见表3-1。

表3-1		银行存款余额调节表	单位:元
企业银行存款日记账余额	88 424	银行对账单余额	86 386
加:银行已记增加 企业未记增加	2 426	加:企业已记增加 银行未记增加	2 946
减:银行已记减少 企业未记减少	2 408	减:企业已记减少 银行未记减少	890
调节后的余额	88 442	调节后的余额	88 442

三、其他货币资金的核算

其他货币资金是企业除库存现金、银行存款以外的其他各种货币资金,主要包括银行汇票存款、银行本票存款、信用卡存款、信用证保证金存款、存出投资款、外埠存款等。其他货币资金不同于银行存款和库存现金之处在于:它们一般都有专门的用途和特定的存放地点。如银行汇票存款,只能用于银行汇票的结算款项,不能再作其他用途使用,而且这部分存款也不能存放在企业的基本存款账户之中，因此在会计上必须进行单独的核算与管理。

与库存现金和银行存款一样，其他货币资金也必须按照国家的现金管理制度、银行结算办法及有关规定严格进行管理，同时，还要设置专门的账户单独进行核算。

为了单独反映其他货币资金的收入、付出和结存情况，应设置"其他货币资金"科目。该科目属于资产类科目，借方登记其他货币资金的增加数；贷方登记其他货币资金的减少数；期末借方余额，反映其他货币资金的结存数。该账户应按其他货币资金的具体组成内容设置明细账，进行明细核算。

1. 外埠存款

外埠存款也称临时性采购专户存款，它是指企业到外地进行临时或零星采购时，汇往采购地银行开立采购专户的款项。企业将款项委托当地银行汇往采购地开立专户时，应借记"其他货币资金——外埠存款"科目，贷记"银行存款"科目；企业收到采购人员交来的供应单位发票、账单等报销凭证时，借记"材料采购"或"原材料"、"库存商品"、"应交税费——应交增值税（进项税额）"等科目，贷记"其他货币资金——外埠存款"科目；将多余的外埠存款转回当地银行时，根据银行的收款通知，借记"银行存款"科目，贷记"其他货币资金——外埠存款"科目。

【例3-4】 某企业委托当地开户银行汇款10 000元给采购地银行开立专户，应编制会计分录如下：

借：其他货币资金——外埠存款	10 000
贷：银行存款	10 000

收到采购员交来的供应单位发票等报销凭证9 360元（含增值税），应编制会计分录如下：

借：材料采购	8 000
应交税费——应交增值税（进项税额）	1 360
贷：其他货币资金——外埠存款	9 360

采购员完成了采购任务，将多余的外埠存款转回当地银行，根据银行的收账通知，转销"其他货币资金——外埠存款"科目，应编制会计分录如下：

借：银行存款	640
贷：其他货币资金——外埠存款	640

2. 银行汇票存款

银行汇票存款是指企业为了取得银行汇票，按规定存入银行的款项。企业在填送"银行汇票申请书"并将款项交存银行，取得银行汇票后，根据银行盖章退回的申请书存根联，借记"其他货币资金——银行汇票存款"科目，贷记"银行存款"科目；企业使用银行汇票后，应根据发票账单等有关凭证，借记"材料采购"或"原材料"、"库存商品"、"应交税费——应交增值税（进项税额）"等科目，贷记"其他货币资金——银行汇票存款"科目；如有多余款或因汇票超过付款期等原因而退回款项时，根据银行转来的银行汇票"多余款收账通知",借记"银行存款"科目,贷记"其他货币资金——银行汇票存款"科目。

【例3-5】 某企业要求银行办理银行汇票9 000元,在企业提交银行汇票申请书并将9 000元交存银行、取得银行汇票时,应根据银行退回的申请书存根联,编制会计分录如下:

借：其他货币资金——银行汇票存款	9 000	
贷：银行存款		9 000

企业使用银行汇票后,根据发票账单等有关凭证8 190元(含增值税),编制会计分录如下:

借：材料采购	7 000	
应交税费——应交增值税（进项税额）	1 190	
贷：其他货币资金——银行汇票存款		8 190

银行汇票使用完毕,应转销"其他货币资金——银行汇票存款"科目的余额810元,编制会计分录如下:

借：银行存款	810	
贷：其他货币资金——银行汇票存款		810

3. 银行本票存款

银行本票存款是指企业为了取得银行本票,按规定存入银行的款项。企业向银行提交"银行本票申请书",将款项交存银行取得银行本票后,根据银行盖章退回的申请书存根联,借记"其他货币资金——银行本票存款"科目,贷记"银行存款"科目;付出银行本票后,应根据发票账单等有关凭证借记"材料采购"或"原材料"、"库存商品"、"应交税费——应交增值税（进项税额）"等科目,贷记"其他货币资金——银行本票存款"科目;若因本票超过付款期等原因要求退款时,根据银行收回本票时盖章退回的一联进账单,借记"银行存款"科目,贷记"其他货币资金——银行本票存款"科目。

【例3-6】 某企业申请办理银行本票11 700元,在企业向银行提交银行本票申请书并将款项交存银行、取得银行本票时,应根据银行盖章退回的申请书存根联,编制会计分录如下:

借：其他货币资金——银行本票存款	11 700	
贷：银行存款		11 700

企业使用银行本票后,应根据发票账单等有关凭证,编制会计分录如下:

借：材料采购	10 000	
应交税费——应交增值税（进项税额）	1 700	
贷：其他货币资金——银行本票存款		11 700

4. 信用卡存款

信用卡存款是指企业为了取得信用卡而存入银行信用卡专户的款项。企业单位需要办理信用卡结算的，应先向银行提出申请，填写"信用卡申请书"，经银行审查符合条件后，企业交存信用卡备用金，银行为申请人开立信用卡存款专户，发给信用卡。企业根据银行盖章退回的交存备用金的进账单，借记"其他货币资金——信用卡存款"科目，贷记"银行存款"科目；企业用信用卡支付有关费用（如业务招待费等），按实际支付费用的金额，借记"管理费用"等科目，贷记"其他货币资金——信用卡存款"科目。

5. 信用证保证金存款

信用证保证金存款指与境外供货单位采用国际信用证结算的交易，企业为了开具信用证而存入中国银行信用证保证金专户的款项。目前，我国信用证结算方式主要应用于有国外进出口业务的企业。企业向外商开出信用证时，也必须向中国银行提出申请并填写"信用证委托书"，还应将信用证保证金交存银行开立专户。企业向外商开出信用证时，借记"其他货币资金——信用证保证金存款"科目，贷记"银行存款"科目；收到境外供应单位信用证结算凭证及所附发票账单，经核对无误后借记"材料采购"或"原材料"、"库存商品"、"应交税费——应交增值税（进项税额）"等科目，贷记"其他货币资金——信用证保证金存款"科目；接到银行收账通知，将未用完的信用证保证金存款余额转回开户银行时，借记"银行存款"科目，贷记"其他货币资金——信用证保证金存款"科目。

6. 存出投资款

存出投资款是指企业已存入证券公司但尚未进行短期投资的现金。企业向证券公司划出资金时，应按实际划出的金额，借记"其他货币资金——存出投资款"科目，贷记"银行存款"科目；购买股票、债券等有价证券时，按实际发生的金额，借记"交易性金融资产"等科目，贷记"其他货币资金——存出投资款"科目。

第二节　应收及预付款项的核算

应收及预付款项是指企业在日常生产经营过程中发生的各项债权，包括应收票据、应收账款、预付账款、应收股利、应收利息和其他应收款等。

一、应收票据的核算

（一）应收票据概述

应收票据是指在采用商业汇票结算方式下，企业所持有的、尚未到期兑现的商业汇票。它实际上是企业因销售商品、产品或提供劳务而收到票据后形成的一种债权，属于企业的流动资产。商业汇票包括银行承兑汇票和商业承兑汇票。商业汇票按是否计息可分为带息票据和不带息票据。不带息票据的到期值等于其面值，带息票据的到期值等于其面值加上到期应计利息。目前，我国所使用的商业汇票主要是不带息票据。

（二） 应收票据利息的计算

由于应收票据有带息与不带息之分，所以对于不带息票据，不存在计算利息的问题；对于带息票据，其利息的计算公式如下：

$$应收票据到期应计利息 = 应收票据面值 \times 利率 \times 时间$$

上式中，利率有年利率、月利率、日利率三种，换算时全年按 360 天计算，每月统一按 30 天计算。

$$日利率 = 年利率 \div 360 = 月利率 \div 30$$
$$月利率 = 年利率 \div 12$$

票据的时间有两种表示方法：

一种以日数表示，于若干天后到期。此时，到期日数按实际日历天数，采用"算头不算尾"的方法计算。

【例 3 - 7】 一张面值为 36 000 元、利率为 10%、60 天到期的商业汇票，其出票日期为 8 月 1 日，则其到期日为 9 月 30 日。

8 月 1 日至 8 月 31 日为 31 天（8 月 1 日计入）；

9 月 1 日至 9 月 30 日为 29 天（9 月 30 日不计入）。

此票据到期后的应计利息为：

36 000 × （10% ÷ 360）× 60 = 600 （元）

另一种以月数表示，于若干月后到期。它以对日为一个月（如从 6 月 15 日至 7 月 15 日），每月按 30 天计算，而不论其实际日历天数为多少。对不满一个月的零头天数，则按实际日历天数，采用"算头不算尾"的方法计算。

【例 3 - 8】 一张面值为 30 000 元、利率为 12%、3 个月到期的商业汇票，其出票日为 3 月 10 日，则其到期日为 6 月 10 日。该票据到期后的应计利息为：

30 000 × （12% ÷ 12）× 3 = 900 （元）

如果出票日正好在月末，则按月数表示时间的到期日为到期月份的月末。例如，某票据 1 月 31 日开出，3 个月后到期，则其到期日为 4 月 30 日。

（三） 应收票据的账务处理

企业为了核算应收票据，应设置"应收票据"科目，该科目属于资产类科目，借方登记应收票据的票面金额，贷方登记到期收回、中途贴现或背书转让，或因未能收回票款而转作应收账款的应收票据票面金额，期末余额在借方，反映企业持有的应收票据的票面金额。本科目可按开出、承兑商业汇票的单位进行明细核算。

企业应当设置"应收票据备查簿"，逐笔登记商业汇票的种类、号数和出票日、票面金额、交易合同号和付款人、承兑人、背书人的姓名或单位名称、到期日、背书转让日、贴现日、贴现率和贴现净额以及收款日和收回金额、退票情况等资料。商业汇票到期结清票款或退票后，在备查簿中应予注销。

应收票据的账务处理主要包括：收到应收票据的账务处理；应收票据贴现和背书转让的账务处理；应收票据到期的账务处理。

（1）企业因销售商品、提供劳务等而收到开出、承兑的商业汇票，按商业汇票的票面金额，借记"应收票据"科目，按确认的营业收入，贷记"主营业务收入"等科目，按增值税专用发票上注明的增值税额，贷记"应交税费——应交增值税（销项税额）"科目。

（2）企业持未到期的商业汇票向银行贴现，应按实际收到的金额（即减去贴现息后的净额），借记"银行存款"等科目，按贴现息部分，借记"财务费用"等科目，按商业汇票的票面金额，贷记"应收票据"科目或"短期借款"科目。

（3）企业将持有的商业汇票背书转让以取得所需物资，按应计入取得物资成本的金额，借记"材料采购"或"原材料"、"库存商品"等科目，按增值税专用发票上注明的增值税额，借记"应交税费——应交增值税（进项税额）"科目。按商业汇票的票面金额，贷记"应收票据"科目，如有差额，借记或贷记"银行存款"等科目。

（4）商业汇票到期，应按实际收到的金额，借记"银行存款"科目，按商业汇票的票面金额，贷记"应收票据"科目。如果票据到期时，付款人无力偿还票款，应将到期票据的票面金额转入"应收账款"科目。

【例3-9】　甲公司5月20日向乙公司销售一批产品，增值税专用发票上注明的产品销售收入为20 000元，增值税税额为3 400元。同日，甲公司收到乙公司开出并经银行承兑的不带息商业汇票一张，其出票日为5月20日，期限为3个月，面值为23 400元。甲公司应编制如下会计分录：

借：应收票据	23 400
贷：主营业务收入	20 000
应交税费——应交增值税（销项税额）	3 400

3个月后，应收票据到期，收回票款23 400元并存入银行，编制会计分录如下：

借：银行存款	23 400
贷：应收票据	23 400

【例3-10】　甲公司向乙公司销售一批产品，货款为30 000元（不含增值税），但尚未收到，已办妥托收手续，适用增值税税率为17%。甲公司应编制如下会计分录：

借：应收账款——乙公司	35 100
贷：主营业务收入	30 000
应交税费——应交增值税（销项税额）	5 100

5日后，甲公司收到乙公司开来一张3个月的商业承兑汇票，面值为35 100元，抵付产品货款，编制会计分录如下：

借：应收票据	35 100
贷：应收账款——乙公司	35 100

3 个月后，票据到期，收回票款 35 100 元并存入银行，编制会计分录如下：

借：银行存款 35 100
　　贷：应收票据 35 100

如果该票据到期时，乙公司无力偿还票款，甲公司应将到期票据的票面金额转入"应收账款"科目，编制会计分录如下：

借：应收账款——乙公司 35 100
　　贷：应收票据 35 100

【例 3 - 11】　甲公司于 9 月 10 日向乙公司销售一批产品，增值税专用发票上注明产品销售收入为 10 000 元，增值税税额为 1 700 元。同日，甲公司收到乙公司开出的一张 6 个月到期、年利率为 10%、票面金额为 11 700 元的商业承兑汇票。甲公司应编制如下会计分录：

借：应收票据 11 700
　　贷：主营业务收入 10 000
　　　　应交税费——应交增值税（销项税额） 1 700

6 个月后，应收票据到期，甲公司收回票据本金和利息，存入银行。

应收票据利息 = 11 700 × 10% × (6/12) = 585（元）

甲公司应编制如下会计分录：

借：银行存款 12 285
　　贷：应收票据 11 700
　　　　财务费用 585

如果票据到期时，乙公司无力偿还票款，甲公司应编制如下会计分录：

借：应收账款 12 285
　　贷：应收票据 12 285

【例 3 - 12】　某企业 4 月 29 日售给本市 A 公司产品一批，货款总计 10 000 元，适用增值税税率为 17%。A 公司交来一张出票日为 5 月 1 日、面值 11 700 元、期限为 3 个月的商业承兑无息票据。该企业 6 月 1 日持票据到银行贴现，贴现率为 12%。企业应作会计分录如下：

收到票据时：

借：应收票据 11 700
　　贷：主营业务收入 10 000
　　　　应交税费——应交增值税（销项税额） 1 700

6 月 1 日到银行贴现，票据到期日为 8 月 1 日，贴现期为 2 个月（6 月 1 日至 8 月 1 日）。

应收票据贴现额的计算方法如下：

$$贴现额 = 票据到期值 - 贴现息$$

其中，　　　　　　　票据到期值 = 票据面值（不带息票据）

或者　票据到期值 = 票据面值 ×（1 + 票据利息率 × 票据期限）（带息票据）

贴现息 = 票据到期值 × 贴现率 × 贴现期

本例中，票据到期值 = 票据面值 = 11 700（元）

贴现息 = 11 700 × 12% × 2/12 = 234（元）

贴现额 = 11 700 − 234 = 11 466（元）

借：银行存款	11 466	
财务费用	234	
贷：应收票据		11 700

二、应收账款的核算

（一）应收账款概述

应收账款是企业因销售商品、产品、提供劳务等经营活动应收取的款项。因销售商品、产品、提供劳务等，采用递延方式收取合同或协议价款、实质上具有融资性质的，在"长期应收款"科目核算。

应收账款应于收入实现时按实际发生额确认。在商业活动中由于存在商业折扣、现金折扣、销货退回等，使应收账款入账价值的确定变得复杂。商业折扣是指在商品交易时从价目单所列售价中扣减的一定数额。由于商业折扣在确定双方交易价格时已经扣除，所以不影响应收账款和营业收入的计量，会计记录只按商品定价扣除商业折扣后的净额（即交易价格）入账。现金折扣又称销货折扣，是指企业为了鼓励客户在一定时期内早日付款而给予的价格优惠，折扣多少通常由客户付款时间的早晚决定。通常表示形式如 2/10、1/20、N/30，表示在 10 天内付款，可享受 2% 的折扣，20 天内付款可享受 1% 的折扣，超过 20 天付款，则无折扣。

由于现金折扣发生在交易成立之后，在交易日对应收账款和主营业务收入进行入账时，其入账价值就有是否扣除现金折扣两种选择，由此形成应收账款两种不同的会计处理方法：一是总价法，即在销售业务发生时，应收账款和营业收入以未扣除现金折扣前的实际售价（即总价）作为入账价值，实际发生现金折扣时计入财务费用；二是净价法，即将扣除现金折扣后的金额（即净价）作为应收账款和营业收入的入账价值，实际收款时对因客户超过折扣付款期而多收的款项，则直接冲减财务费用。我国会计实务中规定采用总价法。

（二）应收账款的账务处理

企业为了核算应收账款，应设置"应收账款"科目，该科目属于资产类科目，借方登记应收的金额，贷方登记客户归还的应收金额，期末借方余额，反映企业尚未收回的应收账款；期末如为贷方余额，反映企业预收的账款。企业赊销时代垫的运杂费、包装物以及应收的增值税销项税额等也应通过应收账款进行核算。

企业发生应收账款，按应收金额，借记"应收账款"，按确认的营业收入，贷记"主营业务收入"等科目。收回应收账款时，借记"银行存款"等科目，贷记"应收账款"。涉及增值税销项税额的，还应进行相应的处理。代购货单位垫付的包装费、运杂费，借记"应收账款"，贷记"银行存款"等科目。收回代垫费用时，借记"银行存款"科目，贷记"应收账款"科目。

【例3－13】 甲公司8月20日向乙公司销售一批产品，增值税专用发票上注明的产品销售收入为10 000元，增值税税额为1 700元。甲公司以银行存款支付代垫运费300元（假定不作为计税基数），货款尚未收回。甲公司应编制如下会计分录：

借：应收账款	12 000
贷：主营业务收入	10 000
应交税费——应交增值税（销项税额）	1 700
银行存款	300

1个月后，收到乙公司偿还的前欠货款总计12 000元，已转入公司银行账户，编制会计分录如下：

借：银行存款	12 000
贷：应收账款	12 000

【例3－14】 甲公司于9月10日向乙公司销售一批产品，增值税专用发票上注明产品销售收入为10 000元，增值税税额为1 700元。同日，甲公司收到乙公司开出的一张6个月到期，票面金额为11 700元的不带息商业承兑汇票。甲公司应编制如下会计分录：

借：应收票据	11 700
贷：主营业务收入	10 000
应交税费——应交增值税（销项税额）	1 700

6个月后，应收票据到期，甲公司收回票据本金，存入银行。
甲公司应编制如下会计分录：

借：银行存款	11 700
贷：应收票据	11 700

如果票据到期时，乙公司无力偿还票款，甲公司应编制如下会计分录：

借：应收账款	11 700
贷：应收票据	11 700

实际收到货款时：

借：银行存款	11 700
贷：应收账款	11 700

三、预付账款的核算

(一) 预付账款概述

预付账款是企业按照购货合同规定，预先支付给供货单位的款项。预付账款与应收账款都属于企业的短期债权，但应收账款是企业因销售业务而形成的，应向购货单位收取的款项；而预付账款是因购货业务而形成的，预先付给销货单位的款项。因此，二者应当分别设置科目进行核算。预付账款不多的企业，也可以不设"预付账款"科目，在"应付账款"科目中核算。但在编制会计报表时，仍然要将"预付账款"和"应付账款"的金额分开报告。

(二) 预付账款的账务处理

企业发生的预付账款业务，通过"预付账款"科目核算。该科目属于资产类科目，借方登记预付和补付的款项，贷方登记收到预购的材料或商品的价款（即预付账款的减少额），期末借方余额表示多付的货款，贷方余额表示应补付的货款。企业还应对预付账款按供货单位的名称设置明细科目，进行明细分类核算。预付款项情况不多的企业，也可以将预付的款项直接记入"应付账款"科目的借方，不设本科目。

企业预付的款项，借记"预付账款"科目，贷记"银行存款"科目；收到所购物资时，根据发票账单等列明应计入购入物资成本的金额，借记"原材料"、"库存商品"等科目，按专用发票上注明的增值税额，借记"应交税费——应交增值税（进项税额）"科目，按应付金额，贷记"预付账款"科目；补付的款项，借记"预付账款"科目，贷记"银行存款"科目；退回多付的款项，借记"银行存款"科目，贷记"预付账款"科目。

【例 3 – 15】 某企业定购一批原材料，向供货方预付材料款共 10 000 元，编制会计分录如下：

借：预付账款	10 000
贷：银行存款	10 000

收到材料和专用发票时，全部货款为 20 000 元，增值税专用发票上注明的增值税额为 3 400 元，应补付 13 400 元，编制会计分录如下：

借：原材料	20 000
应交税费——应交增值税（进项税额）	3 400
贷：预付账款	23 400

补付的货款：

借：预付账款	13 400
贷：银行存款	13 400

四、应收股利和应收利息的核算

(一) 应收股利的账务处理

应收股利是指企业应收取的现金股利和应收取其他单位分配的利润。企业应设置"应收股利"科目进行总账核算，该科目借方登记应收的股利，贷方登记实际收到的股利，期末借方余额反映企业尚未收回的现金股利或利润。该科目应按照被投资单位进行明细核算。

(1) 企业取得权益性金融资产时，按支付的价款中所包含的、已宣告但尚未发放的现金股利，借记"应收股利"科目，按实际支付的金额，贷记"银行存款"等科目。

交易性金融资产持有期间被投资单位宣告发放现金股利，应借记"应收股利"科目，贷记"投资收益"科目。

企业取得的长期股权投资，被投资单位宣告发放现金股利或利润的，按应享有的份额，借记"应收股利"科目，贷记"投资收益"（成本法）、"长期股权投资——损益调整"（权益法）科目。

(2) 实际收到现金股利或利润，借记"银行存款"等科目，贷记"应收股利"科目。

(二) 应收利息的账务处理

应收利息是企业发放贷款、持有至到期投资、可供出售金融资产、存放中央银行款项等应收取的利息。企业应设置"应收利息"科目进行总账核算，该科目借方登记应收的利息，贷方登记实际收到的利息，期末借方余额反映企业尚未收回的利息。该科目应按照借款人或被投资单位进行明细核算。

(1) 企业取得各种债权性金融资产时，按支付的价款中所包含的、已到付息期但尚未领取的利息，借记"应收利息"科目，贷记"银行存款"等科目。

企业取得的各种债权性金融资产，如为分期付息、一次还本债权投资，应于资产负债日按票面利率计算确定的应收未收利息，借记"应收利息"科目，贷记"投资收益"等科目。如为一次还本付息债券投资，应计入相关资产科目的"应计利息"明细科目核算，不通过"应收利息"科目核算。

(2) 实际收到利息时，借记"银行存款"科目，贷记"应收利息"科目。

五、其他应收款的核算

(一) 其他应收款概述

其他应收款是企业除应收账款、应收票据和预付账款等经营活动以外的其他各种应收、暂付款项。企业其他应收款的内容包括：①应收的各种赔款、罚款；②应收出租包装物的租金；③应向职工收取的各种垫付款项；④备用金；⑤存出的保证金，如租入包装物支付的押金；⑥其他各种的应收、暂付款项。不包括企业拨出用于投资、购买物资的各种款项。

（二）其他应收款的账务处理

为了核算企业发生的各种其他应收款业务，应设置"其他应收款"科目，该科目属于资产类科目，借方登记发生的各种其他应收款，贷方登记企业收到的款项和企业结转情况，余额一般在借方，表示应收未收的其他应收款项；期末如为贷方余额，反映企业尚未支付的其他应付款。

企业发生其他各种应收、暂付款项时，借记"其他应收款"科目，贷记"银行存款"、"固定资产清理"等科目；收回或转销各种款项时，借记"库存现金"、"银行存款"等科目，贷记"其他应收款"科目。企业应按不同债务人设置明细科目，进行明细分类核算。

【例 3 – 16】 职工李明于 3 月 10 日借差旅费 3 000 元。公司应编制如下会计分录：

借：其他应收款——李明	3 000
贷：库存现金	3 000

【例 3 – 17】 承【例 3 – 16】，职工李明于 3 月 25 日报销差旅费 2 400 元并交回余款 600 元。公司应编制如下会计分录：

借：管理费用	2 400
库存现金	600
贷：其他应收款——李明	3 000

六、应收款项减值的核算

1. 应收款项减值的确定

应收账款等应收款项是企业拥有的金融资产，企业应当在资产负债表日对以公允价值计量且其变动计入当期损益的金融资产以外的金融资产的账面价值进行检查，有客观证据表明该金融资产发生减值的，应当计提减值准备。

企业对应收款项进行减值测试，应根据本单位的实际情况分为单项金额重大和非重大的应收款项，分别进行减值测试，计算确定减值损失，计提坏账准备。应收款项的减值损失也称坏账损失。

对于单项金额重大的应收款项，应当单独进行减值测试，有客观证据表明其发生了减值的，应当根据其未来现金流量现值低于其账面价值的差额，确认减值损失，计提坏账准备。对于单项金额非重大的应收款项以及单独测试后未发生减值的单项金额重大的应收款项，应当采用组合方式进行减值测试，分析判断是否发生减值。

2. 应收款项减值的账务处理

为了核算企业应收款项减值的情况，应设置"坏账准备"科目，该科目属资产类备抵科目，贷方登记按期估计的坏账准备数额，借方登记已确认为坏账损失应予转销的应收账款数额。余额通常在贷方，表示已经预提尚未注销的坏账准备数，在期末资产负债表中各项应收款项以抵减坏账准备后的净额列示。

应收账款减值的账务处理包括：（1）提取坏账准备的账务处理；（2）实际发生坏账

时的账务处理；（3）已转销的坏账又收回的账务处理。

坏账准备的计提常用的方法是应收账款余额百分比法，即按照期末应收款项余额的一定比例计提坏账准备。资产负债表日，企业应根据应收款项余额以及坏账准备账户余额的变化对坏账准备进行调整。坏账准备的计提要注意一个原则，无论补提、不予提取或冲回坏账准备，计提以后的"坏账准备"账户余额应始终保持与按当年应收款项余额的一定比例计算的坏账准备数一致。即：

计提后"坏账准备"账户期末余额 = 当期应收款项余额 × 计提比例

企业计提坏账准备时，应借记"资产减值损失"科目，贷记"坏账准备"科目；冲回坏账准备时，应借记"坏账准备"科目，贷记"资产减值损失"科目。

对于确实无法收回的应收款项，按管理权限报经批准后作为坏账损失，转销应收款项，借记"坏账准备"科目，贷记"应收账款"、"预付账款"、"应收利息"、"其他应收款"、"长期应收款"等科目。

已确认并转销的应收款项以后又收回的，应按实际收回的金额，借记"应收账款"、"预付账款"、"应收利息"、"其他应收款"、"长期应收款"等科目，贷记"坏账准备"科目；同时，借记"银行存款"科目，贷记"应收账款"、"预付账款"、"应收利息"、"其他应收款"、"长期应收款"等科目。已确认并转销的应收款项以后又收回的，企业也可以按照实际收回的金额，直接借记"银行存款"科目，贷记"坏账准备"科目。

【例 3 – 18】　甲公司有关资料如下：

（1）2014 年 12 月 1 日应收账款期初余额为 215 万元，坏账准备余额 10.75 万元；

（2）12 月 5 日，向乙公司销售产品 105 件，单价 1 万元，增值税税率 17%，单位销售成本 0.8 万元，未收款；

（3）12 月 25 日，因产品质量原因，乙公司要求退回本月 5 日购买的 5 件商品，甲公司同意乙公司退货，并办理退货手续和开具红字增值税专用发票，甲公司收到乙公司退回的商品；

（4）12 月 26 日发生坏账损失 2 万元；

（5）12 月 28 日收回前期已确认的坏账 1 万元，存入银行；

（6）2014 年年末经减值测试，确定坏账准备的提取比率为 5%，计提坏账准备。

根据上述资料，编制有关业务的会计分录：

（1）12 月 5 日销售商品时：

借：应收账款		1 228 500
贷：主营业务收入		1 050 000
应交税费——应交增值税（销项税额）		178 500
借：主营业务成本	840 000	
贷：库存商品		840 000

（2）12 月 25 日收到 B 公司退回的商品时：

借：主营业务收入	50 000	
应交税费——应交增值税（销项税额）	8 500	

贷：应收账款	58 500
借：库存商品	40 000
贷：主营业务成本	40 000

（3）12月26日发生坏账时：

借：坏账准备	20 000
贷：应收账款	20 000

（4）12月28日发生坏账回收时：

借：应收账款	10 000
贷：坏账准备	10 000
借：银行存款	10 000
贷：应收账款	10 000

（5）2014年年末计提坏账准备：

2014年12月31日应收账款余额 = 215 + 122.85 - 5.85 - 2 + 1 - 1 = 330（万元）

计提坏账准备前"坏账准备"账户余额 = 10.75 - 2 + 1 = 9.75（万元）

2014年坏账准备计提数 = 330 × 5% - 9.75 = 6.75（万元）

借：资产减值损失	67 500
贷：坏账准备	67 500

第三节　交易性金融资产

一、金融资产及分类

金融资产，是指企业的下列资产：

（1）现金；

（2）持有的其他单位的权益工具；

（3）从其他单位收取现金或其他金融资产的合同权利；

（4）在潜在有利条件下，与其他单位交换金融资产或金融负债的合同权利；

（5）将来须用或可用企业自身权益工具进行结算的非衍生工具的合同权利，企业根据该合同将收到非固定数量的自身权益工具；

（6）将来须用或可用企业自身权益工具进行结算的衍生工具的合同权利，但企业以固定金额的现金或其他金融资产换取固定数量的自身权益工具的衍生工具合同权利除外。其中，企业自身权益工具不包括本身就是在将来收取或支付企业自身权益工具的合同。

金融资产应当在初始确认时划分为下列四类：

（1）以公允价值计量且其变动计入当期损益的金融资产，包括交易性金融资产和指定为以公允价值计量且其变动计入当期损益的金融资产；

（2）持有至到期投资；

（3）贷款和应收款项；

（4）可供出售金融资产。

二、交易性金融资产的划分

企业持有的以公允价值计量且其变动计入当期损益的金融资产，包括为交易目的所持有的债券投资、股票投资、基金投资、权证投资等交易性金融资产和直接指定为以公允价值计量且其变动计入当期损益的金融资产。

金融资产或金融负债满足下列条件之一应当划分为交易性金融资产或金融负债：

（1）取得该金融资产或承担该金融负债的目的，主要是为了近期内出售或回购。

（2）属于进行集中管理的可辨认金融工具组合的一部分，且有客观证据表明企业近期采用短期获利方式对该组合进行管理。

（3）属于衍生工具，但是，被指定且为有效套期工具的衍生工具、属于财务担保合同的衍生工具、与在活跃市场中没有报价且其公允价值不能可靠计量的权益工具投资挂钩并须通过交付该权益工具结算的衍生工具除外。

三、交易性金融性资产的核算

（一）交易性金融资产的计量

企业划分为交易性金融资产的股票、债券、基金，以及不作为有效套期工具的衍生工具，应当按照取得时的公允价值作为初始确认金额，相关的交易费用在发生时计入当期损益。交易费用，是指可直接归属于购买、发行或处置金融工具新增的外部费用。新增的外部费用，是指企业不购买、发行或处置金融工具就不会发生的费用，包括支付给代理机构、咨询公司、券商等的手续费和佣金及其他必要支出，不包括债券溢价、折价、融资费用、内部管理成本及其他与交易不直接相关的费用。交易费用构成实际利息的组成部分。

取得交易性金融资产所支付价款中包含的已宣告发放的现金股利或债券利息，应当作为应收款项单独列示。

交易性金融资产应按公允价值进行后续计量，其公允价值变动形成的利得或损失，应当计入当期损益；持有期间取得的现金股利或利息，计入当期损益。

（二）科目设置

为了总括地核算和监督企业为交易目的所持有的债券投资、股票投资、基金投资等交易性金融资产的公允价值，应设置"交易性金融资产"科目，该科目属于资产类科目，其借方登记购入股票、债券、基金等交易性金融资产时的初始入账金额；贷方登记企业出售交易性金融资产转出的成本等；期末借方余额，反映企业持有的交易性金融资产的公允价值。"交易性金融资产"科目应当按照交易性金融资产的类别和品种，分别"成本"、"公允价值变动"进行明细核算。企业持有的直接指定为以公允价值计量且其变动计入当期损益的金融资产也在本科目核算。

（三）交易性金融资产的账务处理

交易性金融资产的核算包括交易性金融资产的取得、交易性金融资产持有期间取得股利和利息的处理、交易性金融资产的期末计价和交易性金融资产的处置等方面的内容。

1. 交易性金融资产的取得

企业取得交易性金融资产时，按其公允价值（不含支付的价款中所包含的、已到付息期但尚未领取的利息或已宣告但尚未发放的现金股利），借记"交易性金融资产——成本"科目，按发生的交易费用，借记"投资收益"科目，按已到付息期但尚未领取的利息或已宣告但尚未发放的现金股利，借记"应收利息"或"应收股利"科目，按实际支付的金额，贷记"银行存款"等科目。

2. 交易性金融资产持有期间取得的现金股利和利息

交易性金融资产持有期间被投资单位宣告发放的现金股利，或在资产负债表日按分期付息、一次还本债券投资的票面利率计算的利息，借记"应收股利"或"应收利息"科目，贷记"投资收益"科目。

3. 交易性金融资产的期末计量

以公允价值计量且其变动计入当期损益的金融资产，其公允价值变动形成的利得或损失，应当计入当期损益。资产负债表日，交易性金融资产的公允价值高于其账面余额的差额，借记"交易性金融资产——公允价值变动"科目，贷记"公允价值变动损益"科目；公允价值低于其账面余额的差额，作相反的会计分录。

4. 交易性金融资产的处置

企业处置交易性金融资产时，将处置时的该交易性金融资产的公允价值与初始入账金额之间的差额确认为投资收益，同时调整公允价值变动损益。

企业出售交易性金融资产时，应按实际收到的金额，借记"银行存款"等科目，按该项交易性金融资产的成本，贷记"交易性金融资产——成本"科目，按该项交易性金融资产的公允价值变动，贷记或借记"交易性金融资产——公允价值变动"科目，按其差额，贷记或借记"投资收益"科目。同时，将原计入该项交易性金融资产的公允价值变动转出，借记或贷记"公允价值变动损益"科目，贷记或借记"投资收益"科目。

【例3－19】 A公司2014年3月1日从二级市场购入某公司股票10 000股，每股市价11元（含已宣告未发放现金股利2元），在初始确认时，确认为交易性金融资产，2014年4月7日收到分配的现金股利，每股2元。6月30日，股价下跌至每股10元，9月8日以每股12元将该股票出售。A公司账务处理如下：

（1）2014年3月1日取得该股票时：

借：交易性金融资产——成本	90 000	
应收股利	20 000	
贷：银行存款		110 000

(2) 4月7日收到现金股利时：

| 借：银行存款 | 20 000 | |
| 贷：应收股利 | | 20 000 |

(3) 6月30日，确认公允价值变动损益时：

| 借：交易性金融资产——公允价值变动 | 10 000 | |
| 贷：公允价值变动损益 | | 10 000 |

(4) 9月8日出售股票时：

借：银行存款	120 000	
公允价值变动损益	10 000	
贷：投资收益		30 000
交易性金融资产——成本		90 000
——公允价值变动		10 000

【例3-20】 A公司2013年1月1日从二级市场支付价款2 060 000元（含已到付息期但尚未领取的利息60 000元）购入某公司发行的债券，另发生交易费用30 000元。该债券面值2 000 000元，剩余期限为2年，票面年利率为6%，每半年付息一次，A公司将其划分为交易性金融资产。其他资料如下：

(1) 2013年1月5日，收到该债券2012年下半年利息60 000元；

(2) 2013年6月30日，该债券的公允价值为2 150 000元（不含利息）；

(3) 2013年7月5日，收到该债券半年利息；

(4) 2013年12月31日，该债券的公允价值为2 100 000元（不含利息）；

(5) 2014年1月5日，收到该债券2013年下半年利息；

(6) 2014年5月31日，A公司将该债券出售，取得价款2 350 000元。

假定不考虑其他因素，A公司的账务处理如下：

(1) 2013年1月1日，购入债券时：

借：交易性金融资产——成本	2 000 000	
应收利息	60 000	
投资收益	30 000	
贷：银行存款		2 090 000

(2) 2013年1月5日，收到该债券2012年下半年利息时：

| 借：银行存款 | 60 000 | |
| 贷：应收利息 | | 60 000 |

（3）2013 年 6 月 30 日，确认债券公允价值变动和投资收益时：

借：交易性金融资产——公允价值变动　　　　　　　　　　150 000
　　贷：公允价值变动损益　　　　　　　　　　　　　　　　　150 000
借：应收利息　　　　　　　　　　　　　　　　　　　　　　60 000
　　贷：投资收益　　　　　　　　　　　　　　　　　　　　　　60 000

（4）2013 年 7 月 5 日，收到该债券半年利息时：

借：银行存款　　　　　　　　　　　　　　　　　　　　　　60 000
　　贷：应收利息　　　　　　　　　　　　　　　　　　　　　　60 000

（5）2013 年 12 月 31 日，确认债券公允价值变动和投资收益时：

借：公允价值变动损益　　　　　　　　　　　　　　　　　　50 000
　　贷：交易性金融资产——公允价值变动　　　　　　　　　　50 000
借：应收利息　　　　　　　　　　　　　　　　　　　　　　60 000
　　贷：投资收益　　　　　　　　　　　　　　　　　　　　　　60 000

（6）2014 年 1 月 5 日，收到该债券 2013 年下半年利息时：

借：银行存款　　　　　　　　　　　　　　　　　　　　　　60 000
　　贷：应收利息　　　　　　　　　　　　　　　　　　　　　　60 000

（7）2014 年 5 月 31 日，将该债券予以出售时：

借：银行存款　　　　　　　　　　　　　　　　　　　　2 350 000
　　公允价值变动损益　　　　　　　　　　　　　　　　　　100 000
　　贷：交易性金融资产——成本　　　　　　　　　　　　2 000 000
　　　　　　　　　　　——公允价值变动　　　　　　　　　100 000
　　　　投资收益　　　　　　　　　　　　　　　　　　　　350 000

第四节　存　　货

一、存货概述

（一）存货的确认及分类

存货是指企业在日常活动中持有以备出售的产成品或商品、处在生产过程中的在产品、在生产过程或提供劳务过程中耗用的材料、物料等。存货区别于固定资产等非流动资产的最基本的特征是：企业持有存货的最终目的是为了出售，不论是可供直接出售，如企业的产成品、商品等；还是需经过进一步加工后才能出售，如原材料等。

某个项目要确认为存货，首先要符合存货的概念，在此前提下，存货在同时满足以下两个条件时，才能加以确认：

（1）与该存货有关的经济利益很可能流入企业；

（2）该存货的成本能够可靠地计量。

企业的存货通常包括原材料、在产品、半成品、产成品、商品和周转材料等。

① 原材料，指企业在生产过程中经加工改变其形态或性质并构成产品主要实体的各种原料及主要材料、辅助材料、外购半成品（外购件）、修理用备件（备品备件）、包装材料、燃料等。为建造固定资产等各项工程而储备的各种材料，虽然同属于材料，但是由于用于建造固定资产等各项工程，不符合存货的定义，因此不能作为企业存货进行核算，而作为工程物资进行核算。

② 在产品，指企业正在制造尚未完工的产品，包括正在各个生产工序加工的产品，和已加工完毕但尚未检验或已检验但尚未办理入库手续的产品。

③ 半成品，指经过一定生产过程并已检验合格交付半成品仓库保管，但尚未制造完工成为产成品，仍需进一步加工的中间产品。

④ 产成品，指工业企业已经完成全部生产过程并验收入库，可以按照合同规定的条件送交订货单位，或者可以作为商品对外销售的产品。企业接受外来原材料加工制造的代制品和为外单位加工修理的代修品，制造和修理完成验收入库后应视同企业的产成品。

⑤ 商品，指商品流通企业外购或委托加工完成验收入库用于销售的各种商品。

⑥ 周转材料，指企业能够多次使用、逐渐转移其价值但仍保持原有实物形态，不确认为固定资产的材料，如包装物和低值易耗品。其中，包装物是指为了包装本企业商品而储备的各种包装容器，如桶、箱、瓶、坛、袋等。其主要作用是盛装、装潢产品或商品。低值易耗品是指不符合固定资产确认条件的各种用具物品，如工具、管理用具、玻璃器皿、劳动保护用品以及在经营过程中周转使用的容器等。

（二）存货核算的科目设置

由于存货种类多，收发业务频繁，存货核算也采取分类核算的方式，涉及多个科目，如"原材料"、"材料采购"、"在途物资"、"材料成本差异"、"库存商品"、"发出商品"、"商品进销差价"、"委托加工物资"、"周转材料"、"存货跌价准备"、"应交税费——应交增值税（进项税额）"等。其中，"材料成本差异"科目在材料按计划成本核算时使用；"商品进销差价"科目适用于商业零售企业售价法核算。企业取得各项存货时，借记相关资产科目，发出存货时，贷记相关资产科目，期末借方余额，反映企业期末实际拥有的存货账面价值。企业应按照各种存货的品种、规格设置明细账，进行明细分类核算，存货的明细分类核算不仅包括金额核算，而且涉及数量核算。

二、存货的初始计量

企业取得存货应当按照成本进行计量。存货成本包括采购成本、加工成本和其他成本三个组成部分。

（一）外购存货的成本

企业外购存货主要包括原材料和商品。外购存货的成本即存货的采购成本，指企业物资从采购到入库前所发生的全部支出，包括购买价款、相关税费、运输费、装卸费、保险费以及其他可归属于存货采购成本的费用。

（1）存货的购买价款，是指企业购入的材料或商品的发票账单上列明的价款，但不包括按规定可以抵扣的增值税额。

（2）存货的相关税费，是指企业购买、自制或委托加工存货发生的进口关税、消费税、资源税和不能抵扣的增值税进项税额等应计入存货采购成本的税费。

（3）其他可归属于存货采购成本的费用，即采购成本中除上述各项以外的可归属于存货采购成本的费用，如在存货采购过程中发生的仓储费、包装费、运输途中的合理损耗、入库前的挑选整理费用等。这些费用能分清负担对象的，应直接计入存货的采购成本；不能分清负担对象的，应选择合理的分配方法，分配计入有关存货的采购成本。分配方法通常包括按所购存货的数量或采购价格比例进行分配。

对于采购过程中发生的物资毁损、短缺等，除合理的途耗应当作为存货的其他可归属于存货采购成本的费用计入采购成本外，应区别不同情况进行会计处理：

（1）从供货单位、外部运输机构等收回的物资短缺或其他赔款，应冲减所购物资的采购成本。

（2）因遭受意外灾害发生的损失和尚待查明原因的途中损耗，暂作为待处理财产损溢进行核算，查明原因后再做处理。

商品流通企业在采购商品过程中发生的运输费、装卸费、保险费以及其他可归属于存货采购成本的费用等进货费用，应计入所购商品成本。在实务中，企业也可以将发生的运输费、装卸费、保险费以及其他可归属于存货采购成本的费用等进货费用先进行归集，期末，按照所购商品的存销情况进行分摊。对于已销售商品的进货费用，计入主营业务成本；对于未售商品的进货费用，计入期末存货成本。商品流通企业采购商品的进货费用金额较小的，可以在发生时直接计入当期销售费用。

【例3-21】 2014年12月，长城公司外购A材料500吨，单价100元/吨。增值税专用发票列示的购买价格为50 000元，进项增值税税额为8 500元；运输过程中发生运输费用2 000元；材料入库前发生人工挑选整理费用100元。公司存货日常核算采用实际成本法。则材料采购的成本为多少？

材料采购的成本 = 50 000 + 2 000 + 100 = 52 100（元）

【例3-22】 A企业2014年4月11日购入B材料10吨，收到银行转来的各种结算凭证，采购成本25 000元，适用的增值税税率为17%，价款和税金已由银行存款支付，该材料的实际成本与计划成本金额相同，材料已验收入库。会计分录如下：

付款时：

借：材料采购　　　　　　　　　　　　　　　　　　　　　25 000
　　应交税费——应交增值税（进项税额）　　　　　　　　4 250
　　贷：银行存款　　　　　　　　　　　　　　　　　　　　　29 250

收料时：

借：原材料　　　　　　　　　　　　　　　　　　　　　　25 000
　　贷：材料采购　　　　　　　　　　　　　　　　　　　　　25 000

（二）加工取得的存货成本

企业通过进一步加工取得的存货主要包括产成品、在产品、半成品、委托加工物资等，其成本由采购成本和加工成本构成。某些存货还包括使存货达到目前场所和状态所发生的其他成本，如可直接认定的产品设计费用等。

存货加工成本由直接人工和制造费用构成，其实质是企业在进一步加工存货过程中追加发生的生产成本，因此，不包括直接由材料存货转移来的价值。其中，直接人工是指企业在生产产品过程中直接从事产品生产的工人的职工薪酬。直接人工和间接人工的划分依据通常是生产工人是否与所生产的产品直接相关（即可否直接确定其服务的产品对象）。制造费用是指企业为生产产品和提供劳务而发生的各项间接费用。制造费用是一种间接生产成本，包括企业生产部门（如生产车间）管理人员的职工薪酬、折旧费、办公费、水电费、机物料消耗、劳动保护费、季节性和修理期间的停工损失等。

1. 存货加工成本的确定原则

企业在加工存货过程中发生的直接人工和制造费用，如果能够直接计入有关的成本核算对象，则应直接计入该成本核算对象。否则，应按照合理方法分配计入有关成本核算对象。分配方法一经确定，不得随意变更。存货加工成本在在产品和完工产品之间的分配应通过成本核算方法进行计算确定。

2. 直接人工的分配

如果企业生产车间同时生产几种产品，则其发生的直接人工应采用合理方法分配计入各产品成本中。由于工资形成的方式不同，直接人工的分配方法也不同。比如，按计时工资或者按计件工资分配直接人工。

3. 制造费用的分配

由于企业各个生产车间或部门的生产任务、技术装备程度、管理水平和费用水准各不相同，因此，制造费用的分配一般应按生产车间或部门进行。

企业应当根据制造费用的性质，合理选择分配方法。在各种产品之间分配制造费用的方法，通常有按生产工人工资、按生产工人工时、按机器工时、按耗用原材料的数量或成本、按直接成本（原材料、燃料、动力、生产工人工资等职工薪酬之和）及按产成品产量等。这些分配方法通常是对各月生产车间或部门的制造费用实际发生额进行分配的。

【例3-23】　2013年12月长城公司生产部门同时生产甲、乙两种产品，分别耗用了

A、B 两种材料。A 材料外购成本为 43 000 元，B 材料外购成本为 38 000 元；发生生产甲产品的生产工人计件工资 17 000 元，发生生产乙产品的生产工人计件工资 12 000 元；甲、乙两种产品共耗用动力费 5 000 元；该生产部门为组织管理甲、乙两种产品生产发生间接费用 6 200 元。甲、乙两种产品生产工时分别为 300 小时、200 小时。甲、乙两种产品共同耗用的动力费和组织管理费均按生产工时比例法进行分配。

甲产品加工成本 = 17 000 + (300/500 × 5 000) + (300/500 × 6 200) = 23 720 (元)

乙产品加工成本 = 12 000 + (200/500 × 5 000) + (200/500 × 6 200) = 16 480 (元)

甲产品生产成本 = 43 000 + 23 720 = 66 720 (元)

乙产品生产成本 = 38 000 + 16 480 = 54 480 (元)

假定甲、乙产品本月全部生产完工，按上述生产成本转出完工产成品成本时，应作会计分录如下：

借：库存商品——甲产品	66 720
——乙产品	54 480
贷：生产成本——甲产品	66 720
——乙产品	54 480

（三）其他方式取得的存货成本

企业取得存货的其他方式主要包括接受投资者投资、非货币性资产交换、债务重组、企业合并等。

1. 投资者投入存货的成本

投资者投入存货的成本应当按照投资合同或协议约定的价值确定，但合同或协议约定价值不公允的除外。在投资合同或协议约定价值不公允的情况下，按照该项存货的公允价值作为其入账价值。

2. 盘盈存货的成本

盘盈的存货应按其重置成本作为入账价值，并通过"待处理财产损溢"科目进行会计处理，按管理权限报经批准后冲减当期管理费用。

（四）不计入存货成本的相关费用

下列费用不应当计入存货成本，而应当在其发生时计入当期损益：

（1）非正常消耗的直接材料、直接人工及制造费用应计入当期损益，不得计入存货成本。例如，企业超定额的废品损失以及由于自然灾害而发生的直接材料、直接人工及制造费用，由于这些费用的发生无助于使该存货达到目前场所和状态，不应计入存货成本，而应计入当期损益。

（2）仓储费用指企业在采购入库后发生的储存费用，应计入当期损益。但是，在生产过程中为达到下一个生产阶段所必需的仓储费用则应计入存货成本。例如，某种酒类产品生产企业为使生产的酒达到规定的产品质量标准，而必须发生的仓储费用，就应计入酒的成本，而不是计入当期损益。

（3）不能归属于使存货达到目前场所和状态的其他支出不符合存货的定义和确认条件，应在发生时计入当期损益，不得计入存货成本。

三、发出存货的计量

（一）确定发出存货成本的方法

企业应当根据各类存货的实物流转方式、企业管理的要求、存货的性质等实际情况，合理地选择发出存货成本的计算方法，以合理确定当期发出存货的实际成本。

对于性质和用途相似的存货，应当采用相同的成本计算方法确定发出存货的成本。企业在确定发出存货的成本时，可以采用先进先出法、移动加权平均法、月末一次加权平均法和个别计价法四种方法。企业不得采用后进先出法确定发出存货的成本。

1. 先进先出法

先进先出法是以先购入的存货应先发出（销售或耗用）这样一种存货实物流动假设为前提，对发出存货进行计价。采用这种方法，先购入的存货成本在后购入存货成本之前转出，据此确定发出存货和期末存货的成本。

【例 3 - 24】 甲公司 2014 年 10 月 A 材料的期初结存和本期收发情况如表 3 - 2 所示。

表 3 - 2　　　　　　　A 材料的期初结存和本期收发数据　　　　　　金额单位：元

日　期	收　入		发　出		结　存
	数量	单位成本	数量	单位成本	数量
10 月 1 日结存	300	20			300
10 月 8 日购入	200	22			500
10 月 15 日发出			400		100
10 月 20 日购入	300	23			400
10 月 27 日发出			200		200
10 月 30 日购入	200	25			400

甲公司采用先进先出法确定发出存货成本，计算结果如表 3 - 3 所示。

表 3 - 3　　　　　　　按先进先出法计算的 A 材料成本　　　　　　金额单位：元

日　期	收　入			发　出			结　存		
	数量	单位成本	总成本	数量	单位成本	总成本	数量	单位成本	总成本
10 月 1 日							300	20	6 000
10 月 8 日	200	22	4 400				300 200	20 22	6 000 4 400

日　期	收　入			发　出			结　存		
	数量	单位成本	总成本	数量	单位成本	总成本	数量	单位成本	总成本
10月15日				300 100	20 22	6 000 2 200	100	22	2 200
10月20日	300	23	6 900				100 300	22 23	2 200 6 900
10月27日				100 100	22 23	2 200 2 300	200	23	4 600
10月30日	200	25	5 000				200 200	23 25	4 600 5 000
总计	700		16 300	600		12 700	400		9 600

本例中，假定除 10 月 15 日发出的 100 公斤 A 材料由管理部门领用外，其余发出 A 材料全部用于生产甲产品，结转发出材料成本的会计分录如下：

借：生产成本——甲产品　　　　　　　　　　　　　　　10 500
　　管理费用　　　　　　　　　　　　　　　　　　　　2 200
　　贷：原材料——A 材料　　　　　　　　　　　　　　　　　　　12 700

2. 移动加权平均法

移动加权平均法，是指以每次进货的成本加上原有库存存货的成本，除以每次进货数量与原有库存存货的数量之和，据以计算加权平均单位成本，作为在下次进货前计算各次发出存货成本的依据。

计算公式如下：

$$移动加权平均单价 = \frac{本次进货前库存金额 + 本次进货成本}{本次进货前库存数量 + 本次进货数量}$$

$$发出存货成本 = 发出存货数量 \times 移动加权平均单价$$

【例 3 - 25】　以【例 3 - 24】数据为例，甲公司采用移动平均法确定发出存货成本，计算结果如表 3 - 4 所示。

表 3 - 4　　　　　　　　　　按移动平均法计算的 A 材料成本　　　　　　　　　金额单位：元

日　期	收　入			发　出			结　存		
	数量	单位成本	总成本	数量	单位成本	总成本	数量	单位成本	总成本
10月1日							300	20	6 000
10月8日	200	22	4 400				500	20.8	10 400
10月15日				400	20.8	8 320	100	20.8	2 080

日 期	收 入			发 出			结 存		
	数量	单位成本	总成本	数量	单位成本	总成本	数量	单位成本	总成本
10 月 20 日	300	23	6 900				400	22.45	8 980
10 月 27 日				200	22.45	4 490	200	22.45	4 490
10 月 30 日	200	25	5 000				400	23.725	9 490
总计	700		16 300	600		12 810	400	23.725	9 490

本例中，假定除 10 月 15 日发出的 100 公斤 A 材料由管理部门领用外，其余发出 A 材料全部用于生产甲产品，结转发出材料成本的会计分录如下：

```
借：生产成本——甲产品          10 730
    管理费用                    2 080
  贷：原材料——A 材料                    12 810
```

3. 月末一次加权平均法

月末一次加权平均法，是指以当月全部进货数量加上月初存货数量作为权数，去除当月全部进货成本加上月初存货成本，计算出存货的加权平均单位成本，以此为基础计算当月发出存货的成本和期末存货成本的一种方法。

计算公式如下：

$$月末一次加权平均单价 = \frac{月初结存存货金额 + 本月收入存货金额}{月初结存存货数量 + 本月收入存货数量}$$

$$月末库存存货成本 = 库存存货数量 \times 加权平均单价$$

$$本月发出存货成本 = 发出存货数量 \times 加权平均单价$$

【例 3 - 26】 以【例 3 - 24】数据为例，甲公司采用月末一次加权平均法确定发出存货成本，计算结果如表 3 - 5 所示。

表 3 - 5　　　　　　按月末一次加权平均法计算的 A 材料成本　　　　　金额单位：元

日 期	收 入			发 出			结 存		
	数量	单位成本	总成本	数量	单位成本	总成本	数量	单位成本	总成本
10 月 1 日							300	20	6 000
10 月 8 日	200	22	4 400				500		
10 月 15 日				400	22.3	8 920	100		
10 月 20 日	300	23	6 900				400		
10 月 27 日				200	22.3	4 460	200		
10 月 30 日	200	25	5 000				400		
总计	700		16 300	600	22.3	13 380	400	22.3	8 920

注：平均成本 = (16 300 + 6 000)/(700 + 300) = 22.3（元）

本例中，假定除 10 月 15 日发出的 100 公斤 A 材料由管理部门领用外，其余发出 A 材料全部用于生产甲产品，结转发出材料成本的会计分录如下：

借：生产成本——甲产品	11 150
管理费用	2 230
贷：原材料——A 材料	13 380

4. 个别计价法

个别计价法，亦称个别认定法、具体辨认法、分批实际法，其特征是注重所发出存货具体项目的实物流转与成本流转之间的联系，逐一辨认各批发出存货和期末存货所属的购进批别或生产批别，分别按其购入或生产时所确定的单位成本计算各批发出存货和期末存货的成本。即把每一种存货的实际成本作为计算发出存货成本和期末存货成本的基础。对于不能替代使用的存货、为特定项目专门购入或制造的存货以及提供的劳务，通常采用个别计价法确定发出存货的成本。在实际工作中，越来越多的企业采用计算机信息系统进行会计处理，个别计价法可以广泛应用于发出存货的计价，并且个别计价法确定的存货成本最为准确。

5. 计划成本法

计划成本法是指存货的收入、发出和结余均按预先制定的计划成本计价，同时另设成本差异科目，登记、分摊、按期结转实际成本与计划成本的差额，期末将发出和结存存货的成本调整为实际成本的一种计价方法。与计划成本法相对应的是实际成本法，计划成本法一般适用于存货品种繁多、收发频繁的企业。而实际成本法一般适用于规模较小、存货品种简单、采购业务不多的企业。

计算公式如下：

$$本月材料成本差异率 = \frac{月初结存材料成本差异 + 本月收入材料成本差异金额}{月初结存材料计划成本 + 本月收入材料计划成本总额} \times 100\%$$

$$月初材料成本差异率 = \frac{月初结存材料成本差异}{月初结存材料计划成本} \times 100\%$$

$$本月发出材料应负担的差异额 = 发出材料计划成本 \times 材料成本差异率$$

（二）已售存货成本的结转

存货准则规定企业应当将已售存货的成本结转为当期损益，计入营业成本。这就是说，企业在确认存货销售收入的当期，应当将已经销售存货的成本结转为当期营业成本。

存货为商品、产成品的，企业应采用先进先出法、移动加权平均法、月末一次加权平均法或个别计价法确定已销售商品的实际成本。存货为非商品存货的，如材料等，应将已出售材料的实际成本予以结转，计入当期其他业务成本。这里所讲的材料销售不构成企业的主营业务。如果材料销售构成了企业的主营业务，则该材料为企业的商品存货，而不是非商品存货。

【例 3 – 27】 甲公司 2014 年 11 月 1 日销售生产完工入库的 A 产成品 100 吨，该批产成品的生产成本为 120 000 元。

该业务在确认主营业务收入的同时需要同时结转产品成本：

借：主营业务成本　　　　　　　　　　　　　　　　　　　　120 000
　　贷：库存商品　　　　　　　　　　　　　　　　　　　　　　120 000

（三）周转材料的成本结转

企业的周转材料如包装物和低值易耗品，应当采用一次转销法或者五五摊销法进行摊销；建造承包商的钢模板、木模板、脚手架等其他周转材料，可以采用一次转销法、五五摊销法或者分次摊销法进行摊销。

企业应当采用一次转销法或者五五摊销法对包装物和低值易耗品进行摊销，计入相关资产的成本或者当期损益。如果对相关包装物或低值易耗品计提了存货跌价准备，还应结转已计提的存货跌价准备，冲减相关资产的成本或当期损益。

生产领用的包装物，应将其成本计入制造费用；随同商品出售但不单独计价的包装物，应将其成本计入当期销售费用；随同商品出售并单独计价的包装物，应将其成本计入当期其他业务成本。出租或出借的包装物因不能使用而报废时回收的残料，应作为当月包装物摊销额的减少，冲减有关资产成本或当期损益。

1. 一次转销法

一次转销法，是指低值易耗品或包装物在领用时就将其全部账面价值计入相关资产成本或当期损益的方法。一次转销法通常适用于价值较低或极易损坏的管理用具和小型工具、卡具以及在单件小批生产方式下为制造某批订货所用的专用工具等低值易耗品以及生产领用的包装物和随同商品出售的包装物；数量不多、金额较小且业务不多的出租或出借包装物，也可以采用一次转销法结转包装物的成本，但在以后收回使用过的出租和出借包装物时，应加强实物管理，并在备查簿上进行登记。

低值易耗品报废时回收的残料、出租或出借的包装物不能使用作报废处理所取得的残料，应作为当月低值易耗品或包装物摊销额的减少，冲减有关资产成本或当期损益。

2. 五五摊销法

五五摊销法，是指低值易耗品在领用时或出租、出借包装物时只摊销其成本的一半，在报废时再摊销其成本的另一半。即低值易耗品或包装物分两次各按50%进行摊销。

3. 分次摊销法

分次摊销法，是指周转材料的成本应当按照使用次数分次摊入相关资产成本或当期损益的方法。

四、期末存货的计量

资产负债表日，当存货成本低于可变现净值时，存货按成本计量；当存货成本高于可变现净值时，存货按可变现净值计量，同时按照成本高于可变现净值的差额计提存货跌价准备，计入当期损益。

（一）存货的可变现净值

可变现净值，是指在日常活动中，存货的估计售价减去至完工时估计将要发生的成本、估计的销售费用以及相关税费后的金额。存货的可变现净值由存货的估计售价、至完工时将要发生的成本、估计的销售费用和估计的相关税费等内容构成。

企业预计的销售存货现金流量并不完全等于存货的可变现净值。存货在销售过程中可能发生的销售费用和相关税费以及为达到预定可销售状态还可能发生的加工成本等相关支出，构成现金流入的抵减项目。企业预计的销售存货现金流量扣除这些抵减项目后，才能确定存货的可变现净值。

不同存货可变现净值的构成不同。

（1）产成品、商品和用于出售的材料等直接用于出售的商品存货，在正常生产经营过程中，应当以该存货的估计售价减去估计的销售费用和相关税费后的金额确定其可变现净值。

（2）需要经过加工的材料存货，在正常生产经营过程中，应当以所生产的产成品的估计售价减去至完工时估计将要发生的成本、估计的销售费用和相关税费后的金额确定其可变现净值。

（二）确定存货的可变现净值应考虑的因素

企业在确定存货的可变现净值时，应当以取得的确凿证据为基础，并且考虑持有存货的目的、资产负债表日后事项的影响等因素。

1. 确定存货的可变现净值应当以取得确凿证据为基础

确定存货的可变现净值必须建立在取得的确凿证据的基础上。这里所讲的"确凿证据"是指对确定存货的可变现净值和成本有直接影响的客观证明。

（1）存货成本的确凿证据。存货的采购成本、加工成本和其他成本及以其他方式取得的存货的成本，应当以取得外来原始凭证、生产成本账簿记录等作为确凿证据。

（2）存货可变现净值的确凿证据。存货可变现净值的确凿证据，是指对确定存货的可变现净值有直接影响的确凿证明，如产成品或商品的市场销售价格、与产成品或商品相同或类似商品的市场销售价格、销货方提供的有关资料和生产成本资料等。

2. 确定存货的可变现净值应当考虑持有存货的目的

由于企业持有存货的目的不同，确定存货可变现净值的计算方法也不同。如用于出售的存货和用于继续加工的存货，其可变现净值的计算就不相同，因此，企业在确定存货的可变现净值时，应考虑持有存货的目的。企业持有存货的目的通常可以分为如下几种：

（1）持有以备出售，如商品、产成品，其中又分为有合同约定的存货和没有合同约定的存货。

（2）将在生产过程或提供劳务过程中耗用，如材料等。

3. 确定存货的可变现净值应当考虑资产负债表日后事项等的影响

资产负债表日后事项应当能够确定资产负债表日存货的存在状况。即在确定资产负债表日存货的可变现净值时，不仅要考虑资产负债表日与该存货相关的价格与成本波动，而且还应考虑未来的相关事项。也就是说，不仅限于财务报告批准报出日之前发生的相关价格与成本波动,还应考虑以后期间发生的相关事项。

(三) 存货可变现净值确定的具体应用

对于企业持有的各类存货,在确定其可变现净值时,关键的问题是确定估计售价。企业应当区别如下情况确定存货的估计售价:

(1) 为执行销售合同或者劳务合同而持有的存货,通常应当以产成品或商品的合同价格作为其可变现净值的计算基础。如果企业持有存货的数量多于销售合同订购数量,超出部分的存货可变现净值应当以产成品或商品的一般销售价格作为计算基础。如果企业销售合同所规定的标的物还没有生产出来,但持有专门用于该标的物生产的原材料,其可变现净值也应当以合同价格作为计算基础。

【例3-28】 2013年9月1日,甲公司与乙公司签订了一份不可撤销的销售合同,双方约定,2014年1月20日,甲公司应按每台16万元的价格向乙公司提供A型机器10台。

2013年12月31日,甲公司A型机器的账面成本为140万元,数量为10台,单位成本为14万元/台。

2013年12月31日,A型机器的市场销售价格为15万元/台。假定不考虑相关税费和销售费用。

根据甲公司与乙公司签订的销售合同规定,该批A型机器的销售价格已由销售合同约定,并且其库存数量等于销售合同约定的数量,因此,在这种情况下,计算A型机器的可变现净值应以销售合同约定的价格160(16×10)万元作为计算基础。

假定本例中甲公司实际持有的A型机器的账面成本为168万元,数量为12台,单位成本为14万元/台,其他条件不变。则,

A型机器的可变现净值 = 16×10 + 15×2 = 160 + 30 = 190(万元)

(2) 如果企业持有存货的数量少于销售合同订购数量,实际持有与该销售合同相关的存货应以销售合同所规定的价格作为可变现净值的计算基础。

(3) 没有销售合同约定的存货(不包括用于出售的材料),其可变现净值应当以产成品或商品的一般销售价格(即市场销售价格)作为计算基础。

【例3-29】 2014年12月31日,甲公司A型机器的账面成本为140万元,数量为10台,单位成本为14万元/台。2014年12月31日,A型机器的市场销售价格为15万元/台。预计发生的相关税费和销售费用合计为0.2万元/台。假定甲公司没有签订有关销售合同。

A型机器的可变现净值 = 15×10 - 0.2×10 = 150 - 2 = 148(万元)

(4) 用于出售的材料等通常以市场价格作为其可变现净值的计算基础。这里的市场价格是指材料等的市场销售价格。如果用于出售的材料存在销售合同约定,应按合同价格作为其可变现净值的计算基础。

【例3-30】 2013年12月1日,甲公司根据市场需求的变化,决定停止生产B型机器,并决定将专门用于生产B型机器的外购原材料——S材料全部出售,2013年12月31日其账面成本为200万元,数量为10吨。据市场调查,S材料的市场销售价格为15万元/吨,同时可能发生销售费用及相关税费共计为0.8万元。

在本例中,由于企业已决定不再生产B型机器,因此,该批S材料的可变现净值不能

再以 B 型机器的销售价格作为其计算基础，而应按其本身的市场销售价格作为计算基础。即：

该批 S 材料的可变现净值 = $15 \times 10 - 0.8 = 149.2$（万元）

另外，对于材料存货应当区分以下两种情况确定其期末价值：对于为生产而持有的材料等，如果用其生产的产成品的可变现净值预计高于成本，则该材料仍然应当按照成本计量；如果材料价格的下降表明产成品的可变现净值低于成本，则该材料应当按可变现净值计量。这里的"材料"指原材料、在产品、委托加工材料等。"可变现净值高于成本"中的成本是指产成品的生产成本。

（四）计提存货跌价准备的方法

（1）企业通常应当按照单个存货项目计提存货跌价准备。在这种方式下，企业应当将每个存货项目的成本与其可变现净值逐一进行比较，按较低者计量存货，并且按成本高于可变现净值的差额计提存货跌价准备。

（2）对于数量繁多、单价较低的存货，可以按照存货类别计提存货跌价准备。如果某一类存货的数量繁多并且单价较低，企业可以按存货类别计量成本与可变现净值，即按存货类别的成本的总额与可变现净值的总额进行比较，每个存货类别均取较低者确定存货期末价值。

【例 3 - 31】 甲公司的有关资料及存货期末计量（见表 3 - 6），假设甲公司在此之前没有对存货计提跌价准备。假定不考虑相关税费和销售费用。

表 3 - 6　　　　　　　　　　按存货类别计提存货跌价准备

2013 年 12 月 31 日　　　　　　　　　　单位：元

商品	数量	成本		可变现净值		按存货类别确定的账面价值	由此计提的存货跌价准备
		单价	总额	单价	总额		
第一组							
A 商品	4 000	5	20 000	4.5	18 000		
B 商品	5 000	3.5	17 500	4	20 000		
合计			37 500		38 000	37 500	0
第二组							
C 商品	2 000	25	50 000	24	48 000		
D 商品	1 000	22.5	22 500	22	22 000		
合计			72 500		70 000	70 000	2 500
第三组							
E 商品	7 000	50	350 000	40	280 000		
合计			350 000		280 000	280 000	70 000
总计			460 000		388 000	387 500	72 500

（3）与在同一地区生产和销售的产品系列相关、具有相同或类似最终用途或目的，且难以与其他项目分开计量的存货，可以合并计提存货跌价准备。

存货具有相同或类似最终用途或目的，并在同一地区生产和销售，意味着存货所处的经济环境、法律环境、市场环境等相同，具有相同的风险和报酬。因此，在这种情况下可以对该存货进行合并计提存货跌价准备。

（4）存货减值迹象的判断

存货存在下列情形之一的，通常表明存货的可变现净值低于成本。

① 该存货的市场价格持续下跌，并且在可预见的未来无回升的希望。

② 企业使用该项原材料生产的产品的成本大于产品的销售价格。

③ 企业因产品更新换代，原有库存原材料已不适应新产品的需要，而该原材料的市场价格又低于其账面成本。

④ 因企业所提供的商品或劳务过时或消费者偏好改变而使市场的需求发生变化，导致市场价格逐渐下跌。

⑤ 其他足以证明该项存货实质上已经发生减值的情形。

存货存在下列情形之一的，通常表明存货的可变现净值为零。

① 已霉烂变质的存货。

② 已过期且无转让价值的存货。

③ 生产中已不再需要，并且已无使用价值和转让价值的存货。

④ 其他足以证明已无使用价值和转让价值的存货。

（五）存货跌价准备转回的处理

1. 资产负债表日，企业应当确定存货的可变现净值。

企业应当在资产负债表日确定存货的可变现净值。企业确定存货的可变现净值应当以资产负债表日的状况为基础确定，既不能提前确定存货的可变现净值，也不能延后确定存货的可变现净值，并且在每一个资产负债表日都应当重新确定存货的可变现净值。

2. 如果以前减记存货价值的影响因素已经消失，则减记的金额应当予以恢复，并在原已计提的存货跌价准备的金额内转回，转回的金额计入当期损益。

【例3-32】 2013年12月31日，甲公司M材料的账面成本为10万元，由于M材料市场价格下跌，导致由M材料产生的D型机器的可变现净值低于其成本。M材料的预计可变现净值为8万元，由此计提存货跌价准备2万元。

假定：（1）2014年6月30日，M材料的账面成本为10万元，由于M材料市场价格有所上升，使得M材料的预计可变现净值变为9.5万元。

（2）2014年12月31日，M材料的账面成本为10万元，由于M材料市场价格进一步上升，预计M材料的可变现净值为11.1万元。

本例中，（1）2014年6月30日，由于M材料市场价格上升，M材料的可变现净值有所恢复，应计提的存货跌价准备为0.5（10-9.5）万元，则当期应冲减已计提的存货跌价准备1.5（2-0.5）万元，冲减额小于已计提的存货跌价准备2万元，因此，应转回的存货跌价准备为1.5万元。

会计分录如下：

初次计提时：
借：资产减值损失   20 000
    贷：存货跌价准备   20 000
转回时：
借：存货跌价准备   15 000
    贷：资产减值损失   15 000

（2）2014 年 12 月 31 日，M 材料的可变现净值又有所恢复，应冲减存货跌价准备为 1.1（11.1 – 10）万元，但是，对 M 材料已计提的存货跌价准备的余额仅为 0.5 万元，因此，当期应转回的存货跌价准备为 0.5 万元而不是 1.1 万元（即以将对 M 材料已计提的"存货跌价准备"余额冲减至零为限）。

会计分录如下：

借：存货跌价准备   5 000
    贷：资产减值损失   5 000

（六）存货清查

为了保护企业存货的安全完整，做到账实相符，企业应对存货进行定期清查。存货清查通常采用实地盘点的方法。即通过盘点确定各种存货的实际库存数，并与账面结存数相核对。对于账实不符的存货，核实盘盈、盘亏和毁损的数量，应在期末前查明造成盘亏或毁损的原因，并据以编制"存货盘点报告表"，根据企业的管理权限，经股东大会或董事会，或经理（厂长）会议或类似机构批准后，在期末结账前处理完毕。盘盈的存货，应冲减当期的管理费用；盘亏的存货，在减去过失人或者保险公司等赔偿和残值之后，计入当期管理费用，属于非常损失的，计入营业外支出。在报经有关部门处理前，根据"存货盘点报告表"，将盘盈或盘亏、毁损的存货，先作为待处理财产溢余或损失处理，同时按盘盈或盘亏、毁损存货的实际成本调整存货的账面价值，使存货账实相符。

为核算企业在存货清查过程中查明的各项存货盘盈、盘亏和毁损的价值，企业应设置"待处理财产损溢——待处理流动资产损溢"科目进行核算。企业发生的存货盘亏和毁损的资产价值，在处理前计入该科目的借方，处理后从贷方转出；企业发生的存货盘盈的资产价值，在处理前计入该科目的贷方，处理后从借方转出；该科目处理前的借方余额，反映企业尚未处理的各种财产的净损失；处理前的贷方余额，反映企业尚未处理的各种财产的净溢余。期末，处理后该科目应无余额。

1. 存货盘盈的核算

由于盘盈的存货没有账面记录，因此产生了盘盈应该予以补记，按照存货的计划成本或估计价值，借记有关存货账户，贷记"待处理财产损益"账户；存货盘盈一般是由于收发计量或核算上的差错所造成的，故应相应地冲减管理费用，借记"待处理财产损益——待处理流动资产损溢"，贷记"管理费用"账户。在计划成本进行存货日常核算的情况下，盘盈存货按计划成本入账。

【例3-33】 某企业进行存货清查时，发现某产品盘盈100公斤，计划单位成本为9.5元，计950元。应作如下会计分录：

| 借：库存商品 | 950 | |
| 贷：待处理财产损溢——待处理流动资产损溢 | | 950 |

经查，该项盘盈属于收发计量错误造成，经批准作为冲减费用处理。应作如下会计分录：

| 借：待处理财产损溢——待处理流动资产损溢 | 950 | |
| 贷：管理费用 | | 950 |

2. 存货盘亏和毁损的核算

盘亏存货，应借记"待处理财产损溢——待处理流动资产损溢"科目，贷记"原材料"、"库存商品"等科目。材料、产成品、商品采用计划成本（或售价）核算的，还应同时结转成本差异（或商品进销差价）。涉及增值税的，还应进行相应处理。按管理权限报经批准后处理时，按残料价值，借记"原材料"等科目；按可收回的保险赔偿或过失人赔偿，借记"其他应收款"科目；贷记"待处理财产损溢——待处理流动资产损溢"，扣除残料价值和应由保险公司、过失人赔偿后的净损失，属于一般经营损失的部分，记入"管理费用"，属于非常损失的部分，记入"营业外支出"科目。

【例3-34】 某增值税一般纳税企业因暴雨毁损库存材料一批，该批原材料实际成本为20 000元，收回残料价值800元，保险公司赔偿11 600元。该企业购入材料的增值税税率为17%。

批准处理前：

借：待处理财产损溢——待处理流动资产损溢	23 400	
贷：原材料		20 000
应交税费——应交增值税（进项税额转出）		3 400

批准处理后：

借：原材料	800	
贷：待处理财产损溢——待处理流动资产损溢		800
借：其他应收款	11 600	
贷：待处理财产损溢——待处理流动资产损溢		11 600
借：营业外支出	11 000	
贷：待处理财产损溢——待处理流动资产损溢		11 000

思考与练习

思考题

1. 什么是流动资产？企业流动资产包括哪些内容？如何理解其特点。

2. 货币资金包括哪些内容？

3. 什么是金融资产？包括哪些内容？

4. 什么是交易性金融资产？交易性金融资产如何计量？

5. 什么是存货？包括哪些内容？

6. 如何理解存货的初始计量和期末计量？发出存货的计价方法有几种？

练习题

一、单项选择题

1. 下列项目中，不属于货币资金的是（　　）。

A. 银行存款　　　　　　　　　　B. 债权人持有的商业汇票

C. 其他货币资金　　　　　　　　D. 库存现金

2. 下列应收、暂存款项中，不通过"其他应收款"科目核算的是（　　）。

A. 应收保险公司的赔款

B. 应收出租包装物的租金

C. 应向职工收取的各种垫付款项

D. 应向购货方收取的代垫运杂费

3. 2014 年 3 月 2 日，甲公司支付 730 万元取得一项股权投资作为交易性金融资产核算，支付价款中包括已宣告但尚未领取的现金股利 20 万元和交易费用 5 万元。甲公司该项交易性金融资产的入账价值为（　　）万元。

A. 710　　　　　　B. 735　　　　　　C. 705　　　　　　D. 730

4. 交易性金融资产科目借方登记的内容是（　　）。

A. 取得交易性金融资产时实际支付的价款中包含的现金股利

B. 资产负债表日其公允价值高于账面余额的差额

C. 取得交易性金融资产所发生的相关交易费用

D. 资产负债表日其公允价值低于账面余额的差额

5. 下列各项不会引起企业期末存货账面价值变动的是（　　）。

A. 结转完工入库产品成本

B. 已确认销售收入但尚未发出商品

C. 已收到材料但尚未收到发票账单

D. 已收到发票账单并付款但尚未收到材料

二、多项选择题

1. 企业银行存款账面余额与企业对账单之间不一致的原因是存在未达账项，以下会使企业银行存款账面余额小于银行对账单余额的有（　　　）。

A. 企业已收款入账，但银行尚未入账

B. 企业已付款入账，但银行尚未付款入账

C. 银行已收款入账，但企业尚未收款入账

D. 银行已付款入账，但企业尚未付款入账

2. 下列各项中，构成应收账款入账价值的有（　　　）。

A. 增值税销项税额　　　　　　B. 销售货物发生的商业折扣

C. 代购货方垫付的包装费　　　D. 提供劳务的价款

3. 关于"预付账款"账户，下列说法正确的有（　　　）。

A. "预付账款"属于负债性质的账户

B. 预付货款不多的企业，可以不单独设置"预付账款"账户，将预付的货款记入"应付账款"账户的借方

C. "预付账款"账户贷方余额反映的是应付供应单位的款项

D. "预付账款"账户核算企业因销售业务产生的往来款项

4. 下列项目中，应计入材料采购成本的有（　　　）。

A. 进口关税

B. 制造费用

C. 一般纳税人购入材料支付的增值税

D. 运输途中的合理损耗

5. 下列项目中，应计入存货成本的有（　　　）。

A. 商品流通企业在采购商品过程中发生的运输费

B. 存货的加工成本

C. 非正常消耗的直接人工

D. 在生产过程中为达到下一个生产阶段所必需的费用

三、业务处理题

1. 某公司 2013 年 4 月 30 日的银行存款日记账账面余额为 481 500 元，银行对账单余额为 501 500 元。经逐笔核对，发现有以下未达账项：（1）29 日银行代企业收款 41 000 元，企业尚未收到收款通知；（2）30 日银行代付电费 2 500 元，企业尚未收到付款通知；（3）30 日企业送存银行的转账支票 35 000 元，银行尚未入账；（4）29 日企业开出转账支票 16 500 元，持票人尚未到银行办理结算手续。

要求：编制"银行存款余额调节表"。

2. 2014 年 9 月 1 日，A 公司采购员到外地采购材料，开出汇款委托书，委托当地开户银行将采购款 60 000 元汇往采购地银行开立采购专户。9 月 8 日，A 公司收到采购人员交来的报销单据，其中材料发票列明材料货款 50 000 元，增值税税款 8 500 元，车票、住

宿费单据900元，材料尚未运达企业。9月10日，A公司接当地开户银行通知，汇出的采购专户存款余额600元已经汇回，存入公司的银行存款账户。

要求：根据上述资料，编制相关业务的会计分录。

3. 2013年8月15日，昌通公司向开户银行申请办理银行汇票，公司递交汇票申请书并将款项9 500元交存银行，取得银行汇票。8月21日，昌通公司用银行汇票办理采购货款的结算，其中货款8 000元，增值税1 360元，材料已验收入库。8月22日结算完毕，昌通公司收到开户银行的收账通知，汇票余款140元已经汇还入账。若该汇票因超出付款期限未曾使用，公司向开户银行申请并退回款项。

要求：根据上述资料，编制相关业务的会计分录。

4.（1）2014年5月1日，A公司向银行申请领取信用卡，填写申请表并交存备用金20 000元，公司取得信用卡；（2）2014年5月25日，A公司收到银行转来信用卡存款凭证及所附发票账单，招待费680元；（3）2014年12月5日，A公司不再使用信用卡结算，办理销户手续，信用卡存款余额5 600元转回基本存款账户。

要求：根据上述资料，编制相关业务的会计分录。

5. 甲公司2013年10月25日售给外地乙公司产品一批，价款总计200 000元，增值税税额为34 000元，以银行存款代垫运杂费6 000元（假设不作为计税基数）。甲公司于2013年11月1日收到乙公司签发并承兑、票面额正好为全部应收乙公司账款的不带息商业承兑汇票一张，期限为3个月。2014年2月1日票据到期日，乙公司未能偿还票据金额。

要求：根据上述资料，编制相关业务的会计分录。

6. 甲公司5月29日售给乙公司产品一批，货款总计150 000元，适用增值税税率为17%。乙公司交来一张出票日为6月1日、面值为175 500元、票面利率为8%、期限为3个月的商业汇票。甲公司于7月1日持票到银行贴现，银行年贴现率为6%。

要求：根据上述资料，编制相关业务的会计分录。

7. 某企业年末应收账款余额为1 200 000元，提取坏账准备的比例为0.3%；第二年甲单位所欠5 000元账款按规定确认为坏账，应收账款期末余额为1 400 000元；第三年客户乙单位破产，所欠10 000元中有4 000元无法收回，确认为坏账，期末应收账款余额为1 300 000元；第四年已冲销的甲单位所欠5 000元账款又收回，年末应收账款余额为1 500 000元。

要求：根据上述资料，编制企业三年内计提坏账准备、确认坏账、冲销坏账又收回等相关业务的会计分录。

8. 甲公司持有的交易性金融资产期末按公允价值计量。有关资料如下：

（1）2013年6月30日交易性金融资产的账面成本与公允价值金额如下：

项　目	账面成本（元）	公允价值（元）
交易性金融资产——股票：		
股票A	150 000	145 800
股票B	85 000	84 500
股票C	120 000	121 000

交易性金融资产——债券：

A 公司债券	500 000	495 000
C 公司债券	350 000	350 500

（2）甲公司于 2013 年 9 月 5 日将 A 公司债券的 50% 出售，取得净收入（扣除相关税费）260 000 元；同日又将股票 A 全部出售，取得净收入（扣除相关税费）149 000 元。

（3）甲公司于 2013 年 12 月 15 日购入已宣告每股发放现金股利 0.1 元，但尚未支取的 D 股票 50 000 股，实际以银行存款支付价款 175 000 元。

要求：根据上述资料，编制相关业务的会计分录。

（1）甲公司 2013 年 6 月 30 日确认交易性金融资产公允价值变动损益时；

（2）甲公司 2013 年 9 月 5 日出售债券和股票时；

（3）甲公司 2013 年 12 月 15 日购入 D 股票。

9. ABC 公司 2013 年 3 月 1 日从二级市场购入某公司股票 10 000 股，每股市价 11 元，在初始确认时，确认为交易性金融资产，2013 年 4 月 7 日收到分配的现金股利，每股 2 元。6 月 30 日，股价下跌到每股 10 元，9 月 8 日以每股 12 元将该股票出售。

要求：对 ABC 公司取得、持有、出售该股票进行账务处理。

10. 胜利股份有限公司采用移动加权平均法计算发出材料的实际成本，并按成本与可变现净值孰低法对期末存货计价。该公司 2013 年 12 月 1 日甲种材料的结存数量为 200 千克，账面实际成本为 40 000 元；12 月 4 日购进该材料 300 千克，每千克单价为 180 元（不含税，下同）；12 月 10 日发出材料 400 千克；12 月 15 日又购进该材料 500 千克，每千克单价为 200 元；12 月 19 日发出材料 300 千克，12 月 27 日发出材料 100 千克。若 2013 年 12 月初"存货跌价准备——甲材料"科目的贷方余额为 500 元，2013 年年末甲材料的可变现净值为每千克 220 元。

要求：计算该公司 2013 年 12 月 31 日甲材料的账面价值。

11. ABC 公司期末存货计价采用成本与可变现净值孰低法，该公司 2014 年年末各种存货账面成本和可变现净值的情况如下：

项　目	账面成本（元）	可变现净值（元）
甲类存货：		
A 存货	5 500	5 550
B 存货	8 000	7 200
乙类存货：		
C 存货	3 500	3 300
D 存货	2 600	2 200
合计	19 600	18 250

要求：根据上述资料回答下列各题：

（1）若采用单项比较法确定期末存货的价值，计算 ABC 公司 2014 年年末的期末存货净额。

（2）若采用分类比较法确定期末存货的价值，计算 ABC 公司 2014 年年末的期末存货净额。

（3）若采用综合比较法确定期末存货的价值，"存货跌价准备"账户的期初贷方余额为1 850元，则2014年年末计提的存货跌价准备是多少？

（4）若采用单项比较法确定期末存货的价值，"存货跌价准备"账户的期初贷方余额为1 850元，写出ABC公司2014年年末计提存货跌价准备的会计分录。

12. 立达公司为增值税一般纳税企业，增值税税率为17%（假设没有其他税费）。原材料按实际成本核算采购成本，按先进先出法核算发出材料成本。该公司原材料包括甲、乙两种。该公司2013年12月有关账户的月初余额如下：

账户名称	借方余额（元）
原材料——甲材料	250 000（3 000千克）
——乙材料	300 000（5 000千克）

12月，该公司有关材料收入与发出的业务如下：

（1）5日，从外地X单位采购甲材料一批共计5 000千克，增值税专用发票上注明的材料价款为410 000元，增值税为69 700元；运杂费12 000元。款项及运杂费已通过银行支付，材料尚未收到。

（2）7日，从本市Y单位采购乙材料一批计1 500千克，增值税专用发票上注明的材料价款为82 500元，增值税为14 025元。材料已验收入库，款项未付。

（3）28日，从外地购入乙材料500千克，材料已验收入库，但发票账单尚未收到，货款未付。月末，该批材料的发票账单仍未收到。

（4）12月该公司发出材料的情况如下：

① 基本生产车间生产产品直接领用甲材料2 000千克，乙材料3 400千克；基本生产车间一般领用甲材料200千克，乙材料300千克；企业管理部门领用乙材料300千克。

② 在建工程领用乙材料500千克。

③ 对外销售甲材料500千克，每千克不含税销售单价为100元，开出增值税专用发票，款项已全部收到并存入银行。

④ 发出乙材料2 000千克，委托外单位加工。

（5）12月末，该公司对库存材料进行实地盘点，发现甲材料实存数小于账存数200千克，系管理不善造成的盘亏。

要求：根据上述资料，编制相关业务的会计分录。

13. X公司为增值税一般纳税企业，原材料按实际成本计价核算，材料发出按全月一次加权平均法计价，期末按成本与可变现净值孰低法计价。该公司所购甲原材料适用增值税税率为17%、消费税税率为10%，无其他税费，用于生产应税消费品。该公司2013年12月"原材料——甲材料"账户的月初借方余额为379 992元，数量1 000只；"在途物资"账户的月初借方余额为552 000元（系11月份采购的甲材料）；"存货跌价准备"账户中属于甲材料的月初贷方余额为20 000元。

12月，该公司甲材料收入业务如下：（1）3日，收到上月采购的甲材料1 500只，已验收入库。（2）15日，从外地Y公司采购甲材料一批共计1 300只，增值税专用发票上注明的材料价款为520 000元，增值税税额为88 400元，Y公司代垫的运杂费共计13 840元，其中代垫的铁路运费为12 000元，款项及运杂费已通过银行支付，材料已验收入库，运费可按7%抵扣增值税进项税额。

12月，该公司甲材料发出业务如下：（1）发出甲材料500只，换入机器设备一台，发出该500只甲材料时相应结转已计提的存货跌价准备10 000元，无法取得有关该机器设备的公允价值资料。（2）生产领用甲材料3 000只。

要求：根据上述资料，编制相关业务的会计分录。

14. 甲工业企业为增值税一般纳税企业，采用实际成本进行材料日常核算。假定运费不考虑增值税。

2013年3月1日有关账户的期初余额如下：

在途物资	3 000元
预付账款——东方公司	6 000元
委托加工物资——华林公司	2 100元
包装物	5 000元
原材料	600 000元

2013年3月发生如下经济业务事项：（1）3日在途材料全部收到，验收入库。（2）8日从清风公司购入材料一批，增值税专用发票上注明的货款为40 000元，增值税税额为6 800元，另外清风公司还代垫运费600元。全部货款已用转账支票付讫，材料验收入库。（3）10日收到上月委托华林公司加工的包装物，并验收入库，入库成本为2 100元。（4）13日持银行汇票200 000元从西电公司购入材料一批，增值税专用发票上注明的货款为150 000元，增值税税额为25 500元，另支付运费500元，材料已验收入库。甲工业企业收回剩余票款并存入银行。（5）18日收到上月末估价入账的材料发票账单，增值税专用发票上注明的货款为6 000元，增值税税额为1 020元，开出银行承兑汇票承付。（6）22日收到东方公司发运来的材料，并验收入库。增值税专用发票上注明的货款为10 000元，增值税税额为1 700元，对方代垫运费700元。为购买该批材料上月曾预付货款6 000元，收到材料后用银行存款补付余款。（7）31日根据"发料凭证汇总表"，3月基本生产车间领用材料250 000元，辅助生产车间领用材料150 000元，车间管理部门领用材料25 000元，企业行政管理部门领用材料15 000元。（8）31日结转本月随同产品出售不单独计价的包装物的成本2 000元。

要求：编制甲工业企业上述经济业务事项的会计分录（"应交税费"科目要求写出明细科目）。

第四章

非流动资产

【内容提要】

非流动资产是指流动资产以外的资产，主要包括长期股权投资、固定资产、在建工程、工程物资、无形资产、开发支出、投资性房地产等。本章主要介绍长期股权投资、固定资产、无形资产和投资性房地产的核算。

【教学要点】

本章的教学要点包括长期股权投资的核算范围及其会计处理，固定资产取得、折旧以及处置的会计处理，无形资产取得、摊销以及处理的会计处理，投资性房地产概念、后续计量模式及其会计处理。

非流动资产是指流动资产以外的资产，主要包括长期股权投资、固定资产、在建工程、工程物资、无形资产、开发支出、投资性房地产等。

长期股权投资是指企业持有的对其子公司、合营企业及联营企业的权益性投资以及企业持有的对被投资单位不具有控制、共同控制或重大影响，并且在活跃市场中没有报价、公允价值不能可靠计量的权益性投资。

固定资产是指同时具有以下特征的有形资产：（1）为生产商品、提供劳务、出租或经营管理而持有的；（2）使用寿命超过一个会计年度。

无形资产是指企业拥有或者控制的没有实物形态的可辨认非货币性资产。例如，专利权、非专利技术、商标权、著作权、土地使用权、特许权等。

投资性房地产是指为赚取租金或资本增值，或两者兼有而持有的房地产。包括已出租的土地使用权，持有并准备增值后转让的土地使用权，已出租的建筑物。

第一节　长期股权投资

一、长期股权投资概述

（一）长期股权投资的概念

企业的长期股权投资包括以下内容：（1）投资企业能够对被投资单位实施控制的权益性投资；（2）投资企业与其他合营方一同对被投资单位实施共同控制的权益性投资；（3）投资企业对被投资单位具有重大影响的权益性投资；（4）投资企业持有的对被投资单位不具有共同控制或重大影响，并且在活跃市场中没有报价、公允价值不能可靠计量的权益性投资。

企业能够对被投资单位实施控制的，被投资单位为本企业的子公司。控制，是指有权决定一个企业的财务和经营政策，并能据以从该企业的经营活动中获取利益。

企业与其他方对被投资单位实施共同控制的，被投资单位为本企业的合营企业。共同控制，是指按照合同约定对某项经济活动所共有的控制，仅在与该项经济活动相关的重要财务和经营决策需要分享控制权的投资方一致同意时存在。

企业能够对被投资单位施加重大影响的，被投资单位为本企业的联营企业。重大影响，是指对一个企业的财务和经营政策有参与决策的权力，但并不能够控制或者与其他方一起共同控制这些政策的制定。

（二）长期股权投资的核算方法

长期股权投资的核算方法有两种：一是成本法；二是权益法。

1. 成本法核算的长期股权投资的范围

（1）企业能够对被投资单位实施控制的长期股权投资。即企业对子公司的长期股权投资。

企业对子公司的长期股权投资应当采用成本法核算，编制合并财务报表时按照权益法进行调整。

（2）企业对被投资单位不具有控制、共同控制或重大影响，且在活跃市场中没有报价、公允价值不能可靠计量的长期股权投资。

2. 权益法核算的长期股权投资的范围

企业对被投资单位具有共同控制或者重大影响时，长期股权投资应当采用权益法核算。

（1）企业对被投资单位具有共同控制的长期股权投资。即企业对其合营企业的长期股权投资。

（2）企业对被投资单位具有重大影响的长期股权投资。即企业对其联营企业的长期股权投资。

为了核算企业的长期股权投资，企业应当设置"长期股权投资"、"应收股利"、"投资收益"等科目。

"长期股权投资"科目核算企业持有的采用成本法和权益法核算的长期股权投资，借方登记长期股权投资取得时的成本以及采用权益法核算时按被投资企业实现的净利润以及被投资单位除净损益以外所有者权益的其他变动计算的应分享的份额，贷方登记收回长期股权投资的价值或采用权益法核算时被投资单位宣告分派现金股利或利润时企业按持股比例计算应享有的份额，按被投资单位发生的净亏损以及被投资单位除净损益以外所有者权益的其他变动计算应分担的份额，期末借方余额，反映企业持有的长期股权投资的价值。

二、采用成本法核算的长期股权投资

（一）长期股权投资初始投资成本的确定

除企业合并形成的长期股权投资以外，以支付现金取得的长期股权投资，应当按照实际支付的购买价款作为初始投资成本。企业所发生的与取得长期股权投资直接相关的费用、税金及其他必要支出应计入长期股权投资的初始投资成本。

此外，企业取得长期股权投资，实际支付的价款或对价中包含的已宣告但尚未发放的现金股利或利润，作为应收项目处理，不构成长期股权投资的成本。

（二）取得长期股权投资

取得长期股权投资时，应按照初始投资成本计价。除企业合并形成的长期股权投资以外，以支付现金、非现金资产等其他方式取得的长期股权投资，应按照上述规定确定的长期股权投资初始投资成本，借记"长期股权投资"科目，贷记"银行存款"等科目。如果实际支付的价款中包含有已宣告但尚未发放的现金股利或利润，借记"应收股利"科目，贷记"长期股权投资"科目。

【例4-1】 甲公司20×1年1月5日购买乙股份有限公司发行的股票140 000股准备长期持有，从而拥有东方股份有限公司6%的股份。每股买入价为5元。另外，企业购买该股票时发生有关税费 2 200 元，款项已由银行存款支付。该企业应作如下会计处理：

计算初始投资成本：

股票成交金额（140 000×5）	700 000
加：相关税费	2 200
	702 200

编制购入股票的会计分录：

借：长期股权投资	702 200
贷：银行存款	702 200

【例 4 - 2】 甲公司 20×1 年 5 月 18 日以银行存款购买丙股份有限公司的股票 200 000 股作为长期投资，每股买入价为 5 元，每股价格中包含有 0.1 元的已宣告分派的现金股利（该股利是丙公司分配的 20×0 年的现金股利），另支付相关税费 12 000 元。该企业应作如下会计处理：

计算初始投资成本：

股票成交金额（200 000×5）	1 000 000
加：相关税费	12 000
减：已宣告分派的现金股利（200 000×0.1）	20 000
	992 000

编制购入股票的会计分录：

借：长期股权投资	992 000
应收股利	20 000
贷：银行存款	1 012 000 .

假定甲公司 20×1 年 6 月 10 日收到丙股份有限公司分来的购买该股票时已宣告分派的股利 20 000 元。此时，应作如下会计处理：

借：银行存款	20 000
贷：应收股利	20 000

在这种情况下，取得长期股权投资时，如果实际支付的价款中包含有已宣告但尚未发放的现金股利或利润，应借记"应收股利"科目，不记入"长期股权投资"科目。

（三）长期股权投资持有期间被投资单位宣告发放现金股利或利润

长期股权投资持有期间被投资单位宣告发放现金股利或利润时，企业按应享有的部分确认为投资收益，借记"应收股利"科目，贷记"投资收益"科目。

【例 4 - 3】 承【例 4 - 2】，如果甲公司于 20×2 年 4 月 18 日收到丙有限公司宣告发放 20×1 年度现金股利的通知，应分得现金股利 10 000 元。甲公司应作如下会计处理：

借：应收股利	10 000
贷：投资收益	10 000

（四）长期股权投资的处置

处置长期股权投资时，按实际取得的价款与长期股权投资账面价值的差额确认为投资损益，并应同时结转已计提的长期股权投资减值准备。其会计处理是：企业处置长期股权投资时，应按实际收到的金额，借记"银行存款"等科目，按原已计提的减值准备，借记"长期股权投资减值准备"科目，按该项长期股权投资的账面余额，贷记"长期股权投资"科目，按尚未领取的现金股利或利润，贷记"应收股利"科目，按其差额，贷记或借记"投资收益"科目。

【例 4 - 4】 甲公司将其作为长期投资持有的丁股份有限公司 20 000 股股票，以每股 16 元的价格卖出，支付相关税费 1 120 元，取得价款 318 880 元，款项已由银行收妥。该长期股权投资账面价值为 280 000 元，假定没有计提减值准备。甲公司应作如下会计处理：

计算投资收益：

股票转让取得价款	318 880
减：投资账面余额	280 000
	38 880

编制出售股票时的会计分录：

借：银行存款	318 880	
贷：长期股权投资		280 000
投资收益		38 880

在这种情况下，企业处置长期股权投资，应按实际取得的价款与长期股权投资账面价值的差额确认为投资损益，并应同时结转已计提的长期股权投资减值准备。

三、采用权益法核算的长期股权投资

（一）权益法核算的长期股权投资的科目设置

长期股权投资采用权益法核算时，企业应该在长期股权投资科目下设置如下明细科目：

（1）长期股权投资——成本，用来核算权益法下企业长期股权投资的成本。

（2）长期股权投资——损益调整，用来核算由于被投资单位实现净利润（或者发生亏损）以及宣告发放股利或者利润时，投资企业应该分享或应该承担的份额。

（3）长期股权投资——其他权益变动，用来核算被投资单位其他权益变动时（例如由于可供出售金融资产公允价值变动导致的资本公积增减），投资企业应该享有或承担的份额。

（二）取得长期股权投资

权益法下，企业取得长期股权投资，长期股权投资的初始投资成本大于投资时应享有被投资单位可辨认净资产公允价值份额的，不调整已确认的初始投资成本，借记"长期股权投资——成本"科目，贷记"银行存款"等科目。长期股权投资的初始投资成本小于投资时应享有被投资单位可辨认净资产公允价值份额的，按照投资时应享有被投资单位可辨认净资产公允价值份额，借记"长期股权投资——成本"科目，贷记"银行存款"等科目，按其差额，贷记"营业外收入"科目。

【例4-5】 甲公司20×1年1月2日购买戊股份有限公司发行的股票3 000 000股准备长期持有，占戊股份有限公司股份的30%。每股买入价为8元，另外，购买该股票时发生有关税费60 000元，款项已由银行存款支付。20×0年12月31日，戊股份有限公司的所有者权益的账面价值（与其公允价值不存在差异）80 000 000元。甲公司应作如下会计处理：

计算初始投资成本：

股票成交金额（3 000 000×8）	24 000 000
加：相关税费	60 000
	24 060 000

在本例中，长期股权投资的初始投资成本24 060 000元大于投资时应享有被投资单位可辨认净资产公允价值份额24 000 000（80 000 000×30%）元，其差额60 000元不调整已确认的初始投资成本。甲公司编制购入股票的会计分录如下：

借：长期股权投资——成本	24 060 000
贷：银行存款	24 060 000

但是，如果长期股权投资的初始投资成本小于投资时应享有被投资单位可辨认净资产公允价值份额，应借记"长期股权投资——成本"科目，贷记"银行存款"等科目，按其差额，贷记"营业外收入"科目。

（三）持有长期股权投资期间被投资单位实现净利润或发生净亏损

根据被投资单位实现的净利润计算应享有的份额，借记"长期股权投资——损益调整"科目，贷记"投资收益"科目。被投资单位发生净亏损作相反的会计分录，借记"投资收益"科目，贷记"长期股权投资——损益调整"科目。被投资单位发生亏损冲减长期股权投资时，应该以长期股权投资的账面价值减记至零为限。

被投资单位以后宣告发放现金股利或利润时，企业计算应分得的部分，借记"应收股利"科目，贷记"长期股权投资——损益调整"科目。收到被投资单位宣告发放的股票股利，不进行账务处理，但应在备查簿中登记。

【例4-6】 承【例4-5】，20×1年戊股份有限公司实现净利润10 000 000元。甲公司按照持股比例确认投资收益3 000 000元。20×1年5月20日，戊股份有限公司已宣告发放现金股利5 000 000元。甲公司应作如下会计处理：

（1）按投资比例确认投资收益时：

借：长期股权投资——损益调整	3 000 000
贷：投资收益	3 000 000

（2）戊股份有限公司宣告发放现金股利，按比例确认应收股利时：

借：应收股利	1 500 000
贷：长期股权投资——损益调整	1 500 000

（3）收到戊股份有限公司发放的现金股利时：

借：银行存款	1 500 000
贷：应收股利	1 500 000

（四）持有长期股权投资期间被投资单位所有者权益的其他变动

在持股比例不变的情况下，被投资单位除净损益以外所有者权益的其他变动，企业按持股比例计算应享有的份额，借记或贷记"长期股权投资——其他权益变动"科目，贷记或借记"资本公积——其他资本公积"科目。

【例 4 - 7】 承【例 4 - 5】、【例 4 - 6】，20 ×1 年戊股份有限公司可供出售金融资产的公允价值增加了 2 000 000 元。甲公司按照持股比例确认相应的资本公积 600 000 元。甲公司应作如下会计处理：

借：长期股权投资——其他权益变动	600 000
贷：资本公积——其他资本公积	600 000

（五）长期股权投资的处置

处置长期股权投资时，应按实际取得的价款与长期股权投资账面价值的差额确认为投资损益，并应同时结转已计提的长期股权投资减值准备。其会计处理是：企业处置长期股权投资时，应按实际收到的金额，借记"银行存款"等科目，按原已计提的减值准备，借记"长期股权投资减值准备"科目，按该长期股权投资的账面余额，贷记"长期股权投资"科目，按尚未领取的现金股利或利润，贷记"应收股利"科目，按其差额，贷记或借记"投资收益"科目。

同时，还应结转原记入资本公积的相关金额，借记或贷记"资本公积——其他资本公积"科目，贷记或借记"投资收益"科目。

【例 4 - 8】 20 ×2 年 6 月 10 日，甲公司出售所持戊股份有限公司的股票 300 000 股，出售所得价款 3 600 000 元，款项已收回存入银行。甲公司应作如下会计处理：

借：银行存款	3 600 000
贷：长期股权投资——成本	2 406 000
——损益调整	150 000
——其他权益变动	60 000
投资收益	984 000

同时：

借：资本公积——其他资本公积	60 000
贷：投资收益	60 000

【例4-9】 甲上市公司发生下列长期股权投资业务：

（1）20×3年1月3日，购入乙公司股票580万股，占乙公司有表决权股份的25%，对乙公司的财务和经营决策具有重大影响，甲公司将其作为长期股权投资核算。每股购入价8元。每股价格中包含已宣告但尚未发放的现金股利0.25元，另外支付相关税费7万元。款项均以银行存款支付。当日，乙公司所有者权益的账面价值（与其公允价值不存在差异）为18 000万元。

（2）20×3年3月16日，收到乙公司宣告分派的现金股利。

（3）20×3年度，乙公司实现净利润3 000万元。

（4）20×4年2月16日，乙公司宣告分派20×7年度股利，每股分派现金股利0.20元。

（5）20×4年3月12日，甲上市公司收到乙公司分派的20×7年度的现金股利。

（6）20×5年1月4日，甲上市公司出售所持有的全部乙公司的股票，共取得价款5 200万元（不考虑长期股权投资减值及相关税费）。

要求：根据上述资料，编制甲上市公司长期股权投资的会计分录。

（"长期股权投资"科目要求写出明细科目，金额单位用万元表示）

说明：由于甲上市公司对乙公司的财务和经营决策具有重大影响，所以该长期股权投资应该采用权益法核算。

（1）因为企业享有的份额为4 500（18 000×25%）万元，但付出的成本要大于应享有的份额，所以不调整投资成本。会计分录如下：

借：长期股权投资——乙公司	4 502
应收股利	145（0.25×580）
贷：银行存款	4 647（580×8+7）

（2）收到包含在购买价款中的股利时，会计分录如下：

借：银行存款	145
贷：应收股利	145

（3）根据被投资单位实现的利润，按比例计算确定投资收益，其金额为3 000×25% = 750（万元），会计分录如下：

借：长期股权投资——损益调整	750
贷：投资收益	750

（4）根据被投资单位宣告的股利，按比例确认的应收股利为0.2×580=116（万元），会计分录如下：

借：应收股利	116
贷：长期股权投资——损益调整	116

（5）处置长期股权投资时，应将收到的银行存款和长期股权投资的账面价值的差额作为投资收益。

借：银行存款   5 200

  贷：长期股权投资——成本   4 502

      ——损益调整   634（750 - 116）

    投资收益   64

四、长期股权投资减值

（一）长期股权投资减值金额的确定

1. 企业对子公司、合营企业及联营企业的长期股权投资

企业对子公司、合营企业及联营企业的长期股权投资在资产负债表日存在可能发生减值的迹象时，其可收回金额低于账面价值的，应当将该长期股权投资的账面价值减记至可收回金额，减记的金额确认为减值损失，计入当期损益，同时计提相应的资产减值准备。

2. 企业对被投资单位不具有控制、共同控制或重大影响且在活跃市场中没有报价、公允价值不能可靠计量的长期股权投资

企业对被投资单位不具有控制、共同控制或重大影响且在活跃市场中没有报价、公允价值不能可靠计量的长期股权投资，应当将该长期股权投资在资产负债表日的账面价值，与按照类似金融资产当时市场收益率对未来现金流量折现确定的现值之间的差额，确认为减值损失，计入当期损益。

（二）长期股权投资减值的会计处理

企业计提长期股权投资减值准备，应当设置"长期股权投资减值准备"科目核算。企业按应减记的金额，借记"资产减值损失——计提的长期股权投资减值准备"科目，贷记"长期股权投资减值准备"科目。

长期股权投资减值损失一经确认，在以后会计期间不得转回。

第二节 固定资产

一、固定资产概述

（一）固定资产的概念和特征

固定资产是指同时具有以下特征的有形资产：（1）为生产商品、提供劳务、出租或经营管理而持有的，其中"出租"的固定资产，是指企业以经营租赁方式出租的机器设备类

固定资产，不包括以经营租赁方式出租的建筑物，后者属于企业的投资性房地产，不属于固定资产；（2）使用寿命超过一个会计年度。

从这一定义可以看出，作为企业的固定资产应具备以下两个特征：

第一，企业持有固定资产的目的，是为了生产商品、提供劳务、出租或经营管理的需要，而不像商品一样为了对外出售。这一特征是固定资产区别于商品等流动资产的重要标志。

第二，企业使用固定资产的期限较长，使用寿命一般超过一个会计年度。这一特征表明企业固定资产的收益期超过一年，能在一年以上的时间里为企业创造经济利益。

（二）固定资产的确认

固定资产在同时满足以下两个条件时，才能予以确认：

1. 与该固定资产有关的经济利益很可能流入企业

资产最基本的特征是预期能给企业带来经济利益；如果某一项目预期不能给企业带来经济利益，就不能确认为企业的资产。对固定资产的确认来说，如果某一固定资产预期不能给企业带来经济利益，就不能确认为企业的固定资产。在实务工作中，首先，需要判断该项固定资产所包含的经济利益是否很可能流入企业。如果该项固定资产包含的经济利益不是很可能流入企业，那么，即使其满足固定资产确认的其他条件，企业也不应将其确认为固定资产；如果该项固定资产包含的经济利益很可能流入企业，并同时满足固定资产确认的其他条件，那么，企业应将其确认为固定资产。

2. 该固定资产的成本能够可靠地计量

成本能够可靠地计量，是资产确认的一项基本条件。固定资产作为企业资产的重要组成部分，要予以确认，其为取得该固定资产而发生的支出也必须能够可靠地计量。如果固定资产的成本能够可靠地计量，并同时满足其他确认条件，就可以加以确认；否则，企业不应加以确认。

企业在确定固定资产成本时，有时需要根据所获得的最新资料，对固定资产的成本进行合理的估计。比如，企业对于已达到预定可使用状态的固定资产，在尚未办理竣工决算前，需要根据工程预算、工程造价或者工程实际发生的成本等资料，按估计价值确定固定资产的成本，待办理竣工决算后，再按实际成本调整原来的暂估价值。

（三）固定资产的分类

企业的固定资产种类繁多、规格不一，为加强管理，便于组织会计核算，有必要对其进行科学、合理的分类。根据不同的管理需要和核算要求以及不同的分类标准，可以对固定资产进行不同的分类，主要有以下几种分类方法：

1. 按经济用途分类

按固定资产的经济用途分类，可分为生产经营用固定资产和非生产经营用固定资产。

（1）生产经营用固定资产，是指直接服务于企业生产、经营过程的各种固定资产，如生产经营用的房屋、建筑物、机器、设备、器具、工具等。

（2）非生产经营用固定资产，是指不直接服务于生产、经营过程的各种固定资产，如职工宿舍等使用的房屋、设备和其他固定资产等。

按照固定资产的经济用途分类，可以归类反映和监督企业生产经营用固定资产和非生产经营用固定资产之间，以及生产经营用各类固定资产之间的组成和变化情况，借以考核和分析企业固定资产的利用情况，促使企业合理地配备固定资产，充分发挥其效用。

2. 综合分类

按固定资产的经济用途和使用情况等综合分类，可把企业的固定资产划分为七大类：

（1）生产经营用固定资产；

（2）非生产经营用固定资产；

（3）租出固定资产（指在经营租赁方式下出租给外单位使用的固定资产）；

（4）不需用固定资产；

（5）未使用固定资产；

（6）土地（指过去已经估价单独入账的土地。因征地而支付的补偿费，应计入与土地有关的房屋、建筑物的价值内，不单独作为土地价值入账。企业取得的土地使用权，应作为无形资产管理，不作为固定资产管理）；

（7）融资租入固定资产（指企业以融资租赁方式租入的固定资产，在租赁期内，应视同自有固定资产进行管理）。

由于企业的经营性质不同，经营规模各异，对固定资产的分类不可能完全一致。但实际工作中，企业大多采用综合分类的方法作为编制固定资产目录，进行固定资产核算的依据。

（四）固定资产的核算

为了核算固定资产，企业一般需要设置"固定资产"、"累计折旧"、"在建工程"、"工程物资"、"固定资产清理"等科目，核算固定资产取得、计提折旧、处置等情况。

"固定资产"科目核算企业固定资产的原价，借方登记企业增加的固定资产原价，贷方登记企业减少的固定资产原价，期末借方余额，反映企业期末固定资产的账面原价。企业应当设置"固定资产登记簿"和"固定资产卡片"，按固定资产类别、使用部门和每项固定资产进行明细核算。

"累计折旧"科目属于"固定资产"的调整科目，核算企业固定资产的累计折旧，贷方登记企业计提的固定资产折旧，借方登记处置固定资产转出的累计折旧，期末贷方余额，反映企业固定资产的累计折旧额。

"在建工程"科目核算企业基建、更新改造等在建工程发生的支出，借方登记企业各项在建工程的实际支出，贷方登记完工工程转出的成本，期末借方余额反映企业尚未达到预定可使用状态的在建工程的成本。

"工程物资"科目核算企业为在建工程而准备的各种物资的实际成本。该科目借方登记企业购入工程物资的成本，贷方登记领用工程物资的成本，期末借方余额，反映企业为在建工程准备的各种物资的成本。

"固定资产清理"科目核算企业因出售、报废、毁损、对外投资、非货币性资产交换、债务重组等原因转出的固定资产价值以及在清理过程中发生的费用等，借方登记转出的固定资产价值、清理过程中应支付的相关税费及其他费用，贷方登记固定资产清理完成的处理，期末借方余额，反映企业尚未清理完毕固定资产清理净损失。该科目应按被清理的固定资产项目设置明细账，进行明细核算。

此外，企业固定资产、在建工程、工程物资发生减值的，还应当设置"固定资产减值准备"、"在建工程减值准备"、"工程物资减值准备"等科目进行核算。

二、取得固定资产

（一）外购固定资产

企业外购的固定资产，应按实际支付的购买价款、相关税费、使固定资产达到预定可使用状态前所发生的可归属于该项资产的运输费、装卸费、安装费和专业人员服务费等，作为固定资产的取得成本。

企业购入不需要安装的固定资产（非生产用设备），应按实际支付的购买价款、相关税费以及使固定资产达到预定可使用状态前所发生的可归属于该项资产的运输费、装卸费和专业人员服务费等，作为固定资产成本，借记"固定资产"科目，贷记"银行存款"等科目。

购入需要安装的固定资产（非生产用设备），应在购入的固定资产取得成本的基础上加上安装调试成本等，作为购入固定资产的成本，先通过"在建工程"科目核算，待安装完毕达到预定可使用状态时，再由"在建工程"科目转入"固定资产"科目。

企业购入固定资产时，按实际支付的购买价款、运输费、装卸费和其他相关税费等，借记"在建工程"科目，贷记"银行存款"等科目；安装完毕达到预定可使用状态时，按其实际成本，借记"固定资产"科目，贷记"在建工程"科目。

根据《中华人民共和国增值税暂行条例》（国务院令 2008 年第 538 号）的规定，企业自 2009 年 1 月 1 日后新购进的设备，将允许其抵扣进项税额，本期未抵扣完的进项税额可以结转下期继续抵扣。因此，企业购入的设备支付的增值税可以比照存货来进行处理。

【例 4 - 10】 甲企业采购机器设备一台给生产部门使用，专用发票上注明价款 500 000 元，增值税税额 85 000 元，购进固定资产所支付的运杂费 2 000 元，包装费 1 000 元。均用银行存款支付。甲公司应作如下会计处理：

（1）计算固定资产的成本：

固定资产买价	500 000
加：运杂费	2 000
包装费	1 000
	503 000

（2）编制购入固定资产的会计分录：

借：固定资产	503 000	
应交税费——应交增值税（进项税额）	85 000	
贷：银行存款		588 000

【例4-11】　承【例4-10】，假设上述机器设备需要进行安装，安装费3 000元。甲公司应作如下会计处理：

（1）购入进行安装时：

借：在建工程 503 000
　　应交税费——应交增值税（进项税额） 85 000
　　　贷：银行存款 588 000

（2）支付安装费时：

借：在建工程 3 000
　　　贷：银行存款 3 000

（3）设备安装完毕交付使用时，确定的固定资产成本为503 000 + 3 000 = 506 000（元）：

借：固定资产 506 000
　　　贷：在建工程 506 000

（二）建造固定资产

企业自行建造固定资产，应按建造该项资产达到预定可使用状态前所发生的必要支出，作为固定资产的成本。

自建固定资产应先通过"在建工程"科目核算，工程达到预定可使用状态时，再从"在建工程"科目转入"固定资产"科目。企业自建固定资产，主要有自营和出包两种方式，由于采用的建设方式不同，其会计处理也不同。

1. 自营工程

自营工程是指企业自行组织工程物资采购、自行组织施工人员施工的建筑工程和安装工程。购入工程物资时，借记"工程物资"科目，贷记"银行存款"等科目。领用工程物资时，借记"在建工程"科目，贷记"工程物资"科目。在建工程领用本企业原材料时，借记"在建工程"科目，贷记"原材料"、"应交税费——应交增值税（进项税额转出）"等科目。在建工程领用本企业生产的商品时，借记"在建工程"科目，贷记"库存商品"、"应交税费——应交增值税（销项税额）"等科目。自营工程发生的其他费用（如分配工程人员工资等），借记"在建工程"科目，贷记"银行存款"、"应付职工薪酬"等科目。自营工程达到预定可使用状态时，按其成本，借记"固定资产"科目，贷记"在建工程"科目。

【例4-12】　甲公司自建厂房一幢，购入为工程准备的各种物资1 000 000元，支付的增值税额为170 000元，全部用于工程建设。领用本企业生产的水泥一批，实际成本为80 000元，税务部门确定的计税价格为100 000元，增值税税率17%；工程人员应计工资100 000元，按工资总额的20%计提各项社会保险，另外支付的其他费用30 000元。工程完工并达到预定可使用状态。该企业应作如下会计处理：

（1）购入工程物资时：

借：工程物资	1 170 000
贷：银行存款	1 170 000

（2）工程领用工程物资时：

借：在建工程	1 170 000
贷：工程物资	1 170 000

（3）工程领用本企业生产的水泥，确定应计入在建工程成本的金额为：

$80\ 000 + 100\ 000 \times 17\% = 97\ 000$（元）

借：在建工程	97 000
贷：库存商品	80 000
应交税费——应交增值税（销项税额）	17 000

（4）分配工程人员工资：

借：在建工程	100 000
贷：应付职工薪酬	100 000

（5）计提工程人员社会保险时：

借：在建工程	20 000
贷：应付职工薪酬	20 000

（6）支付工程发生的其他费用时：

借：在建工程	30 000
贷：银行存款等	30 000

（7）工程完工转入固定资产成本为：

$1\ 170\ 000 + 97\ 000 + 100\ 000 + 20\ 000 + 30\ 000 = 1\ 417\ 000$（元）

借：固定资产	1 417 000
贷：在建工程	1 417 000

2. 出包工程

出包工程是指企业通过招标等方式将工程项目发包给建造承包商，由建造承包商组织施工的建筑工程和安装工程。企业采用出包方式进行的固定资产工程，其工程的具体支出主要由建造承包商核算，在这种方式下，"在建工程"科目主要是企业与建造承包商办理工程价款的结算科目。企业支付给建造承包商的工程价款作为工程成本，通过"在建工程"科目核算。企业按合理估计的发包工程进度和合同规定向建造承包商结算的进度款，借记"在建工程"科目，贷记"银行存款"等科目；工程完成时按合同规定补付的工程款，借记"在建工程"科目，贷记"银行存款"等科目；工程达到预定可使用状态时，按其成本，借记"固定资产"科目，贷记"在建工程"科目。

【例 4 - 13】 甲公司将一幢厂房的建造工程出包给东方公司承建,按合理估计的发包工程进度和合同规定向东方公司结算进度款 7 000 000 元,工程完工后,收到丙公司有关工程结算单据,补付工程款 3 000 000 元。工程完工并达到预定可使用状态。该企业应作如下会计处理:

(1)按合理估计的发包工程进度和合同规定向丙公司结算进度款时:

借:在建工程　　　　　　　　　　　　　　　　　　　　　　7 000 000
　　贷:银行存款　　　　　　　　　　　　　　　　　　　　　　　　7 000 000

(2)补付工程款时:

借:在建工程　　　　　　　　　　　　　　　　　　　　　　3 000 000
　　贷:银行存款　　　　　　　　　　　　　　　　　　　　　　　　3 000 000

(3)工程完工并达到预定可使用状态时:

借:固定资产　　　　　　　　　　　　　　　　　　　　　　10 000 000
　　贷:在建工程　　　　　　　　　　　　　　　　　　　　　　　10 000 000

三、固定资产的折旧

(一) 固定资产折旧概述

企业应当在固定资产的使用寿命内,按照确定的方法对应计折旧额进行系统分摊,根据固定资产的性质和使用情况,合理确定固定资产的使用寿命和预计净残值。固定资产的使用寿命、预计净残值一经确定,不得随意变更。上述事项在报经股东大会或董事会、经理(厂长)会议或类似机构批准后,作为计提折旧的依据,并按照法律、行政法规等的规定报送有关各方备案。

1. 影响折旧的因素

影响折旧的因素主要有以下几个方面:

(1)固定资产原价,是指固定资产的取得成本。

(2)预计净残值,是指假定固定资产预计使用寿命已满并处于使用寿命终了时的预期状态,企业目前从该项资产处置中获得的扣除预计处置费用后的金额。

(3)固定资产减值准备,是指固定资产可收回金额低于固定资产取得成本减去累计折旧的金额。

(4)固定资产的使用寿命,是指企业使用固定资产的预计期间,或者该固定资产所能生产产品或提供劳务的数量。

总之,企业应当根据固定资产的性质和使用情况,合理确定固定资产的使用寿命和预计净残值。固定资产的使用寿命、预计净残值一经确定,除规定的情况外,不得随意变更。

2. 计提折旧的固定资产范围

企业应当对所有的固定资产计提折旧,但是,已提足折旧仍继续使用的固定资产和单独计价入账的土地除外。在确定计提折旧的范围时还应注意以下几点：

（1）固定资产应当按月计提折旧，并根据用途计入相关资产的成本或者当期损益。固定资产应自达到预定可使用状态时开始计提折旧，终止确认时或划分为持有待售非流动资产时停止计提折旧。为简化核算，当月增加的固定资产，当月不计提折旧，从下月起计提折旧；当月减少的固定资产，当月仍计提折旧，从下月起不计提折旧。

（2）固定资产提足折旧后，不论能否继续使用，均不再计提折旧，提前报废的固定资产也不再补提折旧。所谓提足折旧是指已经提足该项固定资产的应计折旧额。

（3）已达到预定可使用状态但尚未办理竣工决算的固定资产，应当按照估计价值确定其成本并计提折旧；待办理竣工决算后再按实际成本调整原来的暂估价值，但不需要调整原已计提的折旧额。

（二）固定资产的折旧方法

企业应当根据与固定资产有关的经济利益的预期实现方式，合理选择固定资产折旧方法。可选用的折旧方法包括年限平均法、工作量法、双倍余额递减法和年数总和法等。

1. 年限平均法

年限平均法的计算公式如下：

$$年折旧率 = (1 - 预计净残值率) \div 预计使用寿命 \times 100\%$$
$$月折旧率 = 年折旧率 \div 12$$
$$月折旧额 = 固定资产原价 \times 月折旧率$$

【例 4 – 14】 甲公司有一幢厂房，原价为 5 000 000 元，预计可使用 20 年，预计报废时的净残值率为 4%。该厂房的折旧率和折旧额的计算如下：

年折旧率 = (1 – 4%) ÷ 20 × 100% = 4.8%

月折旧额 = 4.8% ÷ 12 = 0.4%

月折旧额 = 5 000 000 × 0.4% = 20 000（元）

本例采用的是年限平均法计提固定资产折旧，其特点是将固定资产的应计折旧额均衡地分摊到固定资产预计使用寿命内，采用这种方法计算的每期折旧额是相等的。

2. 工作量法

工作量法的基本计算公式如下：

$$单位工作量折旧额 = 固定资产原价 \times (1 - 预计净残值率) \div 预计总工作量$$
$$某项固定资产月折旧额 = 该项固定资产当月工作量 \times 单位工作量折旧额$$

【例 4 – 15】 甲公司的一台机器设备原价为 800 000 元，预计生产产品产量为 4 000 000 个，预计净残值率为 5%，本月生产产品 40 000 个；假设甲公司没有对该机器设备计提减值准备。则该台机器设备的本月折旧额计算如下：

单位工作量折旧额 = 800 000 × (1 – 5%)/4 000 000 = 0.19（元/个）

本月折旧额 = 40 000 × 0.19 = 7 600（元）

3. 双倍余额递减法

双倍余额递减法，是指在不考虑固定资产预计净残值的情况下，根据每期期初固定资产原价减去累计折旧后的余额和双倍的直线法折旧率计算固定资产折旧的一种方法。计算公式如下：

$$年折旧率 = 2/预计使用寿命(年) \times 100\%$$
$$月折旧率 = 年折旧率 \div 12$$
$$月折旧额 = 固定资产账面净值 \times 月折旧率$$

由于每年年初固定资产净值没有扣除预计净残值，因此，在应用这种方法计算折旧额时必须注意不能使固定资产的账面折余价值降低到其预计净残值以下，即实行双倍余额递减法计算折旧的固定资产，应在其折旧年限到期前两年内，将固定资产净值扣除预计净残值后的余额平均摊销。

【例 4 - 16】 甲公司某项设备原价为 120 000 元，预计使用寿命为 5 年，预计净残值率为 4%；假设甲公司没有对该机器设备计提减值准备。

甲公司按双倍余额递减法计算折旧，每年折旧额计算如下：

年折旧率 = 2/5 × 100% = 40%

第一年应提的折旧额 = 120 000 × 40% = 48 000 （元）

第二年应提的折旧额 = （120 000 - 48 000）× 40% = 28 800 （元）

第三年应提的折旧额 = （120 - 48 - 28.8）× 40% = 17 280 （元）

从第四年起改按年限平均法 （直线法） 计提折旧：

第四、五年应提的折旧额

= （120 000 - 48 000 - 28 800 - 17 280 - 120 000 × 4%） ÷ 2 = 10 560 （元）

4. 年数总和法

年数总和法，又称年限合计法，是将固定资产的原价减去预计净残值的余额乘以一个以固定资产尚可使用寿命为分子、以预计使用寿命逐年数字之和为分母的逐年递减的分数计算每年的折旧额。计算公式如下：

$$年折旧率 = 尚可使用年限/预计使用寿命的年数总和 \times 100\%$$
$$月折旧率 = 年折旧率 \div 12$$
$$月折旧额 = （固定资产原价 - 预计净残值） \times 月折旧率$$

【例 4 - 17】 沿用【例 4 - 16】，采用年数总和法计算的各年折旧额如下：

第一年折旧额 = （120 000 - 120 000 × 4%）× 5 ÷ （1 + 2 + 3 + 4 + 5）= 38 400 （元）

第二年折旧额 = （120 000 - 120 000 × 4%）× 4 ÷ （1 + 2 + 3 + 4 + 5）= 30 720 （元）

第三年折旧额 = （120 000 - 120 000 × 4%）× 3 ÷ （1 + 2 + 3 + 4 + 5）= 23 040 （元）

第四年折旧额 = （120 000 - 120 000 × 4%）× 2 ÷ （1 + 2 + 3 + 4 + 5）= 15 360 （元）

第五年折旧额 = （120 000 - 120 000 × 4%）× 1 ÷ （1 + 2 + 3 + 4 + 5）= 7 680 （元）

双倍余额递减法和年数总和法都属于加速折旧方法，简单地说，固定资产折旧等于折旧基数乘以折旧率。其中双倍余额递减法计算折旧的方法是，除最后两年外，折旧率不变（双倍直线折旧率），折旧基数（固定资产的账面价值）逐年降低。年数总和法计算折旧的方法是，折旧基数（固定资产的应计折旧总额）不变，折旧率逐年降低。加速折旧法的特点是在固定资产使用的早期多提折旧，后期少提折旧，其递减的速度逐年加快，从而相对加快折旧的速度，目的是使固定资产成本在估计使用寿命期内加快得到补偿。

（三）固定资产折旧的核算

固定资产应当按月计提折旧，计提的折旧应通过"累计折旧"科目核算，并根据用途计入相关资产的成本或者当期损益。

（1）企业基本生产车间所使用的固定资产，其计提的折旧应计入制造费用。

（2）管理部门所使用的固定资产，其计提的折旧应计入管理费用。

（3）销售部门所使用的固定资产，其计提的折旧应计入销售费用。

（4）自行建造固定资产过程中使用的固定资产，其计提的折旧应计入在建工程成本。

（5）经营租出的固定资产，其计提的折旧额应计入其他业务成本。

（6）未使用的固定资产，其计提的折旧应计入管理费用。

【例4-18】 甲公司20×1年1月固定资产计提折旧情况如下：

第一生产车间厂房计提折旧38 000元，机器设备计提折旧45 000元。

管理部门房屋建筑物计提折旧65 000元，运输工具计提折旧24 000元。

销售部门房屋建筑物计提折旧32 000元，运输工具计提折旧26 300元。

此外，本月第一生产车间新购置一台设备，原价为620 000元，预计使用寿命10年，预计净残值1万元，按年限平均法计提折旧。

本例中，新购置的设备本月不提折旧，应从20×1年2月开始计提折旧。

甲公司20×1年1月计提折旧的账务处理如下：

借：制造费用——第一生产车间	83 000	
管理费用	89 000	
销售费用	58 300	
贷：累计折旧		230 300

四、固定资产的后续支出

固定资产的后续支出是指固定资产在使用过程中发生的更新改造支出、修理费用等。企业的固定资产投入使用后，由于各个组成部分耐用程度不同或者使用的条件不同，因而往往发生固定资产的局部损坏。为了保持固定资产的正常运转和使用，充分发挥其使用效能，就必须对其进行必要的后续支出。

固定资产的更新改造等后续支出，满足固定资产确认条件的，应当计入固定资产成本，如有被替换的部分，应同时将被替换部分的账面价值从该固定资产原账面价值中扣除；不满足固定资产确认条件的固定资产修理费用等，应当在发生时计入当期损益。

在对固定资产发生可资本化的后续支出后，企业应将该固定资产的原价、已计提的累计折旧和减值准备转销，将固定资产的账面价值转入在建工程。固定资产发生的可资本化的后续支出，通过"在建工程"科目核算。在固定资产发生的后续支出完工并达到预定可使用状态时，应在后续支出资本化后的固定资产账面价值不超过其可收回金额的范围内，从"在建工程"科目转入"固定资产"科目。

企业生产车间（部门）和行政管理部门等发生的固定资产修理费用等后续支出，借记"管理费用"科目，贷记"银行存款"等科目；企业发生的与专设销售机构相关的固定资产修理费用等后续支出，借记"销售费用"科目，贷记"银行存款"等科目。

【例 4 – 19】 20×1 年 6 月 1 日，甲公司对现有的一台生产机器设备进行日常修理，修理过程中发生材料费 100 000 元，应支付维修人员工资 20 000 元。

本例中，对机器设备的日常修理没有满足固定资产的确认条件，因此，应将该项固定资产后续支出在其发生时计入当期损益，属于生产车间（部门）和行政管理部门等发生的固定资产修理费用等后续支出，应记入"管理费用"科目，甲公司应作如下会计处理：

借：管理费用	120 000
贷：原材料	100 000
应付职工薪酬	20 000

【例 4 – 20】 20×1 年 8 月 1 日，甲公司对其现有的一台销售部门使用的设备进行修理。修理过程中支付维修人员工资 1 000 元。

本例中，甲公司对销售部门使用设备的维修没有满足固定资产的确认条件，因此，应将该项固定资产后续支出在其发生时计入当期损益，由于属于销售部门发生的固定资产修理费用等后续支出，应记入"销售费用"科目。乙公司应作如下会计处理：

借：销售费用	1 000
贷：应付职工薪酬	1 000

五、固定资产的处置

企业在生产经营过程中，可能将不适用或不需用的固定资产对外出售转让，或因磨损、技术进步等原因对固定资产进行报废，或因遭受自然灾害而对毁损的固定资产进行处理。对于上述事项在进行会计核算时，应按规定程序，办理有关手续，结转固定资产的账面价值，计算有关的清理收入、清理费用及残料价值等。

固定资产处置包括固定资产的出售、报废、毁损、对外投资、非货币性资产交换、债务重组等。处置固定资产应通过"固定资产清理"科目核算。具体包括以下几个环节：

（1）固定资产转入清理。企业因出售、报废、毁损、对外投资、非货币性资产交换、债务重组等转出的固定资产，按该项固定资产的账面价值，借记"固定资产清理"科目，按已计提的累计折旧，借记"累计折旧"科目，按已计提的减值准备，借记"固定资产减值准备"科目，按其账面原价，贷记"固定资产"科目。

（2）发生的清理费用等。固定资产清理过程中应支付的相关税费及其他费用，借记"固定资产清理"科目，贷记"银行存款"、"应交税费——应交营业税"等科目。

（3）收回出售固定资产的价款、残料价值和变价收入等，借记"银行存款"、"原材料"等科目，贷记"固定资产清理"科目。

（4）保险赔偿等的处理。应由保险公司或过失人赔偿的损失，借记"其他应收款"

等科目，贷记"固定资产清理"科目。

（5）清理净损益的处理。固定资产清理完成后，属于生产经营期间正常的处理损失，借记"营业外支出——处置非流动资产损失"科目，贷记"固定资产清理"科目；属于自然灾害等非正常原因造成的损失，借记"营业外支出——非常损失"科目，贷记"固定资产清理"科目。如为贷方余额，借记"固定资产清理"科目，贷记"营业外收入"科目。

【例4-21】 甲公司有一台设备，因使用期满经批准报废。该设备原价为600 000元，累计已计提折旧570 000元、减值准备10 000元。在清理过程中，以银行存款支付清理费用5 000元，收到残料变卖收入10 000元，应支付相关税费500元。有关账务处理如下：

① 固定资产转入清理时：

借：固定资产清理	20 000
累计折旧	570 000
固定资产减值准备	10 000
贷：固定资产	600 000

② 发生清理费用时：

借：固定资产清理	5 000
贷：银行存款	5 000

③ 收到残料变价收入时：

借：银行存款	10 000
贷：固定资产清理	10 000

④ 发生相关税费时：

借：固定资产清理	500
贷：应交税费	500

⑤ 结转固定资产净损益时：

借：营业外支出——处置非流动资产损失	15 500
贷：固定资产清理	15 500

六、固定资产清查

固定资产是一种价值较高、使用期限较长的有形资产，因此，对于管理规范的企业而言，盘盈、盘亏的固定资产较为少见。企业应当健全制度，加强管理，定期或者至少于每年年末对固定资产进行清查盘点，以保证固定资产核算的真实性和完整性。如果清查中发现固定资产损溢，应及时查明原因，在期末结账前处理完毕。

（一）固定资产盘盈

盘盈的固定资产，作为前期差错处理，在按管理权限报经批准处理前，应先通过"以前年度损益调整"科目核算。

（二）固定资产盘亏

企业在财产清查中盘亏的固定资产，按盘亏固定资产的账面价值，借记"待处理财产损溢"科目，按已计提的累计折旧，借记"累计折旧"科目，接已计提的减值准备，借记"固定资产减值准备"科目，按固定资产的原价，贷记"固定资产"科目。按管理权限报经批准后处理时，按可收回的保险赔偿或过失人赔偿，借记"其他应收款"科目，按应计入营业外支出的金额，借记"营业外支出——盘亏损失"科目，贷记"待处理财产损溢"科目。

【例 4-22】 乙公司进行财产清查时发现短缺一台笔记本电脑，原价为 15 000 元，已计提折旧 9 000 元。乙公司应作如下会计处理：

（1）盘亏固定资产时：

借：待处理财产损溢	6 000	
累计折旧	9 000	
贷：固定资产		15 000

（2）报经批准转销时：

借：营业外支出——盘亏损失	6 000	
贷：待处理财产损溢		6 000

七、固定资产减值

固定资产在资产负债表日存在可能发生减值的迹象时，其可收回金额低于账面价值的，企业应当将该固定资产的账面价值减记至可收回金额，减记的金额确认为减值损失，计入当期损益，同时计提相应的资产减值准备，借记"资产减值损失——计提的固定资产减值准备"科目，贷记"固定资产减值准备"科目。固定资产减值损失一经确认，在以后会计期间不得转回。

【例 4-23】 20×1 年 12 月 31 日，甲公司的某机器设备存在发生减值的迹象。经测算，该机器设备的可收回金额合计为 2 600 000 元，该机器设备的原价为 3 000 000 元，累计折旧 300 000 元，以前年度未对该生产线计提过减值准备。

由于该生产线的可收回金额为 2 600 000 元，账面价值为 2 700 000 元。可收回金额低于账面价值，应按两者之间的差额 100 000 元计提固定资产减值准备。甲公司应作如下会计处理：

借：资产减值损失——计提的固定资产减值准备	100 000	
贷：固定资产减值准备		100 000

第三节 无形资产

一、无形资产的概念和特征

无形资产是指企业拥有或者控制的没有实物形态的可辨认非货币性资产。无形资产具有三个主要特征：

（1）不具有实物形态。无形资产是不具有实物形态的非货币性资产，它不像固定资产、存货等有形资产具有实物形体。

（2）具有可辨认性。资产满足下列条件之一的，符合无形资产定义中的可辨认性标准：

① 能够从企业中分离或者划分出来，并能单独或者与相关合同、资产或负债一起，用于出售、转移、授予许可、租赁或者交换。

② 源自合同性权利或其他法定权利，无论这些权利是否可以从企业或其他权利和义务中转移或者分离。

商誉的存在无法与企业自身分离，不具有可辨认性，不在本节规范。

（3）属于非货币性长期资产。无形资产属于非货币性资产且能够在多个会计期间为企业带来经济利益。无形资产的使用年限在一年以上，其价值将在各个受益期间逐渐摊销。

二、无形资产的确认

无形资产同时满足以下条件时才能予以确认：

1. 与该无形资产有关的经济利益很可能流入企业

资产最基本的特征是产生的经济利益预期很可能流入企业，如果某一项目产生的经济利益预期不能流入企业，就不能确认为企业的资产。对无形资产的确认而言，如果某一无形资产产生的经济利益预期不能流入企业，就不能确认为企业的无形资产；如果某一无形资产产生的经济利益很可能流入企业，并同时满足无形资产确认的其他条件，则企业应将其确认为无形资产。例如，企业外购一项专利权，从而拥有法定所有权，使得企业的相关权利受到法律的保护，此时，表明企业能够控制该项无形资产所产生的经济利益。

在实务工作中，要确定无形资产产生的经济利益是否很可能流入企业，应当对无形资产在预计使用寿命内可能存在的各种经济因素作出合理估计，并且应当有明确证据支持。在进行这种判断时，需要考虑相关的因素。比如，企业是否有足够的人力资源、高素质的管理队伍、相关硬件设备等来配合无形资产为企业创造经济利益。最为重要的是，应关注外界因素的影响，比如是否存在相关的新技术、新产品冲击与无形资产相关的技术或利用其生产的产品的市场等。

2. 该无形资产的成本能够可靠地计量

成本能够可靠地计量是资产确认的一项基本条件。对于无形资产而言，这个条件显得十分重要。比如，一些高科技领域的高科技人才，假定其与企业签订了服务合同，且合同规定其在一定期限内不能为其他企业提供服务。在这种情况下，虽然这些高科技人才的知识在规定的期限内预期能够为企业创造经济利益，但由于这些高科技人才的知识难以准确或合理辨认，加之为形成这些知识所发生的支出难以计量，从而不能作为企业的无形资产加以确认。

三、无形资产的构成

无形资产主要包括专利权、商标权、土地使用权、非专利技术、著作权、特许权等。

1. 专利权

专利权是指国家专利主管机关依法授予发明创造专利申请人对其发明创造在法定期限内所享有的专有权利，包括发明专利权、实用新型专利权和外观设计专利权。它给予持有者独家使用或控制某项发明的特殊权利。《中华人民共和国专利法》明确规定，专利人拥有的专利权受到国家法律保护。专利权是允许其持有者独家使用或控制的特权，但它并不保证一定能给持有者带来经济效益，如有的专利可能会被另外更有经济价值的专利所淘汰等。因此，企业不应将其所拥有的一切专利权都予以资本化，作为无形资产管理和核算。一般而言，只有从外单位购入的专利或者自行开发并按法律程序申请取得的专利，才能作为无形资产管理和核算。这种专利可以降低成本，或者提高产品质量，或者将其转让出去获得转让收入。

企业从外单位购入的专利权，应按实际支付的价款作为专利权的成本。企业自行开发并按法律程序申请取得的专利权，应按照无形资产准则确定的金额作为成本。

2. 商标权

商标是用来辨认特定的商品或劳务的标记。商标权是指专门在某类指定的商品或产品上使用特定的名称或图案的权利。商标经过注册登记，就获得了法律上的保护。《中华人民共和国商标法》明确规定，经商标局核准注册的商标为注册商标，商标注册人享有商标专用权，受法律的保护。

企业自创的商标并将其注册登记，所花费用一般不大，是否将其资本化并不重要。能够给拥有者带来获利能力的商标，往往是通过多年的广告宣传和其他传播商标名称的手段，以及客户的信赖等树立起来的。广告费一般不作为商标权的成本，而是在发生时直接计入当期损益。

按照《中华人民共和国商标法》的规定，商标可以转让，但受让人应保证使用该注册商标的产品质量。如果企业购买他人的商标，一次性支出费用较大的，可以将其资本化，作为无形资产管理。这时，应根据购入商标的价款、支付的手续费及有关费用作为商标的成本。

3. 土地使用权

土地使用权是指国家准许某一企业或单位在一定期间内对国有土地享有开发、利用、经营的权利。企业取得土地使用权，应将取得时发生的支出资本化，作为土地使用权的成本，记入"无形资产"科目。

4. 非专利技术

非专利技术即专有技术或技术秘密、技术诀窍，是指先进的、未公开的、未申请专利、可以带来经济效益的技术及诀窍。主要内容包括：一是工业专有技术，即在生产上已经采用，仅限于少数人知道，不享有专利权或发明权的生产、装配、修理、工艺或加工方法的技术知识；二是商业（贸易）专有技术，即具有保密性质的市场情报、原材料价格情报以及用户、竞争对象的情况和有关知识；三是管理专有技术，即生产组织的经营方式、管理方式、培训职工方法等保密知识。非专利技术并不是专利法的保护对象，专有技术所有人依靠自我保密的方式来维持其独占权，可以用于转让和投资。

企业的非专利技术，有些是自己开发研究的，有些是根据合同规定从外部购入的。如果是企业自己开发研究的，应将符合《企业会计准则第 6 号——无形资产》规定的开发支出资本化条件的，确认为无形资产。对于从外部购入的非专利技术，应将实际发生的支出予以资本化，作为无形资产入账。

5. 著作权

著作权又称版权，制作者对其创作的文学、科学和艺术作品依法享有的某种特殊权利。著作权包括两方面的权利，即精神权利（人身权利）和经济权利（财产权利）。前者指作品署名、发表作品、确认作者身份、保护作品的完整性、修改已经发表的作品等各项权利，包括发表权、署名权、修改权和保护作品完整权；后者指以出版、表演、广播、展览、录制唱片、摄制影片等方式使用作品以及因授权他人使用作品而获得经济利益的权利。

6. 特许权

特许权，又称经营特许权、专营权，指企业在某一地区经营或销售某种特定商品的权利或是一家企业接受另一家企业使用其商标、商号、技术秘密等的权利。前者一般是指政府机关授权、准许企业使用或在一定地区享有经营某种业务的特权，如水、电、邮电通信等专营权、烟草专卖权等；后者指企业间依照签订的合同，有限期或无限期使用另一家企业的某些权利，如连锁店、分店使用总店的名称等。

四、无形资产的核算

为了核算无形资产的取得、摊销和处置等情况，企业应当设置"无形资产"、"累计摊销"等科目。

"无形资产"科目核算企业持有的无形资产成本，借方登记取得无形资产的成本，贷方登记出售无形资产转出的无形资产账面余额，期末借方余额，反映企业无形资产的成本。本科目应按无形资产项目设置明细账，进行明细核算。

"累计摊销"科目属于"无形资产"的调整科目，核算企业对使用寿命有限的无形资产计提的累计摊销，贷方登记企业计提的无形资产摊销，借方登记处置无形资产转出的累计摊销，期末贷方余额，反映企业无形资产的累计摊销额。

此外，企业无形资产发生减值的，还应当设置"无形资产减值准备"科目进行核算。

（一）无形资产的取得

无形资产应当按照成本进行初始计量。企业取得无形资产的主要方式有外购、自行研究开发等。取得的方式不同，其会计处理也有所差别。

（1）外购无形资产。外购无形资产的成本包括购买价款、相关税费以及直接归属于使该项资产达到预定用途所发生的其他支出。

【例 4 - 24】 甲公司购入一项非专利技术，支付的买价和有关费用合计 800 000 元，以银行存款支付。甲公司应作如下会计处理：

借：无形资产——非专利技术	800 000
贷：银行存款	800 000

（2）自行研究开发无形资产。企业内部研究开发项目所发生的支出应区分研究阶段支出和开发阶段支出，企业自行开发无形资产发生的研发支出，不满足资本化条件的，借记"研发支出——费用化支出"科目，满足资本化条件的，借记"研发支出——资本化支出"科目，贷记"原材料"、"银行存款"、"应付职工薪酬"等科目。研究开发项目达到预定用途形成无形资产的，应按"研发支出——资本化支出"科目的余额，借记"无形资产"科目，贷记"研发支出——资本化支出"科目。期（月）末，应将"研发支出——费用化支出"科目归集的金额转入"管理费用"科目，借记"管理费用"科目，贷记"研发支出——费用化支出"科目。

【例 4 - 25】 甲公司自行研究、开发一项技术，截至 20 × 1 年 12 月 31 日，发生研发支出合计 1 000 000 元。经测试该项研发活动完成了研究阶段，从 20 × 2 年 1 月 1 日开始进入开发阶段。20 × 2 年发生研发支出 500 000 元，假定符合《企业会计准则第 6 号——无形资产》规定的开发支出资本化的条件。20 × 2 年 6 月 30 日，该项研发活动结束，最终开发出一项非专利技术。甲公司应作如下会计处理：

（1）20 × 1 年发生的研发支出：

借：研发支出——费用化支出	100 000
贷：银行存款等	100 000

（2）20 × 1 年 12 月 31 日，发生的研发支出全部属于研究阶段的支出：

借：管理费用	100 000
贷：研发支出——费用化支出	100 000

（3）20 × 2 年，发生开发支出并满足资本化确认条件：

借：研发支出——资本化支出	500 000
贷：银行存款等	500 000

（4）20 × 2 年 6 月 30 日，该技术研发完成并形成无形资产：

借：无形资产	500 000
贷：研发支出——资本化支出	500 000

（二）无形资产的摊销

企业应当于取得无形资产时分析判断其使用寿命。使用寿命有限的无形资产应进行摊销。使用寿命不确定的无形资产不应摊销。使用寿命有限的无形资产，其残值应当视为零。对于使用寿命有限的无形资产应当自可供使用（及其达到预定用途）当月起开始摊销，处置当月不再摊销。

无形资产摊销方法包括直线法、生产总量法等。企业选择的无形资产的摊销方法，应当反映与该项无形资产有关的经济利益的预期实现方式。无法可靠确定预期实现方式的，应当采用直线法摊销。

企业应当按月对无形资产进行摊销。无形资产的摊销额一般应当计入当期损益，企业自用的无形资产，其摊销金额计入管理费用；出租的无形资产，其摊销金额计入其他业务成本；某项无形资产包含的经济利益通过所生产的产品或其他资产实现的，其摊销金额应当计入相关资产成本。

【例4-26】 甲公司购买了一项特许权，成本为4 800 000元，合同规定受益年限为10年，甲公司每月应摊销40 000（4 800 000÷10÷12）元。每月摊销时，甲公司应作如下会计处理：

借：管理费用		40 000
贷：累计摊销		40 000

【例4-27】 20×1年1月1日，甲公司将其自行开发完成的非专利技术出租给丁公司，该非专利技术成本为3 600 000元，双方约定的租赁期限为10年，甲公司每月应摊销30 000（3 600 000÷10÷12）元。每月摊销时，甲公司应作如下会计处理：

借：其他业务成本		30 000
贷：累计摊销		30 000

（三）无形资产的处置

企业处置无形资产，应当将取得的价款扣除该无形资产账面价值以及出售相关税费后的差额记入"营业外收入"或"营业外支出"科目。

【例4-28】 甲公司将其购买的一专利权转让给乙公司，该专利权的成本为600 000元，已摊销220 000元，应交税费25 000元，实际取得的转让价款为500 000元，款项已存入银行。甲公司应作如下会计处理：

借：银行存款		500 000
累计摊销		220 000
贷：无形资产		600 000
应交税费		25 000
营业外收入——非流动资产处置利得		95 000

（四）无形资产的减值

无形资产在资产负债表日存在可能发生减值的迹象时，其可收回金额低于账面价值的，企业应当将该无形资产的账面价值减记至可收回金额，减记的金额确认为减值损失，计入当期损益，同时计提相应的资产减值准备，按应减记的金额。借记"资产减值损失——计提的无形资产减值准备"科目，贷记"无形资产减值准备"科目。无形资产减值损失一经确认，在以后会计期间不得转回。

【例 4 – 29】　20×1 年 12 月 31 日，市场上某项技术生产的产品销售势头较好，已对甲公司产品的销售产生重大不利影响。甲公司外购的类似专利技术的账面价值为 600 000元，剩余摊销年限为 3 年，经减值测试，该专利技术的可收回金额为 550 000 元。

由于该专利权在资产负债表日的账面价值为 600 000 元，可收回金额为 550 000 元，可收回金额低于其账面价值，应按其差额 50 000（600 000 – 550 000）元计提减值准备。甲公司应作如下会计处理：

借：资产减值损失——计提的无形资产减值准备	50 000
贷：无形资产减值准备	50 000

第四节　投资性房地产

房地产是土地和房屋及其权属的总称。在我国，土地归国家或集体所有，企业只能取得土地使用权。因此，房地产中的土地是指土地使用权。房屋是指土地上的房屋等建筑物及构筑物。投资性房地产，是指为赚取租金或资本增值，或者两者兼有而持有的房地产。

投资性房地产的范围包括：已出租的土地使用权、持有并准备增值后转让的土地使用权、已出租的建筑物。

企业的投资性房地产是通过"投资性房地产"这个资产类科目来核算的。投资性房地产的核算包含以下基本内容：（1）投资性房地产的确认和初始计量；（2）投资性房地产的后续计量；（3）投资性房地产的转换；（4）投资性房地产的处置。

一、投资性房地产的确认和初始计量

投资性房地产只有在符合定义的前提下，同时满足下列条件的，才能予以确认：（1）与该投资性房地产有关的经济利益很可能流入企业；（2）该投资性房地产的成本能够可靠地计量。对已出租的土地使用权、已出租的建筑物，其作为投资性房地产的确认时点一般为租赁期开始日，即土地使用权、建筑物进入出租状态、开始赚取租金的日期。但对企业持有以备经营出租的空置建筑物，董事会或类似机构作出书面决议，明确表示将其用于经营出租且持有意图短期内不再发生变化的，即使尚未签订租赁协议，也应视为投资性房地产。"空置建筑物"是指企业新购入、自行建造或开发完工但尚未使用的建筑物，以及不再用于日常生产经营活动且经整理后达到可经营出租状态的建筑物。对持有并准备增值后转让的土地使用权，其作为投资性房地产的确认时点为企业将自用土地使用权停止自用，准备增值后转让的日期。

投资性房地产应当按照成本进行初始计量。

（一）外购投资性房地产的确认和初始计量

企业取得投资性房地产后，有两种计量模式可以选择，一是成本模式，二是公允价值模式。企业只有在符合一定条件时才可以以公允价值模式进行计量。

在采用成本模式计量下，外购的土地使用权和建筑物，按照取得时的实际成本进行初始计量，借记"投资性房地产"科目，贷记"银行存款"等科目。取得时的实际成本包括购买价款、相关税费和可直接归属于该资产的其他支出。企业购入的房地产，部分用于出租（或资本增值）、部分自用，用于出租（或资本增值）的部分应当予以单独确认的，应按照不同部分的公允价值占公允价值总额的比例将成本在不同部分之间进行分配。

在采用公允价值模式计量下，企业应当在"投资性房地产"科目下设置"成本"和"公允价值变动"两个明细科目，按照外购的土地使用权和建筑物发生的实际成本，记入"投资性房地产——成本"科目。

【例4-30】　20×9年5月，甲企业计划购入一栋写字楼用于对外出租。5月18日，甲企业与乙企业签订了经营租赁合同，约定自写字楼购买日起将这栋写字楼出租给乙企业，为期5年。6月5日，甲企业实际购入写字楼，支付价款共计85 000 000元。假设不考虑其他因素，甲企业采用成本模式进行后续计量。

甲企业的账务处理如下：

借：投资性房地产——写字楼	85 000 000
贷：银行存款	85 000 000

【例4-31】　沿用【例4-30】，假设甲企业购入用于出租的写字楼符合采用公允价值计量模式的条件，采用公允价值模式进行后续计量。

甲企业的账务处理如下：

借：投资性房地产——成本（写字楼）	85 000 000
贷：银行存款	85 000 000

（二）自行建造投资性房地产的确认和初始计量

自行建造投资性房地产，其成本由建造该项资产达到预定可使用状态前发生的必要支出构成。发生的成本先在"在建工程"科目的借方进行归集，达到预定可使用状态后，采用成本模式计量的，应按照确定的成本，借记"投资性房地产"科目，贷记"在建工程"或"开发产品"科目。采用公允价值模式计量的，应按照确定的成本，借记"投资性房地产——成本"科目，贷记"在建工程"或"开发产品"科目。

【例4-32】 20×8年1月，甲公司开始自行建造厂房，20×8年6月，甲公司与乙公司签订了经营租赁合同，将建造中的厂房租赁给乙公司使用。租赁合同约定，该厂房于完工（达到预定可使用状态）时开始起租。20×8年10月1日，厂房完工（达到预定可使用状态）。该厂房的实际造价均为2 000万元。假设甲企业采用成本计量模式。

甲企业的账务处理如下：

借：投资性房地产——厂房	20 000 000
贷：在建工程	20 000 000

二、投资性房地产的后续计量

投资性房地产后续计量，通常应当采用成本模式，只有满足特定条件的情况下才可以采用公允价值模式。但是，同一企业只能采用一种模式对所有投资性房地产进行后续计量，不得同时采用两种计量模式。

（一）采用成本模式进行后续计量的投资性房地产

采用成本模式进行后续计量的投资性房地产，应当按照《企业会计准则第4号——固定资产》或《企业会计准则第6号——无形资产》的有关规定，按期（月）计提折旧或摊销，借记"其他业务成本"等科目，贷记"投资性房地产累计折旧（摊销）"。取得的租金收入，借记"银行存款"等科目，贷记"其他业务收入"等科目。

【例4-33】 甲公司的一栋办公楼出租给乙公司使用，已确认为投资性房地产，采用成本模式进行后续计量。假设这栋办公楼的成本为2 400万元，按照直线法计提折旧，使用寿命为20年，预计净残值为零。按照经营租赁合同，乙企业每月支付甲企业租金20万元。甲企业的账务处理如下：

（1）计提折旧时：

每月计提的折旧：2 400÷20÷12=10（万元）

借：其他业务成本	100 000
贷：投资性房地产累计折旧（摊销）	100 000

（2）确认租金时：

借：银行存款（或其他应收款）	200 000
贷：其他业务收入	200 000

（二）采用公允价值模式进行后续计量的投资性房地产

企业有确凿证据表明其投资性房地产的公允价值能够持续可靠取得的，可以对投资性房地产采用公允价值模式进行后续计量。企业选择公允价值模式，就应当对其所有投资性房地产采用公允价值模式进行后续计量，不得对一部分投资性房地产采用成本模式进行后续计量,对另一部分投资性房地产采用公允价值模式进行后续计量。

采用公允价值模式计量的投资性房地产,应当同时满足下列条件:(1)投资性房地产所在地有活跃的房地产交易市场。所在地,通常指投资性房地产所在的城市。对于大中型城市,应当为投资性房地产所在的城区。(2)企业能够从活跃的房地产交易市场上取得的同类或类似房地产的市场价格及其他相关信息,从而对投资性房地产的公允价值作出合理的估计。

投资性房地产采用公允价值模式进行后续计量的,不计提折旧或摊销,应当以资产负债表日的公允价值计量。资产负债表日,投资性房地产的公允价值高于其账面余额的差额,借记"投资性房地产——公允价值变动"科目,贷记"公允价值变动损益"科目;公允价值低于其账面余额的差额作相反的账务处理。

【例4-34】 甲企业为从事房地产经营开发的企业。20×8年8月,甲公司与乙公司签订租赁协议,约定将甲公司开发的一栋精装修的写字楼于开发完成的同时开始租赁给乙公司使用,租赁期为10年。当年10月1日,该写字楼开发完成并开始起租,写字楼的造价为8 000万元。20×8年12月31日,该写字楼的公允价值为8 200万元。假设甲企业采用公允价值计量模式。

甲企业的账务处理如下:

(1)20×8年10月1日,甲公司开发完成写字楼并出租:

借:投资性房地产——成本　　　　　　　　　　　　　　　　　80 000 000
　　贷:开发成本　　　　　　　　　　　　　　　　　　　　　　　　80 000 000

(2)20×8年12月31日,按照公允价值为基础调整其账面价值,公允价值与原账面价值之间的差额计入当期损益:

借:投资性房地产——公允价值变动　　　　　　　　　　　　　2 000 000
　　贷:公允价值变动损益　　　　　　　　　　　　　　　　　　　2 000 000

(三)投资性房地产后续计量模式的变更

为保证会计信息的可比性,企业对投资性房地产的计量模式一经确定,不得随意变更。只有在房地产市场比较成熟、能够满足采用公允价值模式条件的情况下,才允许企业对投资性房地产从成本模式计量变更为公允价值模式计量。

成本模式转为公允价值模式的,应当作为会计政策变更处理,并按计量模式变更时公允价值与账面价值的差额,调整期初留存收益。已采用公允价值模式计量的投资性房地产,不得从公允价值模式转为成本模式。

三、投资性房地产的转换

投资性房地产的转换是指将投资性房地产转换为非投资性房地产,或者将非投资性房地产转换为投资性房地产,转换后该房地产的用途将发生变化。例如,将自用的房屋建筑物改为出租,或者将出租的房屋收回自用,房地产企业将开发的产品进行出租,或者将出租的产品收回用于出售等。

（一）投资性房地产转换为非投资性房地产

企业将原本用于赚取租金或资本增值的房地产改用于生产商品、提供劳务或者经营管理，投资性房地产相应地转换为固定资产或无形资产。例如，企业将出租的厂房收回，并用于生产本企业的产品。在此种情况下，转换日为房地产达到自用状态，企业开始将房地产用于生产商品、提供劳务或者经营管理的日期。

如果企业将成本模式计量的投资性房地产转换为自用房地产，那么应当按该项投资性房地产在转换日的账面余额、累计折旧或摊销、减值准备等，分别转入"固定资产"、"累计折旧"、"固定资产减值准备"等科目；按投资性房地产的账面余额，借记"固定资产"或"无形资产"科目，贷记"投资性房地产"科目；按已计提的折旧或摊销，借记"投资性房地产累计折旧（摊销）"科目，贷记"累计折旧"或"累计摊销"科目；原已计提减值准备的，借记"投资性房地产减值准备"科目，贷记"固定资产减值准备"或"无形资产减值准备"科目。

如果企业将采用公允价值模式计量的投资性房地产转换为自用房地产时，应当以其转换当日的公允价值作为自用房地产的账面价值，公允价值与原账面价值的差额计入当期损益。转换日，按该项投资性房地产的公允价值，借记"固定资产"或"无形资产"科目，按该项投资性房地产的成本，贷记"投资性房地产——成本"科目，按该项投资性房地产的累计公允价值变动，贷记或借记"投资性房地产——公允价值变动"科目，按其差额，贷记或借记"公允价值变动损益"科目。

（二）非投资性房地产转换为投资性房地产

（1）企业将非投资性房地产转换为投资性房地产，如果转换后采用成本模式对投资性房地产进行后续计量，可以根据转换的资产的类别不同进行不同的处理：

① 企业将作为存货的房地产转换为采用成本模式计量的投资性房地产，应当按该项存货在转换日的账面价值，借记"投资性房地产"科目，原已计提跌价准备的，借记"存货跌价准备"科目，按其账面余额，贷记"开发产品"等科目。

② 企业将自用土地使用权或建筑物转换为以成本模式计量的投资性房地产时，应当按该项建筑物或土地使用权在转换日的原价、累计折旧、减值准备等，分别转入"投资性房地产"、"投资性房地产累计折旧（摊销）"、"投资性房地产减值准备"科目，按其账面余额，借记"投资性房地产"科目，贷记"固定资产"或"无形资产"科目，按已计提的折旧或摊销，借记"累计摊销"或"累计折旧"科目，贷记"投资性房地产累计折旧（摊销）"科目，原已计提减值准备的，借记"固定资产减值准备"或"无形资产减值准备"科目，贷记"投资性房地产减值准备"科目。

（2）企业将非投资性房地产转换为投资性房地产，如果转换后采用公允价值模式对投资性房地产进行后续计量，可以根据转换的资产的类别不同进行不同的处理：

① 作为存货的房地产转换为投资性房地产。企业将作为存货的房地产转换为采用公允价值模式计量的投资性房地产，应当按该项房地产在转换日的公允价值入账，借记"投

资性房地产——成本"科目，原已计提跌价准备的，借记"存货跌价准备"科目；按其账面余额，贷记"开发产品"等科目。同时，转换日的公允价值小于账面价值的，按其差额，借记"公允价值变动损益"科目；转换日的公允价值大于账面价值的，按其差额，贷记"资本公积——其他资本公积"科目。当该项投资性房地产处置时，因转换计入资本公积的部分应转入当期损益。

② 自用房地产转换为投资性房地产。企业将自用房地产转换为采用公允价值模式计量的投资性房地产，应当按该项土地使用权或建筑物在转换日的公允价值，借记"投资性房地产——成本"科目，按已计提的累计摊销或累计折旧，借记"累计摊销"或"累计折旧"科目；原已计提减值准备的，借记"无形资产减值准备"、"固定资产减值准备"科目；按其账面余额，贷记"固定资产"或"无形资产"科目。同时，转换日的公允价值小于账面价值的，按其差额，借记"公允价值变动损益"科目；转换日的公允价值大于账面价值的，按其差额，贷记"资本公积——其他资本公积"科目。当该项投资性房地产处置时，因转换计入资本公积的部分应转入当期损益。

四、投资性房地产的处置

当投资性房地产被处置或者永久退出使用且预计不能从其处置中取得经济利益时，应当终止确认该项投资性房地产。

企业可以通过对外出售或转让的方式处置投资性房地产取得收益。对于那些由于使用而不断磨损直到最终报废，或者由于遭受自然灾害等非正常损失发生毁损的投资性房地产应当及时进行清理。此外，企业因其他原因，如非货币性交易等而减少投资性房地产也属于投资性房地产的处置。企业出售、转让、报废投资性房地产或者发生投资性房地产毁损，应当将处置收入扣除其账面价值和相关税费后的金额计入当期损益。

（一）采用成本模式计量的投资性房地产的处置

处置采用成本模式进行后续计量的投资性房地产时，应当按实际收到的金额，借记"银行存款"等科目，贷记"其他业务收入"科目；按该项投资性房地产的账面价值，借记"其他业务成本"科目，按其账面余额，贷记"投资性房地产"科目；按照已计提的折旧或摊销，借记"投资性房地产累计折旧（摊销）"科目；原已计提减值准备的，借记"投资性房地产减值准备"科目。

【例4-35】 甲公司将其出租的一栋写字楼确认为投资性房地产，采用成本模式计量。租赁期届满后，甲公司将该栋写字楼出售给乙公司，合同价款为200 000 000元，乙公司已用银行存款付清。出售时，该栋写字楼的成本为180 000 000元，已计提折旧30 000 000元。假设不考虑相关税费。

甲企业的账务处理如下：

借：银行存款　　　　　　　　　　　　　　　　　　　200 000 000
　　贷：其他业务收入　　　　　　　　　　　　　　　　200 000 000

借：其他业务成本	150 000 000	
投资性房地产累计折旧（摊销）	30 000 000	
贷：投资性房地产——写字楼		180 000 000

（二）采用公允价值模式计量的投资性房地产的处置

处置采用公允价值模式计量的投资性房地产，应当按实际收到的金额，借记"银行存款"等科目，贷记"其他业务收入"科目；按该项投资性房地产的账面余额，借记"其他业务成本"科目，按其成本，贷记"投资性房地产——成本"科目，按其累计公允价值变动，贷记或借记"投资性房地产——公允价值变动"科目。同时结转投资性房地产累计公允价值变动。若存在原转换日计入资本公积的金额，也一并结转。

【例 4-36】 20×1 年 4 月 1 日，甲公司将达到预定可使用状态的自行建造的厂房出租给乙公司，该写字楼的成本为 45 000 000 元，公允价值为 45 000 000 元。20×1 年 12 月 31 日，该项投资性房地产的公允价值为 48 000 000 元。20×2 年 6 月租赁期届满，企业收回该项投资性房地产，并以 55 000 000 元出售，出售款项已收讫。甲公司采用公允价值模式计量。

甲企业的账务处理如下：

（1）20×1 年 3 月 10 日，厂房达到预定可使用状态时：

借：投资性房地产——成本	45 000 000	
贷：在建工程		45 000 000

（2）20×1 年 12 月 31 日，公允价值变动时：

借：投资性房地产——公允价值变动	3 000 000	
贷：公允价值变动损益		3 000 000

（3）20×2 年 6 月，出售投资性房地产时：

借：银行存款	55 000 000	
公允价值变动损益	3 000 000	
贷：其他业务收入		58 000 000
借：其他业务成本	48 000 000	
贷：投资性房地产——成本		45 000 000
——公允价值变动		3 000 000

思考与练习

思考题

1. 企业的长期股权投资包括哪些内容？哪些长期股权投资适用于成本法核算？哪些长期股权投资适用于权益法核算？成本法与权益法核算各有什么特点？

2. 企业的固定资产包括哪些内容？固定资产应如何进行初始计量？固定资产的折旧应如何进行会计处理？

3. 企业的无形资产包括哪些内容？无形资产应如何进行初始计量？无形资产的摊销应如何进行会计处理？

4. 企业的投资性房地产包括哪些内容？投资性房地产应如何进行初始计量？投资性房地产后续计量有哪几种模式？各种模式下应如何进行会计处理？

练习题

一、单项选择题

1. 某企业购入一公司的 30% 的股份进行长期投资，采用权益法进行核算，购入时支付价款 120 000 元，同时支付相关税费 10 000 元，购入时被投资企业账面价值为 500 000 元（公允价值等于账面价值），则购入时长期股权投资的入账价值为（　　）元。

A. 120 000　　　　　　　　　　B. 130 000

C. 150 000　　　　　　　　　　D. 110 000

2. 某企业 20×1 年 12 月 31 日购入一台设备，入账价值 90 万元，预计使用年限 5 年，预计净残值 6 万元，按年数总和法计算折旧。该设备 20×3 年计提的折旧额为（　　）万元。

A. 16.8　　　　B. 21.6　　　　C. 22.4　　　　D. 24

3. 某企业出售一台设备（不考虑相关税金），原价 160 000 元，已提折旧 45 000 元，出售设备时发生各种清理费用 3 000 元，出售设备所得价款 113 000 元。该设备出售净收益为（　　）元。

A. −2 000　　　　　　　　　　B. 2 000

C. 5 000　　　　　　　　　　D. −5 000

4. 某企业以 350 万元的价格转让一项无形资产，适用的营业税税率为 5%。该无形资产原购入价 450 万元，预计使用寿命为 10 年，转让时已使用 4 年。不考虑减值准备及其他相关税费。企业在转让该无形资产时确认的净收益为（　　）万元。

A. 32.5　　　　B. 50　　　　C. 62.5　　　　D. 80

5. 某企业采用成本模式对投资性房地产进行后续计量，20×1年9月20日达到预定可使用状态的自行建造的办公楼对外出租，该办公楼建造成本为2 600万元，预计使用年限为25年，预计净残值为100万元。在采用年限平均法计提折旧的情况下，20×1年该办公楼应计提的折旧额为（　　）万元。

A. 0　　　　　　　B. 25　　　　　　　C. 100　　　　　　　D. 50

二、多项选择题

1. 投资企业与被投资企业存在（　　）关系时，投资方应采用权益法核算该长期股权投资。

A. 控制　　　　　　B. 重大影响　　　　C. 无重大影响　　　D. 共同控制

2. 下列各项中，影响固定资产折旧的因素有（　　）。

A. 预计净残值　　　　　　　　　B. 原价

C. 已计提的减值准备　　　　　　D. 使用寿命

3. 下列各项固定资产，应当计提折旧的有（　　）。

A. 闲置的固定资产

B. 单独计价入账的土地

C. 经营租出的固定资产

D. 已提足折旧仍继续使用的固定资产

4. 企业对使寿命有限的无形资产进行摊销时，其摊销额应根据不同情况分别计入（　　）。

A. 管理费用　　　　B. 制造费用　　　　C. 财务费用　　　　D. 其他业务成本

5. 关于投资性房地产的后续计量，下列说法中正确的有（　　）。

A. 企业通常应当采用成本模式对投资性房地产进行后续计量

B. 企业可以采用公允价值模式对投资性房地产进行后续计量

C. 企业应当采用一种模式对投资性房地产进行后续计量，不得同时采用两种计量模式

D. 企业可以同时采用两种计量模式对投资性房地产进行后续计量

三、业务处理题

1. 甲上市公司发生下列长期股权投资业务：

（1）20×1年1月3日，购入乙公司股票580万股，占乙公司有表决权股份的25%，对乙公司的财务和经营决策具有重大影响，甲公司采用权益法对长期股权投资核算。每股买入价8元。每股价格中包含已宣告但尚未发放的现金股利0.25元，另外支付相关税费7万元。款项均以银行存款支付。当日，乙公司所有者权益的账面价值（与其公允价值不存在差异）为18 000万元。

（2）20×1年3月16日，收到乙公司宣告分派的现金股利。

（3）20×1年度，乙公司实现净利润3 000万元。

（4）20×2年2月16日，乙公司宣告分派20×7年度股利，每股分派现金股利0.20元。

（5）20×2年3月12日，甲上市公司收到乙公司分派的20×7年度的现金股利。

(6) 20×3年1月4日，甲上市公司出售所持有的全部乙公司的股票，共取得价款5 200万元（不考虑长期股权投资减值及相关税费）。

要求：根据上述资料，编制甲上市公司长期股权投资的会计分录。

（"长期股权投资"科目要求写出明细科目，金额单位用万元表示）

2. 甲公司20×1年3月固定资产增减业务如下：

（1）购买一台设备供一车间使用，采用工作量法计提折旧。该设备原价60万元，预计总工作时数为20万小时，预计净残值为5万元。该设备20×1年4月工作量为4 000小时。

（2）厂部新办公楼交付使用，采用平均年限法计提折旧。该办公楼原价620万元，预计使用年限20年，预计净残值20万元。

（3）公司总部的一辆轿车使用期满予以报废。该轿车原价37万元，预计使用年限6年，净残值1万元，采用平均年限法计提折旧。

假定20×1年4月未发生固定资产增减业务，不考虑其他固定资产的折旧。

要求：（1）计算甲公司20×1年4月应计提的折旧额；

（2）编制甲公司20×1年4月计提折旧的会计分录。

（金额单位用万元表示。）

3. 甲上市公司自行研究开发一项专利技术，与该项专利技术有关的资料如下：

（1）20×1年1月，该项研发活动进入开发阶段，以银行存款支付的开发费用280万元，其中满足资本化条件的为150万元。20×1年7月1日，开发活动结束，并按法律程序申请取得专利权，供企业行政管理部门使用。

（2）该项专利权法律规定有效期为5年，采用直线法摊销。

（3）20×1年12月1日，将该项专利权转让，实际取得价款为160万元，应交营业税8万元，款项已存入银行。

要求：（1）编制甲上市公司发生开发支出的会计分录。

（2）编制甲上市公司转销费用化开发支出的会计分录。

（3）编制甲上市公司形成专利权的会计分录。

（4）计算甲上市公司20×1年7月专利权摊销金额并编制会计分录。

（5）编制甲上市公司转让专利权的会计分录。

（会计分录涉及的科目要求写出明细科目，金额单位用万元表示）

4. 长江房地产公司（以下简称长江公司）于20×1年1月1日将一幢商品房对外出租并采用公允价值模式计量，租期为3年，每年12月31日收取租金100万元，出租时，该幢商品房的成本为2 000万元，公允价值为2 200万元，20×1年12月31日，该幢商品房的公允价值为2 150万元，20×2年12月31日，该幢商品房的公允价值为2 120万元，20×3年12月31日，该幢商品房的公允价值为2 050万元，20×4年1月5日将该幢商品房对外出售，收到2 080万元存入银行。

要求：编制长江公司上述经济业务的会计分录（假定按年确认公允价值变动损益和确认租金收入）。

第五章

负　债

【内容提要】

负债是企业的会计要素之一，包括流动负债和非流动负债。流动负债主要包括短期借款、应付票据、应付账款、预收账款、应付职工薪酬、应交税费、应付股利、其他应付款等；非流动负债主要包括长期借款、应付债券、长期应付款等，本章主要介绍企业负债的含义、应设置的主要会计科目及主要账务处理。

【教学要点】

本章的教学要点包括流动负债中短期借款的核算、应付票据的核算、应付账款的核算、应付职工薪酬的核算及应交税费的核算；非流动负债中重点掌握长期借款的核算。

第一节　负债的概念与分类

一、负债的概念

负债实质上是债权人对企业资产提出的一种要求权。我国《企业会计准则——基本准则》将负债定义为：负债是企业过去的交易或者事项形成的、预期会导致经济利益流出企业的现时义务。企业是否将一项现时义务确认为负债，不仅需要符合上述负债的定义，而且还需要同时满足以下两个条件：（1）与该义务有关的经济利益很可能流出企业；（2）经济利益流出的金额能够可靠地计量。

负债具有以下几个基本特点：

（1）负债是现时存在的、由过去已经完成的经济业务所形成的一种义务。例如，企业向银行借款、企业赊购商品等业务产生的负债。未来经济业务可能产生的经济责任，不是企业会计上的负债。

（2）负债是一项可计量的债务，它有确切的或可确切估计的金额。如果金额无法准确计量或合理估计就不是会计上的负债。

（3）负债是企业在将来要以转移资产或者提供劳务等方式予以清偿的义务。负债可以采用支付现金或非现金商品，或其他资产、提供劳务等方式偿还。负债有明确的或可以合理估计的受款人和偿付日期。

二、负债的分类

负债可以按照不同的特点和标准作如下分类：

（1）负债按照偿付期限的长短可分为流动负债和非流动负债。流动负债是指将于一年或超过一年的一个营业周期内偿还的债务。它包括短期借款、应付票据、应付账款、预收账款、应付职工薪酬、应交税费、应付股利、其他应付款和一年内到期的长期负债等。流动负债大部分是由于企业经营活动中的结算关系形成的，如应付票据、应付账款、预收账款等；但有些却是借贷关系形成的，如短期借款；也有一些是利润分配形成的，如应付股利等。非流动负债是指偿还期在一年或者超过一年的一个营业周期以上的负债，主要包括长期借款、应付债券、长期应付款等。长期负债大部分是由融资活动引起的借贷关系形成的。

（2）负债按其确定性大小可以分为确定性负债和不确定性负债。确定性负债是指企业必须根据合同或其他规定到期偿还一定金额给债权人的债务。确定性负债又分为：应付时间和金额确定的负债，如应付票据、应付利息、应付债券等；应付金额固定，但付款时间需要估计的负债，如应付账款、应交税费等；付款时间和付款金额都需要估计的负债，如产品质量担保债务等。不确定性负债，也称或有负债，是指企业现时存在的一种潜在负债，是基于法令、契约、承诺或惯例而隐含的有可能发生的负债，如贴现的商业承兑汇票、未决诉讼等。

（3）按负债偿还的方式，可分为货币性负债和非货币性负债。货币性负债是指企业将以货币偿付的债务，如短期借款、应付利息等；非货币性负债是指企业将以实物或劳务偿还的债务，如预收账款等。

第二节　流动负债

一、短期借款的核算

短期借款是指企业向银行或其他金融机构等借入的期限在一年以下（含一年）的各种借款。短期借款通常是企业为维持正常生产经营所需资金而借入的款项，与长期借款相比，短期借款具有借款期限相对较短、利息费用相对较低、借款手续相对简便等特点。我国目前的短期借款主要有生产周期借款、临时借款和结算借款等。

1. 短期借款核算应设置的主要会计科目

企业应设置"短期借款"科目，反映和监督短期借款的取得和归还情况，该科目的贷方登记取得的短期借款（本金），借方登记归还的短期借款（本金），期末贷方余额表示尚未归还的短期借款（本金）。该科目按债权人设置明细账，并按借款种类进行明细分类核算。

2. 短期借款核算的主要账务处理

短期借款的核算主要包括借款取得、期末计息和到期还本三个环节。公司借入的各种短期借款，借记"银行存款"科目，贷记本科目；归还借款时，借记本科目，贷记"银行存款"科目。

短期借款的利息一般按季度在季末结算支付借款利息，每季度的前两个月不支付利息，但是按照权责发生制原则，每月末应预提当月应负担的利息费用。发生的短期借款利息，借记"财务费用"科目，贷记"应付利息"、"银行存款"等科目。

【例 5-1】　某企业 20×× 年 4 月 1 日从银行取得为期 3 个月的用于生产经营用的短期借款 100 000 元，年利率为 6%。借款合同约定本金到期一次归还，利息按季结算支付。账务处理如下：

（1）4 月 1 日取得借款时：

借：银行存款	100 000
贷：短期借款	100 000

（2）4 月 30 日，月末预提借款利息时：

借：财务费用	500
贷：应付利息	500

（应付利息＝100 000×6%÷12＝500（元））

（3）5月31日，月末预提借款利息时：

借：财务费用 500
  贷：应付利息 500

（4）6月末支付本季度银行借款利息时：

借：应付利息 1 000
  财务费用 500
  贷：银行存款 1 500

6月末，归还短期借款本金时：

借：短期借款 100 000
  贷：银行存款 100 000

或者6月末归还短期借款本息时只需要做一笔会计分录：

借：短期借款 100 000
  应付利息 1 000
  财务费用 500
  贷：银行存款 101 500

二、应付票据的核算

应付票据是指企业在商品购销活动中由于采用商业汇票结算方式而发生的，由收款人或付款人（或承兑申请人）签发，承兑人承兑的票据。商业汇票由银行承兑的称为银行承兑汇票，商业汇票由除银行外的承兑人承兑的称为商业承兑汇票。我国商业汇票的付款期限不超过6个月，因此，将应付票据归于流动负债进行管理和核算。商业汇票按是否带息分为带息票据和不带息票据，我国实际工作中常用的商业汇票为不带息票据。

1. 应付票据核算应设置的主要科目

企业应设置"应付票据"科目，核算公司购买材料、商品和接受劳务供应等而开出、承兑以及支付的商业汇票。该科目的贷方登记承兑商业汇票的面值和应付利息，借方登记支付的票据面值和应付利息，期末贷方余额表示尚未支付的票据面值和应付利息。

为了加强对应付票据的管理，企业应设置"应付票据备查簿"，详细登记每一应付票据的种类、号数、签发日期、到期日、票面金额、票面利率、合同交易号、收款人姓名或单位名称以及付款日期和金额等资料。应付票据到期结清时，应在备查簿内逐笔注销。

2. 应付票据核算的主要账务处理

应付票据的主要业务包括开出、承兑商业汇票及商业汇票到期支付或注销。公司开出、承兑商业汇票时，借记"在途物资"、"原材料"、"库存商品"、"应交税费——应交增值税（进项税额）"等科目，贷记本科目。承兑商业汇票到期有能力支付票据款时，借记本科目，贷记"银行存款"科目。如果企业无力支付票据款，由于票据已到期失效，应借记本科目，贷方科目应根据不同承兑人分别处理：如果是银行承兑汇票，承兑银行代为支付票据款，并将其转为付款人的借款，则贷记"短期借款"科目；支付银行承兑汇票的手续费，借记"财务费用"科目，贷记"银行存款"科目；如果是商业承兑汇票，则将票据款转为应付供应单位的欠款，贷记"应付账款"科目。

【例5-2】 甲企业于3月1日购买材料一批，增值税专用发票注明材料价款为200 000元，增值税为34 000元，甲企业开出、承兑一张为期3个月、面值为234 000元的商业承兑汇票用来结算货款。账务处理如下：

（1）购买材料开出商业承兑汇票时：

借：在途物资   200 000
　　应交税费——应交增值税（进项税额）   34 000
　　　贷：应付票据   234 000

（2）票据到期，企业支付票据面值时：

借：应付票据   234 000
　　　贷：银行存款   234 000

（3）票据到期，若企业无力偿还票款时：

借：应付票据   234 000
　　　贷：应付账款   234 000

（4）如果该企业签付的是银行承兑汇票，支付银行手续费234元，到期企业无力支付票据款时：

支付银行手续费：

借：财务费用   234
　　　贷：银行存款   234

企业无力付款，银行代为支付票据款：

借：应付票据   234 000
　　　贷：短期借款   234 000

三、应付账款的核算

应付账款是指企业因购买材料、商品或接受劳务等业务应支付给供应单位的款项。应付账款是由于在购销活动中买卖双方取得物资与支付货款在时间上的不一致而产生的负债。企业其他的应付款项，如应付赔偿款、应付租金、存入保证金等，不属于应付账款的核算内容。应付账款一般按业务发生时的未来应付金额入账，如果购买资产或接受劳务时产生的应付款项是带有现金折扣的，则按发票上记载的应付金额总值记账，如果在折扣期内支付货款取得了现金折扣则直接冲减当期的"财务费用"。

对于应付账款还有可能涉及债务重组，本书不予以涉及。请参看《企业会计准则——债务重组》。

1. 应付账款核算应设置的主要会计科目

企业应设置"应付账款"科目，反映和监督企业应付账款的发生及偿还情况。该科目的贷方登记企业购买材料、商品及接受劳务应付但尚未付的款项；借方登记偿还的应付（账）款；期末贷方余额表示尚未支付的应付（账）款。该科目应按照债权单位设置明细账，进行明细分类核算。

2. 应付账款主要的账务处理

公司购入材料、商品等验收入库，但货款尚未支付，根据有关凭证（发票账单等），借记"在途物资"、"原材料"、"库存商品"、"应交税费——应交增值税（进项税额）"等科目，贷记本科目；企业接受供应单位提供劳务而发生的应付但尚未支付的款项，借记"制造费用"、"管理费用"等有关成本费用科目，贷记本科目；企业偿付应付账款时，借记本科目，贷记"银行存款"科目。企业开出、承兑商业汇票抵付购货款时，借记本科目，贷记"应付票据"科目。企业的应付账款，因对方单位发生变故确实无法支付时，报经有关部门批准后，可视同企业经营业务以外的一项额外收入，借记本科目，贷记"营业外收入"科目。

【例5-3】 甲企业3月3日向乙公司购进材料一批，取得增值税专用发票上注明价款36 000元，税额6 120元，材料已运到并已验收入库，款项尚未支付。3月20日甲企业开出转账支票支付货款。账务处理如下：

（1）3月3日材料验收入库，款项尚未支付时：

借：原材料	36 000
应交税费——应交增值税（进项税额）	6 120
贷：应付账款——乙公司	42 120

（2）3月20日偿还应付账款时：

借：应付账款——乙公司	42 120
贷：银行存款	42 120

（3）如果该笔应付账款因乙公司注销不需偿还时：

借：应付账款——乙公司	42 120
贷：营业外收入	42 120

四、预收账款的核算

预收账款是企业按照购销合同的规定，在未提供商品或劳务的情况下而向购货方预先收取的款项。预收账款虽然表现为货币资金的增加，但并不是企业的收入，其实质是一项负债，要求企业在短期内以某种商品、提供劳务或服务来偿付。例如，预收销售货款，预收房屋租金，预收报纸杂志订阅费等。预收账款既是企业的一项流动负债，又是一项未实现收入；将来向购货方提供商品或劳务时，一方面减少（偿还）负债，另一方面确认收入。

预收账款应按实际收到的款项入账。企业收到购货方预付的款项时，借记"银行存款"科目，贷记"预收账款"科目；待发出商品或提供劳务并符合收入实现条件时，借记"预收账款"科目，贷记"主营业务收入"科目。

在实际工作中，对于预收账款业务不多的企业，也可以不设置"预收账款"科目，而将预收的款项直接记入"应收账款"科目的贷方。但是，在编制财务报表时，应根据"应收账款"科目的明细账进行分析填列，将属于预收账款的金额填列在流动负债中。

1. 预收账款核算应设置的主要会计科目

企业应设置"预收账款"科目反映和监督企业预收货款的情况，该科目贷方登记预收的货款和补收的货款，借方登记发出商品或提供劳务的销售收入和退回多收的货款；期末余额如果在贷方表示尚未付出产品的预收货款，期末余额在借方表示少收应收的款项。该科目按购货单位设置明细账进行明细分类核算。

如果企业的预收货款业务不多，也可以不设置"预收账款"科目，而是将预收的货款直接记入"应收账款"科目核算预收款项的预收和偿付。

2. 预收账款主要的账务处理

企业向购货单位预收货款时，借记"银行存款"科目，贷记"预收账款"科目；发出商品或提供劳务销售实现时，按售价借记本科目，贷记"主营业务收入"等科目；退回多预收的货款，借记本科目，贷记"银行存款"科目；购货单位补付的货款，借记"银行存款"科目，贷记本科目。

【例5-4】 2014年9月10日甲公司预收乙公司货款30 000元（购买A产品）。9月28日，甲公司将A产品发出，A产品售价为40 000元，增值税为6 800元，冲回预收货款30 000元，不足部分由购货方补付。甲公司账务处理如下：

（1）9月10日预收货款时：

借：银行存款		30 000
贷：预收账款——乙公司		30 000

（2）9月28日发出产品销售实现时：

借：预收账款——乙公司		46 800
贷：主营业务收入		40 000
应交税费——应交增值税（销项税额）		6 800

（3）购货单位乙公司补付货款时：

借：银行存款		16 800
贷：预收账款——乙公司		16 800

如果甲公司不设置"预收账款"科目，而将预收款业务通过"应收账款"科目核算。则相应的账务处理为：

（1）9月10日预收货款时：

借：银行存款   30 000
    贷：应收账款——乙公司   30 000

（2）9月28日发出产品销售实现时：

借：应收账款——乙公司   46 800
    贷：主营业务收入   40 000
      应交税费——应交增值税（销项税额）   6 800

（3）购货单位补付货款时：

借：银行存款   16 800
    贷：应收账款——乙公司   16 800

五、应付职工薪酬

职工薪酬，是指企业为获得职工提供的服务或解除劳动关系而给予各种形式的报酬或补偿。职工薪酬包括短期薪酬、离职后福利、辞退福利和其他长期职工福利。企业提供给职工配偶、子女、受赡养人、已故员工遗属及其他受益人等的福利，也属于职工薪酬。

上述职工包括：（1）与企业订立劳动合同的所有人员（全职、兼职、临时职工）；（2）未订立劳动合同但由企业正式任命的人员；（3）未订立合同或未由其任命但向企业所提供服务与职工所提供服务类似的人员。

短期薪酬包括：（1）职工工资、奖金、津贴和补贴；（2）职工福利费；（3）医疗保险费、工伤保险费和生育保险费等社会保险费；（4）住房公积金；（5）工会经费和职工教育经费；（6）短期带薪缺勤；（7）短期利润分享计划；（8）非货币性福利；（9）其他短期薪酬。

1. 应付职工薪酬核算应设置的主要会计科目

企业应设置"应付职工薪酬"科目，核算企业应付给职工的各项薪酬。该科目的贷方记录企业已分配计入有关成本费用项目的职工薪酬数额，借方记录企业实际发放的及代扣的职工薪酬数额等；期末余额在贷方，表示应付而未付的职工薪酬。该科目应分别设置"工资、职工福利、社会保险费、住房公积金、工会经费、职工教育经费、非货币性福利"等明细科目进行明细分类核算。

2. 应付职工薪酬主要的账务处理

应付职工薪酬主要的经济业务包括职工薪酬的分配、支付及应从工资中代扣各类款项等。企业按权责发生制原则应于月末计算当期应付给职工的各项薪酬，并按照谁受益谁负担的原则进行分配，将当期的发生职工薪酬计入相关的资产成本或费用。根据受益对象分配职工薪酬时，贷记本科目，借方科目根据应付职工薪酬的受益对象确定，一般来讲生产部门人员的薪酬，借记"生产成本"、"制造费用"、"劳务成本"等；管理人员、销售部门的职工薪酬，借记"管理费用"、"销售费用"等；在建工程、研发支出负担的职工薪酬，借记"在建工程"、"研发支出"等。企业向职工支付工资、奖金、津贴、福利费时，借记本科目，贷记"银行存款"、"库存现金"、"主营业务收入"等。从应付职工薪酬中代扣应由职工个人负担的社会保险费、住房公积金、个人所得税等各种扣款时，借记本科目，贷记"其他应付款"、"应交税费——应交个人所得税"等科目。支付工会经费和职工教育经费用于工会活动或职工培训，借记本科目，贷记"银行存款"等科目；按国家规定交纳应由企业负担的社会保险和住房公积金，借记本科目，贷记"银行存款"科目。

【例5-5】 甲企业12月结算本月应付职工工资总额450 000元，其中生产A产品工人工资200 000元，生产B产品工人工资100 000元，车间管理人员工资40 000元，厂部行政管理人员工资60 000元，基建工程人员工资50 000元。代扣应由个人负担的社会保险费和住房公积金85 045元，代扣个人所得税11 200元。通过银行支付应付职工工资。

（1）月末分配职工工资时：

借：生产成本——A产品	200 000
——B产品	100 000
制造费用	40 000
管理费用	60 000
在建工程	50 000
贷：应付职工薪酬	450 000

（2）结转代扣应由个人负担的社会保险费和住房公积金时：

借：应付职工薪酬	85 045
贷：其他应付款	85 045

（3）代扣个人所得税时：

借：应付职工薪酬	11 200
贷：应交税费——应交个人所得税	11 200

（4）用银行存款支付职工工资353 755元。其会计处理如下：

借：应付职工薪酬	353 755
贷：银行存款	353 755

六、应交税费

企业在日常生产经营活动中应按国家税收法律规定承担纳税义务，交纳各项税费，这些税费在产生纳税义务而实际尚未交纳前就形成了企业的一项负债。企业根据税法规定应交纳的各种税费包括：增值税、消费税、营业税、城市维护建设税、资源税、企业所得税、土地增值税、房产税、车船税、土地使用税、教育费附加、印花税、耕地占用税、契税、车辆购置税等。

企业应设置"应交税费"科目反映各项税费的形成和交纳情况。该账户贷方记录应交纳的各种税费；借方记录实际交纳的和可抵扣的税费；期末余额一般在贷方，反映尚未交纳的税费；期末如为借方余额，反映企业多交的或尚未抵扣的税费。该账户按税费种类设明细账进行明细分类核算。

企业交纳的印花税、契税、耕地占用税等不需要预计应交数的税金，一般不通过本账户核算。

（一）应交增值税

1. 增值税基本原理

增值税是就货物和应税劳务的增值部分征收的一种税。在我国境内销售货物或提供加工、修理修配劳务、提供应税服务以及进口货物的单位和个人，为增值税的纳税义务人。其中销售的货物是指有形动产的货物；提供应税服务是指营业税改征增值税的交通运输业、邮电业、研发和技术服务、信息技术服务、文化创意服务、物流辅助服务、有形动产租赁服务、鉴证咨询服务、广播影视服务等部分现代服务业劳务；以及转让专利权、非专利技术、商标权、著作权、商誉等无形资产。纳税人按其经营规模及会计核算健全与否划分为一般纳税人和小规模纳税人。

（1）一般纳税人采用税款抵扣制计算当期应纳增值税，即当期应交纳的增值税税额等于当期销项税额减去可以抵扣的进项税额。

销项税额是纳税人销售货物或提供应税劳务和应税服务，按照销售额或提供应税劳务和应税服务收入与规定税率计算并向购买方收取的增值税税额。其计算方法为：销项税额＝不含税销售额×税率。因为增值税是一种价外税，即货物价格中不含增值税税款，如销售额为含税价，则需换算为不含税销售额计算销项税额，不含税销售额＝含税销售额÷（1＋增值税税率）。

增值税的税率为17%基本税率，部分货物适用13%的优惠税率，提供交通运输服务、邮政服务适用11%税率、除有形动产租赁服务之外的提供现代服务业服务适用6%的税率。

进项税额是纳税人购进货物、接受应税劳务和应税服务所支付或负担的增值税税额，它与销售方收取的销项税额相对应。法定扣税凭证上注明的增值税税额，并符合税法抵扣规定条件，才可以作为进项税额抵扣。法定扣税凭证包括从销售方取得的增值税专用发票上注明的增值税税额（含货物运输业专用发票）、从海关取得的进口增值税专用交款书注明的增值税税额以及接受境外单位和个人提供的应税服务，从税务机关或境内代理人取得的税收交款凭证。

（2）小规模纳税人销售货物或提供应税劳务，实行简易办法计算应纳税额，按照销售额的一定比例计算，简易征收率一般为3%。小规模纳税人的销售额不包括其应纳税额。采用销售额和应纳税额合并定价方法的，按照公式"销售额＝含税销售额÷（1＋征收率）"还原为不含税销售额计算。小规模纳税人购入货物无论是否取得增值税专用发票，其支付的增值税税额均不计入进项税额，而计入购入货物的成本。其他企业从小规模纳税企业购入货物或接受劳务支付的增值税税额，如果不能取得增值税专用发票，也不能作为进项税额抵扣，而应计入购入货物或应税劳务的成本。

2. 应交增值税核算应设置的主要会计科目

应交的增值税是在"应交税费"科目下设置"应交增值税"明细科目进行核算。"应交增值税"明细科目的借方记录企业购进货物或接受应税劳务支付的增值税进项税额、实际预交的增值税、转出未交增值税等;贷方记录销售货物或提供应税劳务应交纳的增值税销项税额、出口货物退税、转出不得抵扣的增值税进项税额、转出多交增值税等。该账户作为负债类账户期末余额比较特殊,由于期末将未交或多交的增值税都转出去了,所以期末余额一般在借方,反映企业尚未抵扣的增值税。由于增值税的业务比较复杂,为了更详细地反映增值税的有关经济业务,通常在"应交税费——应交增值税"科目下还设置九栏三级明细科目,借方设置"进项税额"、"已交税金"、"转出未交增值税"、"减免税款"四栏,贷方设置"销项税额"、"出口退税"、"进项税额转出"、"出口抵减内销产品应纳税额"、"转出多交增值税"五栏。

但是,小规模纳税人只需设置"应交增值税"明细科目,不需要在"应交增值税"明细科目中设置上述三级专栏。

此外,增值税一般纳税人企业还应在"应交税费"科目下设置"未交增值税"明细科目,核算企业多交或欠交的增值税,该账户借方记录实际交纳的以前月份的增值税,以及月份终了从"应交税费——应交增值税(转出多交增值税)"科目转入的当月已交的增值税,贷方记录月份终了从"应交税费——应交增值税(转出未交增值税)"科目转入的当月未交的增值税。该账户期末余额如果在贷方,反映企业应交未交的增值税,期末余额如果在借方,反映企业多交的增值税。设置该账户的目的是为了分别反映增值税一般纳税人企业欠交增值税款和待抵扣增值税的情况,确保企业及时足额上交增值税,避免出现企业用以前月份欠交增值税抵扣以后月份未抵扣增值税的情况。

3. 应交增值税主要的账务处理

对于增值税,一般纳税人和小规模纳税人的账务处理不同,而且一般纳税人的账务处理比较复杂。

一般纳税人增值税的主要经济业务包括增值税销项税额的确认计算、增值税进项税额的抵扣、不得抵扣的进项税额的转出、期末转出多交或未交的增值税、实际交纳增值税等。小规模纳税人由于采用简易征收办法计算增值税,所以经济业务也比较简单,就是确认计算增值税和实际交纳增值税。

一般纳税人销售货物、提供增值税应税劳务等纳税义务发生时,借记"银行存款"、"应收账款"等科目,贷记"应交税费——应交增值税(销项税额)"、"主营业务收入"、"其他业务收入"等科目;因购进货物或接受增值税应税劳务支付的允许抵扣的增值税进项税额时,借记"应交税费——应交增值税(进项税额)"、"原材料"、"固定资产"、"生产成本"等科目,贷记"银行存款"、"应付账款"等科目;月末结转当月未交的增值税时,借记"应交税费——应交增值税(转出未交增值税)",贷记"应交税费——未交增值税",月末结转当月预交多交的增值税时,借记"应交税费——未交增值税",贷记"应交税费——应交增值税(转出多交增值税)"。增值税的交纳也要区分情况,当月预交当月应交增值税时,借记"应交税费——应交增值税(已交税金)"、贷记"银行存款";上交以前月份应交未交增值税时,借记"应交税费——未交增值税",贷记"银行存款"。

【例5-6】 甲公司2014年10月发生以下经济业务：

（1）向乙公司销售一批产品，货款为300 000元（不含增值税），但尚未收到，已办妥托收手续，适用增值税税率为17%。

借：应收账款——乙公司	351 000
贷：主营业务收入	300 000
应交税费——应交增值税（销项税额）	51 000

（2）用银行存款交纳上月应交未交增值税56 000元。

借：应交税费——未交增值税	56 000
贷：银行存款	56 000

（3）购入一批材料，取得的增值税专用发票上注明的原材料价款为100 000元，增值税税额为17 000元，发票等结算凭证已收到，货款已经支付，但材料尚未到达。

借：在途物资	100 000
应交税费——应交增值税（进项税额）	17 000
贷：银行存款	117 000

（4）月末结转本月未交增值税34 000元

借：应交税费——应交增值税（转出未交增值税）	34 000
贷：应交税费——未交增值税	34 000

小规模纳税人购入货物无论是否取得增值税专用发票，其支付的增值税税额均不计入进项税额，而计入购入货物的成本，小规模纳税人销售货物或提供应税劳务产生纳税义务时，借记"银行存款"、"应收账款"等科目，贷记"应交税费——应交增值税"、"主营业务收入"、"其他业务收入"等科目。实际交纳增值税时，借记"应交税费——应交增值税"科目，贷记"银行存款"科目。

【例5-7】 丙公司为小规模纳税企业，适用的增值税税率为3%。该企业2014年2月购入原材料一批，取得增值税专用发票上记载的价款为10 000元，增值税税额为1 700元，材料已验收入库，货款尚未支付。当月销售产品一批，含税售价为77 250元，货款尚未收到。

（1）购进原材料时：

借：原材料	11 700
贷：应付账款	11 700

（2）销售货物时：

应交增值税 = 77 250 ÷ (1 + 3%) × 3% = 2 250（元）

借：应收账款	77 250
贷：主营业务收入	75 000
应交税费——应交增值税	2 250

（二）应交消费税

1. 消费税基本原理

消费税是对在我国境内从事生产、委托加工和进口应税消费品的单位和个人就其应税消费品征收的一种税。消费税属于价内税，在应税消费品的生产、委托加工、进口或零售指定环节一次性交纳，其他环节不再交纳。从消费税的征收目的出发，目前应税消费品征税范围包括 14 类货物，即烟、酒及酒精、化妆品、贵重首饰及珠宝玉石、鞭炮烟火、成品油、汽车轮胎、小汽车、摩托车、高尔夫球及球具、高档手表、游艇、木制一次性筷子及实木地板 14 个税目。

消费税的计税方法有三种，从价定率征收、从量定率和复合计税（白酒、卷烟）。大部分应税消费品采用实行从价定率办法计征消费税，应纳税额的税基为销售额，其计算公式为：应纳税额 = 销售额 × 税率，这里的销售额是不含增值税的，如果企业应税消费品的销售额中含有增值税，在计算消费税时，应换算为不含增值税的销售额。啤酒、黄酒、成品油三个税目实行从量定率办法计征消费税，计算公式为：应纳税额 = 销售数量 × 单位税额；白酒和卷烟适用复合计税办法，计算公式为：应纳税额 = 销售额 × 比例税率 + 销售数量 × 单位税额

2. 应交消费税核算应设置的主要会计科目

企业应在"应交税费"科目下设置"应交消费税"明细科目来核算应交纳的消费税。"应交税费——应交消费税"科目的借方记录企业实际交纳和可以抵扣的消费税，贷方记录应交而未交的消费税，期末余额如果在贷方，表示尚未交纳的消费税，如果在借方，表示多交或待扣的消费税。

3. 应交消费税主要的账务处理

企业将生产的应税消费品直接对外销售的，按规定计算应交的消费税，借记"营业税金及附加"科目，贷记"应交税费——应交消费税"科目。如果用应税消费品捐赠、对外投资，或用于在建工程等其他方面，按规定应交纳的消费税，应计入有关资产的成本，借记"营业外支出"、"长期股权投资"、"在建工程"等科目，贷记"应交税费——应交消费税"。实际交纳消费税时，借记"应交税费——应交消费税"科目，贷记"银行存款"科目。

【例 5 - 8】 甲企业为增值税一般纳税人，销售应纳消费税产品的售价为 20 万元（不含增值税），增值税税率为 17%，消费税税率为 10%。产品已发出，款项已收到。

应交增值税销项税额 = 200 000 × 17% = 34 000（元）

应交消费税 = 200 000 × 10% = 20 000（元）

（1）销售商品确认收入时：

借：银行存款	234 000
贷：主营业务收入	200 000
应交税费——应交增值税（销项税额）	34 000

（2）计提应交消费税时：

借：营业税金及附加	20 000	
贷：应交税费——应交消费税		20 000

（3）实际交纳应交消费税时：

借：应交税费——应交消费税	20 000	
贷：银行存款		20 000

（三）应交营业税

1. 营业税的基本原理

营业税是以在我国境内提供应税劳务、转让无形资产或销售不动产所取得的营业额为课税对象而征收的一种商品劳务税。其中，应税劳务包括建筑业、金融保险业、文化体育业、娱乐业及服务业劳务；转让无形资产由于"营改增"，目前只有转让土地使用权交纳营业税；销售的不动产是指不能移动，移动后会引起性质、形态改变的财产，如房屋、建筑物。营业税的计税依据为纳税义务人提供劳务、转让无形资产或者销售不动产取得的营业收入。计算公式为：

$$应纳税额 = 营业收入 \times 税率$$

2. 应交营业税应设置的主要会计科目

企业在"应交税费"科目下设置"应交营业税"明细科目核算应交纳的营业税。"应交营业税"明细科目的借方登记企业实际交纳的营业税，贷方登记按规定应交而未交的营业税，期末余额一般在贷方，反映尚未交纳的营业税。

3. 应交营业税主要的账务处理

企业提供应税劳务、转让无形资产应交的营业税，借记"营业税金及附加"等科目，贷记"应交税费——应交营业税"科目。企业销售不动产应交的营业税记入固定资产清理科目，借记"固定资产清理"科目，贷记"应交税费——应交营业税"科目。房地产开发企业销售房屋，属于房地产开发企业销售其产品，所以应交营业税应借记"营业税金及附加"科目。实际交纳营业税时，借记"应交税费——应交营业税"科目，贷记"银行存款"科目。

【例5-9】 某酒店2014年6月实现营业收入300 000元，营业税税率为5%。

（1）确认劳务收入时：

借：银行存款	300 000	
贷：主营业务收入		300 000

（2）确认营业税时：

应交营业税 = 300 000 × 5% = 15 000（元）

借：营业税金及附加	15 000	
贷：应交税费——应交营业税		15 000

（3）实际交纳营业税时：

借：应交税费——应交营业税　　　　　　　　　　　　　　　　15 000
　　贷：银行存款　　　　　　　　　　　　　　　　　　　　　　　　　15 000

（四）应交城市维护建设税和教育费附加

1. 城市维护建设税和教育费附加的基本原理

城市维护建设税是对从事工商经营交纳增值税、消费税、营业税的单位和个人征收的一种税，具有附加税性质，专门用于城市的公用事业和公共设施的维护建设。城市维护建设税以纳税人实际交纳的增值税、消费税和营业税为计征依据，本身没有特定的、独立的征税对象。适用税率根据纳税人所在地区分别为所在地区为市区的7%、所在地区为县城、镇的5%、所在地区不在市区、县城、镇的1%。计算公式为，应纳税额＝实际交纳的（增值税＋消费税＋营业税税额）×适用税率。

教育费附加是国家为扶持教育事业发展，计征用于教育的政府性基金。凡交纳增值税、消费税、营业税的单位和个人，都是教育费附加的交纳人。也是以纳税人实际交纳的增值税、消费税和营业税为计征依据，征收率为3%和2%的地方教育费附加。

2. 应交城市维护建设税和教育费附加应设置的主要会计科目

企业在"应交税费"科目下分别设置"应交城市维护建设税"和"应交教育费附加"明细科目。明细科目的借方登记企业实际交纳的城建税和教育费附加，贷方登记应交未交的城建税和教育费附加，期末余额一般在贷方，反映尚未交纳的城建税和教育费附加。

3. 应交城市维护建设税和教育费附加主要的账务处理

企业按当月实际交纳的三税计提城建税和教育费附加时，借记"营业税金及附加"等科目，贷记"应交税费"明细科目；实际交纳时，借记"应交税费"科目，贷记"银行存款"科目。

（五）应交所得税

企业的生产、经营所得和其他所得，依照有关所得税暂行条例及其细则的规定需要交纳所得税。企业应在"应交税费"科目下设置"应交所得税"明细科目来核算企业应交纳的所得税，当期应计入损益的所得税，作为一项费用，借记"所得税费用"科目，按应交纳的所得税，贷记"应交税费——应交所得税"。企业所得税的具体核算详见本书第七章。

七、应付股利的核算

股利是股东对公司经营利润的分享，这里的应付股利是指企业在利润分配方案中决定而尚未支付给投资者的现金股利。

1. 应付股利应设置的主要会计科目

企业应当设置"应付股利"科目，核算公司经董事会或股东大会决议确定分配的现金股利。本科目贷方登记应付而未付的现金股利，借方登记已经支付的股利，期末贷方余额，反映公司尚未支付的现金股利。公司分配的股票股利，不通过本科目核算。

2. 应付股利主要的账务处理

公司应根据股东大会或类似机构通过的股利分配方案，按应支付的现金股利，借记"利润分配——应付股利"科目，贷记本科目。公司实际支付分配的现金股利时，借记本科目，贷记"银行存款"等科目。

【例5-10】　甲公司董事会批准的2013年度的利润分配方案，派发现金股利120 000元。

（1）批准宣告发放现金股利时：

借：利润分配——应付股利　　　　　　　　　　　　　　　120 000
　　贷：应付股利　　　　　　　　　　　　　　　　　　　　　120 000

（2）用银行存款向股东支付现金股利时：

借：应付股利　　　　　　　　　　　　　　　　　　　　　120 000
　　贷：库存现金　　　　　　　　　　　　　　　　　　　　　120 000

八、其他应付款的核算

其他应付款是指企业除应付票据、应付账款、预收账款、应付职工薪酬、应付利息、应付股利、应交税费等以外的其他各项应付、暂收的款项。一般包括应付经营租入固定资产和包装物租金；存入保证金（如包装物押金等）；职工工资结算过程中的各种代扣应付款项；应付、暂收其他单位及个人的款项及应付退休职工的统筹退休金等。

1. 其他应付款应设置的主要会计科目

应当设置"其他应付款"科目反映和监督企业其他应付款的应付、暂收及支付情况。该科目的贷方登记各种款项的暂收、应付，借方登记各款项的付还或转销，期末贷方余额反映公司尚未支付的其他各项应付款项。本科目应按应付和暂收等款项的类别和单位或个人设置明细账。

2. 其他应付款的主要账务处理

企业发生的各种应付、暂收款项，借记"银行存款"、"管理费用"等科目，贷记本科目；支付其他各种应付、暂收款项时，借记本科目，贷记"银行存款"等科目。

【例5-11】　甲企业出借给乙公司一批包装物，收取押金3 500元，已存入银行。

借：银行存款　　　　　　　　　　　　　　　　　　　　　3 500
　　贷：其他应付款——乙公司　　　　　　　　　　　　　　　3 500

九、应付利息的核算

应付利息是指企业按照合同约定应支付的短期利息、分期付息到期还本的长期借款的利息以及发行企业债券应支付的利息。

1. 应付利息核算应设置的主要会计科目

按权责发生制原则，企业应设置"应付利息"科目核算利息计提及支付。该科目贷方记录计算的应付利息，借方记录实际支付的利息，期末余额在贷方，反映企业按照合同约定应付但尚未支付的利息。该科目按债权人设置明细科目进行明细分类核算。

2. 应付利息核算的主要账务处理

按权责发生制原则计算并预提当期利息费用时，借记"财务费用"等，贷记本科目；实际支付利息时，借记本科目，贷记"银行存款"。具体核算参见"短期借款"核算。

第三节　非流动负债

一、长期借款的核算

长期借款是指企业为了生产经营的需要，向银行或其他金融机构借入的期限在一年或一个营业周期以上的各种借款。企业的长期借款主要是用来进行固定资产购建、技术改造等大额长期投资。长期借款通常是到期一次还本付息，所以应付未付的借款利息和本金都属于非流动负债。但是，如果长期借款本息的偿还采用的是到期还本分期付息方式，则长期借款利息属于流动负债，应通过"应付利息"核算。

1. 长期借款核算应设置的主要会计科目

企业应设置"长期借款"科目反映和监督长期借款的借入、应计利息和归还本息的情况。该科目的贷方登记长期借款本息的增加额，借方登记长期借款本息的减少额，期末贷方余额表示尚未偿还的长期借款本息。该科目应按贷款单位和贷款种类设置明细账进行明细分类核算。

2. 长期借款核算的主要账务处理

企业借入长期借款时，借记"银行存款"科目，贷记"长期借款"科目；归还时，借记"长期借款"科目，贷记"银行存款"科目。计提确认长期借款的利息费用，应根据借款用途等情况，确定借款利息应与资本化还是费用化，分别借记"财务费用"、"在建工程"、"研发支出"等科目，贷记"长期借款"科目。到期偿还长期借款本息时，借记"长期借款"科目，贷记"银行存款"科目。

【例 5－12】　2011 年 1 月 1 日甲企业为修建厂房向银行借款 300 万元，期限 3 年，利率 10%，该项工程建设时间 2 年。借款到期时，企业以银行存款一次还本付息。账务处理如下：

（1）取得借款时：

借：银行存款　　　　　　　　　　　　　　　　　3 000 000
　　贷：长期借款　　　　　　　　　　　　　　　　　　3 000 000

（2）2011 年年末，计提应付利息时：

| 借：在建工程 | 300 000 |
| 贷：长期借款 | 300 000 |

（利息 = 3 000 000 × 10% = 300 000（元））

（3）2012 年年末，计提应付利息时：

| 借：在建工程 | 300 000 |
| 贷：长期借款 | 300 000 |

（利息 = 3 000 000 × 10% = 300 000（元））

（4）2013 年年末，计提应付利息时：

| 借：财务费用 | 300 000 |
| 贷：长期借款 | 300 000 |

（5）2014 年 1 月 1 日，偿还长期借款本息时，编制如下会计分录：

| 借：长期借款 | 3 900 000 |
| 贷：银行存款 | 3 900 000 |

二、应付债券的核算

债券是指企业为筹集资金而依照法定程序发行、约定在一定日期还本付息的有价证券。它是公司筹集长期使用资金而发行的一种书面凭证，其实质是一种长期应付的票据。在实际工作中，企业发行债券的期限通常在一年以上，因而构成了一项长期负债。

（一）债券的发行价格

债券的发行价格是债券发行时使用的价格，亦即投资者购买债券时所支付的价格。债券的发行价格是按债券未来现金流量的现值计算。债券未来的现金流量包括两个部分：到期偿还的本金和定期支付的现金利息，将这部分现金流量按照市场利率换算成现值，即债券的发行价格。公司债券发行的价格通常有三种：平价、溢价、折价。当票面利率与市场利率一致时，债券的发行价格就是面值，称为平价发行债券；当票面利率高于市场利率时，债券的发行价格高于面值，称为溢价发行；当票面利率低于市场利率时，债券的发行价格低于面值，称为折价发行。从本质上看，溢价或折价是发行债券企业在债券存续期内对利息费用的一种调整。

$$债券发行价格 = 票面金额 \div (1 + 市场利率)_n$$
$$+ \sum [(票面金额 \times 票面利率) \div (1 + 市场利率)_t]$$

式中：n——债券期限；

t——付息期数。

【例5-13】 某公司拟发行10年期债券，债券面值为1 000元，票面利率为10%，每年付息一次，假如目前市场利率为8%，其发行价格应当是多少？

由于债券的票面利率高于市场利率，可以判断，其发行价格应当高于债券面值。其发行价格的计算如下：

债券发行价格 = 100 × (P/A,8%,10) + 1 000 × (P/S,8%,10)

                = 100 × 6. 7101 + 1 000 × 0. 4632

                = 1 134. 21 （元）

（二） 应付债券核算应设置的主要会计科目

企业发行的长期债券，应设置"应付债券"科目，本科目核算企业为筹集（长期）资金而发行债券的本金和利息；企业发行的可转换公司债券，应将负债和权益成分进行分拆，分拆后形成的负债成分在本科目核算。本科目可按"面值"、"利息调整"、"应计利息"等进行明细核算，科目期末贷方余额反映企业尚未偿还的长期债券摊余成本。企业应当设置"企业债券备查簿"，详细登记企业债券的票面金额、债券票面利率、还本付息期限与方式、发行总额、发行日期和编号、委托代售单位、转换股份等资料。企业债券到期兑付，在备查簿中应予注销。

（三） 应付债券核算的主要账务处理

一般应付债券的核算主要包括债券发行、期末利息计提和到期还本付息等。

1. 债券发行的账务处理

企业发行债券，应按实际收到的金额，借记"银行存款"等科目，按债券票面金额，贷记本科目（面值），两者之间存在的差额，应借记或贷记本科目（利息调整）。

2. 资产负债表日，计提债券利息的账务处理

对于分期付息、一次还本的债券，计提的应付利息属于流动负债性质，应按摊余成本和实际利率计算确定的债券利息费用，借记"在建工程"、"研发支出"、"财务费用"等科目，按票面利率计算确定的应付未付利息，贷记"应付利息"科目，按其差额，借记或贷记本科目（利息调整）。

对于一次还本付息的债券，计提的应付利息属于长期负债性质，应于资产负债表日按摊余成本和实际利率计算确定的债券利息费用，借记"在建工程"、"研发支出"、"财务费用"等科目，按票面利率计算确定的应付未付利息，贷记本科目（应计利息），按其差额，借记或贷记本科目（利息调整）。如果实际利率与票面利率差异较小，也可以按照重要性原则采用票面利率计算确定利息费用。

3. 长期债券到期，支付债券本息的账务处理

长期债券到期，支付债券本息时，借记本科目（面值、应计利息）、"应付利息"等科目，贷记"银行存款"等科目。同时，存在利息调整余额的，借记或贷记本科目（利息调整），贷记或借记"在建工程"、"研发支出"、"财务费用"等科目。

【例5-14】 甲公司于2011年1月1日发行3年期，每年1月1日付息、到期一次还本的公司债券，债券面值为200万元，票面年利率为5%，实际利率为6%，发行价格

为 194.65 万元。按实际利率法确认利息费用。该公司会计处理如下：

甲公司根据上述资料，采用实际利率法和摊余成本计算确定的利息费用（结果保留 2 位小数），如表 5 - 1 所示。

表 5 - 1　　　　　　　　　　　　　　利息费用计算表　　　　　　　　　　　　单位：万元

付息日期	支付利息	利息费用	摊销的损益调整	应付债券摊余成本
2011 年 1 月 1 日				194.65
2011 年 12 月 31 日	10	11.68	1.68	196.33
2012 年 12 月 31 日	10	11.78	1.78	198.11
2013 年 12 月 31 日	10	11.89	1.89	200
合　计	30	35.35	5.35	

根据表 5 - 1 的资料，甲公司的账务处理如下（金额单位万元）：

（1）2011 年 1 月 1 日发行债券时：

借：银行存款	194.65
应付债券——利息调整	5.35
贷：应付债券——面值	200

（2）2011 年 12 月 31 日计算利息费用时：

借：财务费用等	11.68
贷：应付利息	10
应付债券——利息调整	1.68

2012 年 1 月 1 日支付利息时：

借：应付利息	10
贷：银行存款	10

（3）2012 年 12 月 31 日计算利息费用时：

借：财务费用等	11.78
贷：应付利息	10
应付债券——利息调整	1.78

2013 年 1 月 1 日支付利息时：

借：应付利息	10
贷：银行存款	10

（4）2013 年 12 月 31 日计算利息费用时：

借：财务费用等	11.89	
贷：应付利息		10
应付债券——利息调整		1.89

（5）2014 年 1 月 1 日归还债券本金及支付利息时：

借：应付利息	10	
应付债券——面值	200	
贷：银行存款		210

三、长期应付款的核算

长期应付款，是指企业除长期借款和应付债券以外的其他各种长期应付款项，包括应付融资租入固定资产的租赁费、以分期付款方式购入固定资产发生的应付款项等。

1. 长期应付款核算应设置的主要会计科目

企业应设置"长期应付款"科目反映和监督长期应付款的发生和偿付情况。该科目的贷方登记发生的长期应付款，借方登记偿付的长期应付款，贷方余额表示企业尚未偿付的各种长期应付款。该科目应按长期应付款的种类设置明细科目，进行明细分类核算。

2. 长期应付款核算的主要账务处理

企业采用融资租赁方式租入的固定资产，应按最低租赁付款额，确认长期应付款。

借：固定资产等	（现值和公允价值两者中最低者）
未确认融资费用	（差额、利息）
贷：长期应付款	（总价）

企业延期付款购买资产，如果延期支付的购买价款超过正常信用条件，实质上具有融资性质的，所购资产的成本应当以延期支付购买价款的现值为基础确定。实际支付的价款与购买价款的现值之间的差额，应当在信用期间内采用实际利率法进行摊销，计入相关资产成本或当期损益。

（1）购入资产时：

借：资产科目	（现值）
未确认融资费用	（差额、利息）
贷：长期应付款	（总价）

（2）以后每年按照实际利率法摊销时：

借：财务费用等
贷：未确认融资费用

思考与练习

思考题

1. 什么是负债的概念，其具有什么特征？

2. 负债如何分类？

3. 说明应付账款的账务处理方法。

4. 说明应付职工薪酬的账务处理方法。

5. 说明应交税费的账务处理方法。

练习题

一、单项选择题

1. 企业按季支付银行短期借款利息时，应贷记（　　）账户核算。

A. 预提费用　　　　B. 短期借款　　　　C. 财务费用　　　　D. 应付利息

2. 预收账款不多的企业，可以不设"预收账款"账户，而将预收的款项计入（　　）。

A. "应付账款"账户的借方　　　　　　　B. "应付账款"账户的贷方

C. "应收账款"账户的借方　　　　　　　D. "应收账款"账户的贷方

3. 下列项目中，不属于流动负债项目的是（　　）。

A. 应交税费　　　B. 应付股利　　　C. 应付债券　　　D. 应付利息

4. 下列项目中，不属于其他应付款核算的内容是（　　）。

A. 存入保证金

B. 应补付的货款

C. 应付经营租入固定资产和包装物的租金

D. 应付的职工薪酬

5. 下列各项税金中，在利润表中的"营业税金及附加"项目反映的是（　　）。

A. 消费税　　　B. 企业所得税　　　C. 增值税　　　D. 印花税

二、多项选择题

1. 应付账款是指因（　　）而发生的债务。

A. 购买材料　　　B. 购进商品　　　C. 接受劳务　　　D. 购买固定资产

2. 应交税费的核算内容包括（　　）。

A. 增值税　　　B. 消费税　　　C. 营业税　　　D. 企业所得税

3. 下列各种负债属于流动负债的有（　　）。

A. 应付职工薪酬　　B. 其他应付款　　C. 应交税费　　　D. 短期借款

4. 企业在生产经营商品过程中，因购置商品、材料物资及接受劳务供应而发生的各种债务有（   ）。

A. 应付票据　　　　B. 长期应付款　　　　C. 应付账款　　　　D. 其他应付款

5. 下列各项中，应确认为职工薪酬的有（   ）。

A 职工工资和福利费　　　　　　　　B 职工教育经费

C 社会保险费　　　　　　　　　　　D 辞退福利

三、业务处理题

1. 某公司 2014 年经济业务如下：

（1）6 月 1 日从银行取得短期借款 40 000 元，年利率 9%，借款期限三个月；

（2）6 月 30 日，计提本月借款利息 300 元；

（3）8 月 31 日，借款到期，归还本息。

要求：根据上述资料编制会计分录。

2. 某公司 2013 年经济业务如下：

（1）7 月 2 日，购买材料一批，价款合计 26 000 元，增值税为 4 420 元，材料已验收入库，货款未付；

（2）7 月 30 日，开出银行承兑汇票抵付上述欠款；

（3）8 月 30 日，该票据到期，南强公司无力偿付该票据。

要求：根据上述资料编制会计分录。

3. 某公司 2010 年经济业务如下：

（1）9 月 1 日从银行取得 3 年期借款 100 万元用于日常生产经营的资金短缺，利率为 6%，到期一次还本付息，借款于当天存入自己的银行账户；

（2）2010 年 12 月 31 日，计提该长期借款利息；

（3）2011 年 12 月 31 日，计提该长期借款利息；

（4）2012 年 12 月 31 日，计提该长期借款利息；

（5）2013 年 9 月 1 日，偿还该项借款的本息。

要求：根据上述资料编制会计分录。

4. 某公司 2014 年 1 月发生工资总额 84 000 元，其中：产品生产工人工资 40 000 元，在建工程人员工资 20 000 元，管理人员工资 15 000 元，产品销售人员工资 9 000 元。

要求：根据上述资料编制会计分录。

第六章

所有者权益

【内容提要】

所有者权益是企业资产扣除负债后由所有者享有的剩余权益。所有者权益按其形成来源，可分为所有者投入的资本、直接计入所有者权益的利得和损失、留存收益。本章主要介绍所有者权益各个组成部分的概念及其会计核算。

【教学要点】

本章的教学要点包括实收资本及其增减业务的核算；资本公积、盈余公积及未分配利润的核算。

所有者权益是企业资产扣除负债后由所有者享有的剩余权益，公司所有者权益又称为股东权益。所有者权益按其形成来源，可分为所有者投入的资本、直接计入所有者权益的利得和损失、留存收益。留存收益是企业历年实现的净利润留存于企业的部分，主要包括计提的盈余公积和未分配利润。

公司制企业所有者权益划分为投入资本、资本公积、盈余公积和未分配利润。投入资本是指所有者在企业注册资本的范围内实际投入的资本。注册资本是指企业在设立时向工商行政管理部门登记的资本总额，即全部出资者设定的出资额之和。在股份有限公司，投入资本表现为实际发行股票的面值，被称为股本；在其他企业，投入资本表现为所有者在注册资本范围内的实际出资额，也称为实收资本。

第一节 实 收 资 本

实收资本是指投资者按照企业章程或合同、协议的约定，实际投入企业的资本。这部分投入资本是企业取得法人地位的物质保证，也是企业经营的原动力。为了反映和监督投资者投入资本及其增减变动情况，企业必须按照国家统一的会计制度的规定进行实收资本的核算，真实地反映投入企业资本的状况，维护所有者各方在企业的权益。股份有限公司对股东投入资本应设置"股本"科目核算，其余公司制企业均应设置"实收资本"科目，核算企业收到的投资者投入的资本。

一、接受现金资产的投资

企业收到投资者以现金投入的资本，应当以实际收到或存入企业开户银行的金额作为实收资本入账。借记"库存现金"、"银行存款"科目，贷记"实收资本"科目。对于实际收到或存入企业开户银行的金额超过投资者在企业注册资本中所占份额的部分，计入资本公积。

【例6-1】 蓝天公司由甲、乙、丙三方共同投资成立，其注册资本为 10 000 000 元，持股比例分别为50%、30%和20%。因此，按照公司章程规定，投入资本分别为 5 000 000 元、3 000 000 元和 2 000 000 元。A 公司已如期收到各投资者一次交足的款项。A 公司应编制会计分录如下：

借：银行存款	10 000 000
贷：实收资本——甲	5 000 000
——乙	3 000 000
——丙	2 000 000

企业实收资本的构成比例是确定所有者在企业所有者权益中所占的份额和参与企业财务经营决策的基础，也是企业据以向投资者进行利润分配或股利分配的主要依据，同时还

是企业清算时确定所有者对净资产要求权的依据。

二、接受实物投资

投资者以实物资产投入的资本，企业应在办理完有关产权转移手续后，借记"固定资产"、"原材料"、"库存商品"等科目，贷记"实收资本"科目，如投资各方确认的资产价值超过投资人在注册资本中所占份额的部分，应计入资本公积。

企业接受非现金资产投资时，应按照合同或协议约定的价值（但其价值不公允的除外），确定非货币资产的入账价值和在注册资本中应享有的份额。

企业接受投资者作价投入的固定资产，固定资产的价值应按投资合同或协议约定的价值加上应支付的相关税费作为入账价值。

三、接受无形资产投资

当企业接受投资者以无形资产投资时，其投资额为无形资产的评估价值。企业接受无形资产投资时，借记"无形资产"科目，贷记"实收资本"科目。

【例6－2】 甲公司收到其投资者乙公司投入的货币资金10万元和一项专利技术，货币资金已存入该企业开户银行，该专利技术原账面价值为200万元，预计使用10年，已摊销100万元，已计提减值准备10万元；双方协议中约定的价值为90万元（假定约定价值是公允的）。甲公司应编制如下会计分录：

```
借：银行存款                              100 000
    无形资产                              900 000
    贷：实收资本——乙公司                        1 000 000
```

四、接受股权投资

当企业接受投资者的股权投资时，其投资额为股权的评估价值。企业接受股权投资时，应借记"长期股权投资"、"交易性金融资产"、"可供出售金融资产"等科目，贷记"实收资本"科目。

五、实收资本（或股本）的增减变动

一般情况下，企业的实收资本不得随意变动；如果变动，必须满足一定的条件。我国《企业法人登记管理条例》中规定，除国家另有规定外，企业的实收资本应当与注册资本一致。企业实收资本比原注册资本数额增减超过20%时，应持资金使用证明或验资证明，向原登记主管机关申请变更登记。如擅自改变注册资金或抽逃资金等，将受到工商行政管理部门处罚。

（一）实收资本的增加

企业符合国家有关增资条件并经相关部门批准后，可增加实收资本。企业增加实收资本的途径主要有四个：投资者追加投资、资本公积转增资本、盈余公积转增资本和发放股票股利。

1. 投资者追加投资

企业接受投资者投入的资本，应借记"银行存款"、"原材料""固定资产"、"无形资产"、"长期股权投资"等科目，按其在注册资本或股本中所占份额，贷记"实收资本（或股本）"科目，按其差额，贷记"资本公积——资本溢价或股本溢价"科目。

【例6-3】 甲、乙、丙三人共同投资设立 A 有限责任公司，原注册资本为 5 000 000 元，甲、乙、丙分别出资 3 000 000 元、1 500 000 元和 500 000 元。为扩大经营规模，经批准，A 公司注册资本扩大为 8 000 000 元，甲、乙、丙按照原出资比例分别追加投资 180 000 元、900 000 元和 300 000 元。A 公司如期收到甲、乙、丙追加的现金投资。A 公司应编制如下会计分录：

借：银行存款	3 000 000
贷：实收资本——甲	1 800 000
——乙	900 000
——丙	300 000

2. 资本公积转增资本

企业将资本公积转增资本，是所有者权益内部的调整，不改变其总额。应按经批准增加的资本金额借记"资本公积"科目，贷记"实收资本"科目。

3. 盈余公积转增资本

企业将盈余公积转增资本时，其处理方法与资本公积转增资本基本相同，在经过法定程序转增资本后，对所有者权益总额不会产生影响，而只是改变其权益结构。企业应按经批准的增加资本金额借记"盈余公积"科目，贷记"实收资本"科目。

【例6-4】 A 有限责任公司由甲、乙、丙三人共同投资设立，其出资比例分别为 50%、30% 和 20%，2008 年该公司因扩大经营规模需要，经批准，按原出资比例将盈余公积 100 万转增资本，A 公司应编制如下会计分录：

借：盈余公积	1 000 000
贷：实收资本——甲	500 000
——乙	300 000
——丙	200 000

4. 发放股票股利方式增资

股份有限公司中，股东大会批准的利润分配方案中以分配股票股利方式增资的，应在办理增资手续后，根据实际发放的股票股利数，借记"利润分配——转作股本的股利"科目，贷记"股本"科目。

（二）实收资本的减少

企业按法定程序报经批准后，可减少注册资本。但公司减资后的注册资本不得低于法定的最低限额。一般企业实收资本减少的原因主要有两种：一是因资本过剩；二是因企业发生重大亏损减少实收资本。企业因资本过剩而减资，一般要发还实收资本。在有限责任公司和一般企业发还实收资本时会计处理较简单，企业发还实收资本时，按发还资本的数额，借记"实收资本"科目，贷记"库存现金"、"银行存款"等科目。

第二节 资本公积

资本公积是企业收到的投资者出资额超出其在企业注册资本或股本中所占份额的部分，以及直接计入所有者权益的利得和损失等。资本公积包括资本溢价（或股本溢价）和直接计入所有者权益的利得和损失等。

资本溢价（或股本溢价），是企业收到投资者的超出其在企业注册资本（或股本）中所占份额的投资。形成资本溢价（或股本溢价）的原因有溢价发行股票、投资者超额交入资本等。

直接计入所有者权益的利得和损失是指不应计入当期损益、会导致所有者权益发生增减变动、与所有者投入资本或向所有者分配利润无关的利得或者损失。

根据我国公司法等法律规定，资本公积的主要用途是转增资本或股本。资本公积转增资本既没有改变企业的投入资本总额，也没有改变企业的所有者权益总额。

由于资本公积的形成来源不同，该科目应按其形成来源分设"资本（或股本）溢价"、"其他资本公积"等明细科目。

一、资本溢价（或股本溢价）的核算

1. 资本溢价

资本溢价是指投资者的出资额大于其在企业注册资本中所占的份额的差额，属于投资者投入资本的组成部分。一般在企业创立之初，投资者认交的出资额与注册资本一致，不会产生资本溢价，按投资者的出资额全部确认为实收资本。但企业创立之后，如有新的投资者加入，新的投资者的出资额通常会大于其在企业注册资本中所占的份额，出现资本溢价。因为在企业进行正常生产经营后，其资本利润率通常要高于企业初创阶段，此外，经营一段时间后，企业可能会有内部积累，如形成一部分资本公积和留存收益，导致原投资者的出资额与其实际占有的资本不同；新的投资者加入企业，也将分享这些积累，因此新加入的投资者往往要付出大于原投资者的出资额，才能取得与原投资者相同的出资比例，投资者多交的部分形成资本溢价。

企业收到新的投资者所投入资金时，按实际收到的金额或确定的价值，借记"银行存款"、"固定资产"、"无形资产"科目；按其在注册资本中所占的份额，贷记"实收资本"科目；按其差额，贷记"资本公积——资本溢价"科目。

【例6－5】 A有限责任公司由甲、乙两股东投资创立，创立时其注册资本为1 000万元。5年后，由于公司扩大规模吸收丙加入，丙公司愿意出资800万元，占该公司新注册资本1 500万元的1/3的股权，A公司已收到资金并存入银行。根据以上经济业务，A公司应编制如下会计分录：

借：银行存款	8 000 000
贷：实收资本——丙公司	5 000 000
资本公积——资本溢价	3 000 000

2. 股本溢价

股份有限公司是以发行股票的方式筹集股本的，股票是企业签发的证明股东按其所持股份享有的权利和承担义务的书面证明。在我国股票面值和股票发行规模一般是事先确定的，目前我国不允许股票折价发行，允许按面值发行和溢价发行。当股票溢价发行时，企业取得的超出股票面值的溢价收入应计入资本公积。

按面值发行股票，企业发行股票取得的收入，应全部记入"股本"科目；在采用溢价发行股票的情况下，企业发行股票取得的收入，相当于股票面值的部分贷记"股本"科目，超出股票面值的溢价收入应贷记"资本公积——股本溢价"科目。但需注意的是，为发行股票而支付的相关手续费、佣金等发行费用，如果是溢价发行股票的，应从溢价中扣除，冲减资本公积（股本溢价），企业应按扣除手续费、佣金后的数额贷记"资本公积——股本溢价"科目；如按面值发行股票或溢价金额不足以抵扣的，应将不足抵扣的部分冲减盈余公积和未分配利润。

【例6－6】 A公司发行普通股股票1 000万股，每股面值1元，每股发行价格为5元，为发行该股票支付佣金、手续费500万元。假定不考虑其他因素。根据以上资料，A公司编制的会计分录如下：

借：银行存款	50 000 000
贷：股本	10 000 000
资本公积——股本溢价	40 000 000

支付发行费用时的会计分录如下：

借：资本公积——股本溢价	5 000 000
贷：银行存款	5 000 000

二、其他资本公积的核算

其他资本公积是指除资本（或股本）溢价项目以外形成的资本公积，主要包括直接计入所有者权益的利得和损失。直接计入所有者权益的利得和损失是指不应计入当期损益、会导致所有者权益发生增减变动、与所有者投入资本无关的利得或损失，通过"资本公积——其他资本公积"明细账户核算。

直接计入所有者权益的利得和损失主要由以下交易或事项引起：

（1）采用权益法核算的长期股权投资，在其持股比例不变的情况下，被投资单位除净损益以外的所有者权益的其他变动，企业按持股比例应享有的份额，记入其他资本公积。

（2）可供出售金融资产公允价值变动的利得或损失，借记或贷记"可供出售金融资产——公允价值变动"科目，贷记或借记"资本公积——其他资本公积"科目。处置可供出售金融资产时，应转销与其相关的其他资本公积。

（3）企业将自用房地产或存货转换为采用公允价值计量的投资性房地产时，转换日的公允价值大于原账面价值的差额，属于企业在经营过程中形成的利得，应记入资本公积。处置该项投资性房地产时，应转销与其相关的其他资本公积。

（4）企业将持有至到期投资转换为可供出售金融资产时，转换日该持有至到期投资的公允价值与其账面价值的差额，属于企业在经营过程中形成的利得（或损失），应计入其他资本公积。处置可供出售金融资产时，应转销与其相关的其他资本公积。

三、资本公积转增资本的核算

经股东大会或类似机构决议，用资本公积转增资本时，应冲减资本公积，同时按照转增前的实收资本（或股本）的结构或比例，将转增的金额记入"实收资本"（或"股本"）科目下各所有者的明细分类账。

【例6-7】 甲、乙、丙三人共同投资设立 A 有限责任公司，原注册资本为 1 000 000 元，甲、乙、丙分别出资 500 000 元、350 000 元、150 000 元。因扩大经营规模需要，经批准，A 公司按原出资比例将资本公积 300 000 元转增资本。根据以上资料，A 公司应编制如下会计分录：

借：资本公积	300 000
贷：实收资本——甲	150 000
——乙	105 000
——丙	45 000

第三节　留存收益

留存收益是指企业从历年实现的利润中提取或形成的留存于企业内部的积累，主要来源于企业在生产活动中所实现的净利润；留存收益的主要作用是用于企业未来扩大生产经营规模或建立风险基金。

留存收益是所有者权益的一个组成部分，主要包括盈余公积和未分配利润。一般企业和股份有限公司的盈余公积包括法定盈余公积和任意盈余公积，它们属于已拨定的留存收益，未分配利润属于未拨定的留存收益。

一、盈余公积

（一）盈余公积的构成

1. 法定盈余公积

法定盈余公积是指企业从净利润中提取的积累资金。我国《公司法》规定，公司制企业应当按照净利润（减弥补以前年度亏损，下同）的 10% 提取法定盈余公积。非公司制企业法定盈余公积的提取比例可超过净利润的 10%。法定盈余公积累计额已达注册资本的50% 时可以不再提取。

2. 任意盈余公积

任意盈余公积是公司出于实际需要或采取谨慎的经营策略，从税后利润中提取的一部分留存利润，通常是企业管理当局对发放股利施加的限制。公司制企业可以根据股东大会的决议提取任意盈余公积。非公司制企业经类似权力机构批准后，也可以提取任意盈余公积。法定盈余公积和任意盈余公积的区别在于其各自计提的依据不同，前者以国家法律、法规为依据提取；后者由企业自行决定提取。

企业提取的盈余公积经批准可用于弥补亏损、转增资本、发放现金股利或利润等。

（二）盈余公积的核算

1. 提取盈余公积

为了反映盈余公积的提取及使用情况，企业应设置"盈余公积"科目，并分别设置"法定盈余公积"、"任意盈余公积"明细科目，进行明细核算。企业按规定提取盈余公积时，借记"利润分配——提取法定盈余公积"、"利润分配——提取任意盈余公积"科目，贷记"盈余公积——法定盈余公积"、"盈余公积——任意盈余公积"科目。

【例 6－8】 甲有限责任公司 2013 年度实现税后净利润 50 000 000 元，假设该公司以前年度没有亏损，本年度企业按 10% 的比例提取法定盈余公积，经股东大会批准，再按照 5% 的比例提取任意盈余公积。根据该项经济业务，甲公司应编制如下会计分录：

借：利润分配——提取法定盈余公积	5 000 000
——提取任意盈余公积	2 500 000
贷：盈余公积——法定盈余公积	5 000 000
——任意盈余公积	2 500 000

2. 盈余公积补亏

企业用盈余公积弥补亏损，应当按照当期弥补亏损的数额，借记"盈余公积"科目，贷记"利润分配——盈余公积补亏"科目。

【例6-9】 A公司经营出现亏损，经股东大会决议，用以前年度提取的法定盈余公积弥补当年亏损，当年弥补亏损的数额为1 000 000元。假定不考虑其他因素，B公司应编制如下会计分录：

借：盈余公积——法定盈余公积	1 000 000
贷：利润分配——盈余公积补亏	1 000 000

3. 盈余公积转增资本

企业经批准以盈余公积转增资本时，应按照批准的转增资本数额，借记"盈余公积"科目，贷记"实收资本"、"股本"等科目。

【例6-10】 莲花公司经股东大会决议批准，将1 000 000元盈余公积转作资本，已办妥相关手续。假定不考虑其他因素，莲花公司应编制如下会计分录：

借：盈余公积——法定盈余公积	1 000 000
贷：实收资本（股本）	1 000 000

4. 以盈余公积发放现金股利或利润

【例6-11】 经股东大会批准，甲股份有限公司用盈余公积派送新股，每10股派发1股新股，每股面值1元，发行价3元。该公司注册资本为100 000 000元。

派送新股的金额 = 100 000 000 ÷ 10 × 3 = 30 000 000（元）

借：盈余公积——法定盈余公积	30 000 000
贷：股本——普通股	10 000 000
资本公积——股本溢价	20 000 000

二、未分配利润

未分配利润是企业留于以后年度向投资者进行分配的结存利润，是企业所有者权益的组成部分。相对于所有者权益的其他部分，企业对未分配利润的使用有较大的自主权。从数量上说，未分配利润是期初未分配利润，加上本期实现的税后净利润，减去提取的各种盈余公积和分配给投资人的利润后的余额。

在会计核算上，未分配利润通过"利润分配"科目下设"未分配利润"进行明细核算。年度终了，企业应将本年实现的净利润或净亏损从"本年利润"科目转入"利润分配——未分配利润"明细科目；同时，将"利润分配"科目下除"未分配利润"外的其他明细科目的余额均转入"利润分配——未分配利润"科目。结转后，"利润分配"科目下除"未分配利润"明细科目外，其他明细科目应都无余额。"利润分配——未分配利润"科目贷方余额，表示企业期末的未分配利润的金额，"利润分配——未分配利润"科目的借方余额，表示期末的未弥补亏损。

【例6-12】 科创股份有限公司的股本为100 000 000元,每股面值1元。2013年年初未分配利润为贷方余额90 000 000元,2013年度实现净利润60 000 000元。假定科创公司按2013年实现净利润的10%提取法定盈余公积,按5%提取任意盈余公积,同时按每股0.3元派发现金股利。2014年5月15日,科创公司以银行存款支付了全部现金股利。根据以上资料,科创公司应作如下会计处理:

(1) 2013年度终了,科创公司结转本年实现的净利润:

借:本年利润	60 000 000	
贷:利润分配——未分配利润		60 000 000

(2) 提取法定盈余公积和任意盈余公积:

借:利润分配——提取法定盈余公积	6 000 000	
——提取任意盈余公积	3 000 000	
贷:盈余公积——法定盈余公积		6 000 000
——任意盈余公积		3 000 000

(3) 结转本年利润分配:

借:利润分配——未分配利润	9 000 000	
贷:利润分配——提取法定盈余公积		6 000 000
——提取任意盈余公积		3 000 000

科创公司2013年年底"利润分配——未分配利润"科目余额为:

90 000 000 + 60 000 000 - 9 000 000 = 141 000 000(元)

"利润分配——未分配利润"贷方余额为141 000 000元,表明企业累计未分配利润为141 000 000元。

(4) 批准发放现金股利:

100 000 000 × 0.3 = 30 000 000(元)

借:利润分配——应付现金股利	30 000 000	
贷:应付股利		30 000 000

(5) 2014年5月15日,实际发放现金股利时:

借:应付股利	30 000 000	
贷:银行存款		30 000 000

思考与练习

思考题

1. 什么是所有者权益？所有者权益包括哪些具体内容？
2. 简述投入资本的主要法律规定。
3. 什么是资本公积？资本公积是怎样形成的？
4. 何为留存收益？其包含的内容有哪些？
5. 企业利润分配的顺序和内容是怎样的？

练习题

一、单项选择题

1. 甲公司以现金 3 500 万元向乙企业投资，投资后占乙企业注册资本的30%，乙企业在甲公司出资后的注册资本总额为 10 000 万元，则对于该项投资，乙公司实收资本应登记的金额为（　　）万元。

A. 3 500　　　　　　　B. 3 000　　　　　　　C. 3 030　　　　　　D. 2 800

2. 对于公司制企业，当其累计法定盈余公积已经达到注册资本的（　　）时可以不再提取。

A. 25%　　　　　　　B. 8%　　　　　　　C. 10%　　　　　　D. 50%

3. 以下事项中，会导致企业所有者权益减少的是（　　）。

A. 资本公积转增资本

B. 股份有限公司发放股票股利

C. 股份有限公司股东大会宣告发放现金股利

D. 以盈余公积弥补亏损

4. 企业以盈余公积转增资本时，转增后留存的盈余公积不得少于注册资本的（　　）。

A. 20%　　　　　　　B. 15%　　　　　　　C. 25%　　　　　　D. 50%

5. 下列各项中，属于企业留存收益的是（　　）。

A. 投资收益　　　B. 公允价值变动损益　　　C. 营业收入　　　D. 盈余公积

二、多项选择题

1. 以下有关股份有限公司各种方式增资的核算中，可能涉及"资本公积——股本溢价"科目的有（　　）。

A. 盈余公积转增资本　　　　　　　　B. 发放股票股利

C. 可转换公司债券转为股本　　　　　D. 以权益结算的股份支付行权日的处理

2. 下列事项中，引起所有者权益减少的有（　　）。

A. 以盈余公积金弥补亏损　　　　　　B. 经批准减资

C. 以资本公积转增资本　　　　　　　D. 宣告发放现金股利

3. 资本公积的主要用途不包括（　　）。

A．弥补亏损　　　　　　　　　　　　B. 转增资本

C. 分配利润或股利　　　　　　　　　D. 扩大企业生产经营

4. 发行股票相关的手续费用、佣金等交易费用，如果是无溢价发行股票或溢价金额不足以抵扣的，不足抵扣的部分可以冲减（　　）。

A. 实收资本　　　　B. 盈余公积　　　　C. 未分配利润　　　　D. 财务费用

5. 企业弥补亏损的渠道主要有（　　）。

A. 用以后年度税前利润弥补　　　　　B. 用以后年度税后利润弥补

C. 用资本公积弥补　　　　　　　　　D. 用盈余公积弥补

三、业务处理题

甲公司 2011 年至 2013 年有关经济业务如下：

2011 年 1 月 1 日，甲公司股东权益总额为 46 500 万元（其中，股本额总额为 10 000 万股，每股面值 1 元，资本公积为 30 000 万元，盈余公积为 6 000 万元，未分配利润为 500 万元），2011 年度实现净利润 400 万元，股本与资本公积项目未发生变化。

2012 年 3 月 1 日，甲公司董事会提出如下预案：

（1）按 2011 年度实现净利润的 10% 提取法定盈余公积。

（2）以 2011 年 12 月 31 日的股本总数为基数，以资本公积（股本溢价）转增股本，每 10 股转增 4 股，计 4 000 股。

2012 年 5 月 5 日，甲公司召开股东大会，审议批准了董事会提出的预案，同时决定分派现金股利 300 万元，2012 年 6 月 10 日，甲公司办妥了上述资本公积转增股本的有关手续。

（3）2012 年度，甲公司发生净亏损 3 142 万元。

（4）2013 年 5 月 9 日，甲公司股东大会决定以法定盈余公积弥补账面累计未弥补亏损 200 万元。

要求：（1）编制甲公司 2012 年 3 月提取法定盈余公积的会计分录。

（2）编制甲公司 2012 年 5 月宣告分派现金股利的会计分录。

（3）编制甲公司 2012 年 6 月资本公积转增资本的会计分录。

（4）编制甲公司 2012 年度结转当年净亏损的会计分录。

（5）编制甲公司 2013 年 5 月以法定盈余公积弥补亏损的会计分录（"利润分配"、"盈余公积"科目要求写出明细科目；答案中金额用万元表示）。

第七章

收入、费用和利润

【内容提要】

本章阐述了收入和费用的确认、计量和记录,利润的构成内容和利润形成的核算,以及营业外收支、所得税和利润分配的核算。企业成本费用的核算内容及计算方法,在本章也作了一定的解析。

【教学要点】

本章的教学要点包括收入中的商品销售收入,提供劳务收入的核算;费用中的管理费用,销售费用和财务费用的核算;利润中的利润形成和利润分配的核算。

第一节 收 入

作为经济利益的总流入,收入是体现企业经营业绩的重要指标,通常表现为企业资产的取得或增值以及负债的清偿,并最终导致企业净资产的增加。因此,收入的确认与计量直接影响到企业的经营业绩和财务状况等关键会计信息的质量。

一、收入概述

(一)收入的概念

《企业会计准则第14号——收入》对收入是这样定义的:收入是指企业在日常活动中形成的、会导致所有者权益增加的、与所有者投入资本无关的经济利益的总流入。包括销售商品收入、提供劳务收入和让渡资产使用权收入。企业代第三方收取的款项,应当作为负债处理,不应当确认为收入。

收入具有如下特征:

(1)收入是指企业在持续的日常活动中产生,而不是从偶发的交易或事项中产生。其中"日常活动",是指企业为完成其经营目标所从事的经常性活动以及与之相关的其他活动。这里有一个与收入相对的概念——利得。例如,工业企业制造并销售产品、向客户提供劳务,商业企业销售商品,均属于企业为完成其经营目标所从事的经常性活动,由此产生的经济利益的总流入构成收入。而有些交易或事项虽然也能为企业带来经济利益,但不属于企业的日常活动,其流入的经济利益称之为利得。例如,企业处置固定资产,因固定资产是为使用而不是为出售购入的,将固定资产出售并不是企业的经营目标,也不属于企业的日常活动,由此产生的经济利益的总流入不构成收入,应当确认为营业外收入。再如,企业接受政府补助取得的资金、因其他企业违约收取的罚款等,都不属于收入。

(2)收入的取得表现为所有者权益的增加。具体可能表现为企业资产的增加,如增加库存现金、银行存款、应收账款等;也可表现为企业负债的减少,如以商品或提供劳务抵偿债务;或者两者兼而有之,如商品的销售货款中部分抵偿债务,部分增加银行存款。

工业企业转让无形资产使用权、出售原材料、对外投资(收取的利息收入、股利收入)等,属于与经常性活动相关的其他活动,由此产生的经济利益的总流入也构成收入。

(3)收入只包括本企业经济利益的流入,不包括为第三方或客户代收的款项。例如增值税、代收利息等。代收的款项,一方面增加企业的资产,一方面增加企业的负债,不增加企业的所有者权益,也不属于企业的经济利益,因此不能作为企业的收入核算。

（二） 收入的分类

可以按照不同的标志对收入进行不同的分类：

（1） 按收入的性质不同，可以将收入分为销售商品收入、提供劳务收入和让渡资产使用权取得的收入等。

销售商品收入主要是指企业通过销售商品而获得的收入。这里的商品主要包括企业为销售而生产或购进的商品，如工业企业生产的产成品、自制半成品等，企业销售的原材料、包装物等其他存货也视同商品。

提供劳务的收入种类比较多，主要包括提供产品安装、运输、咨询、培训、代理、餐饮、旅游等服务取得的收入。另外还有一些特殊的劳务交易收入如广告费收入、入场费收入、特许权收入、申请入会费和会员费收入等。

让渡资产使用权取得的收入主要有利息收入和使用费收入。利息收入是指因他人使用本企业货币资金而收取的利息收入，如金融企业贷款形成的利息收入；使用费收入是指因他人使用本企业的资产，如转让无形资产使用权、出租固定资产等形成的使用费收入。

（2） 按照企业经营业务的主次，可将收入分为主营业务收入和其他业务收入。

主营业务收入是指企业主营业务所形成的收入。不同行业的主营业务收入表现形式也有所不同，如制造业企业主营业务收入主要包括销售商品、提供工业性劳务取得的收入；商品流通企业主营业务收入主要包括销售商品和代购代销收入等。主营业务收入一般占企业收入的比重较大，对企业的经济效益产生较大的影响。

其他业务收入是指企业从事主营业务以外的其他业务所形成的收入，如工业企业包装物出租收入、销售材料取得的收入、转让技术使用权取得的收入等。与主营业务收入相比，其他业务收入一般占企业收入的比重较小，具有服务对象不固定、收入数额不稳定的特点。这些特点意味着其他业务收入难以合理地预计。

二、主营业务收入

企业应开设"主营业务收入"账户核算企业根据收入准则确认的销售商品、提供劳务等主营业务的收入，并按照主营业务的种类进行明细核算。期末应将本账户的余额转入"本年利润"账户，结转后本账户应无余额。

开设"主营业务成本"账户核算企业根据收入准则确认销售商品、提供劳务等主营业务收入时应结转的成本，并按照主营业务的种类进行明细核算。期末应将本账户的余额转入"本年利润"账户，结转后本账户应无余额。

（一） 销售商品收入的核算

1. 销售商品收入的确认

销售商品收入同时满足下列条件的，才能予以确认：

（1） 企业已将商品所有权上的主要风险和报酬转移给购货方。

与商品所有权有关的风险，是指商品可能发生减值或毁损等形成的损失；与商品所有权有关的报酬，是指商品价值增值或通过使用商品等形成的经济利益。判断企业是否已将商品所有权上的主要风险和报酬转移给购货方，应当关注交易的实质而不是形式，并结合所有权凭证的转移或实物的交付进行判断。通常情况下，转移商品所有权凭证或交付实物后，商品所有权上的主要风险和报酬随之转移，如大多数零售商品。某些情况下，转移商品所有权凭证或交付实物后，商品所有权上的主要风险和报酬随之转移，企业只保留了次要风险和报酬，如交款提货方式销售商品。有时，转移商品所有权凭证或交付实物后，商品所有权上的主要风险和报酬并未随之转移，如采用收取手续费方式委托代销的商品。

（2）企业既没有保留通常与所有权相联系的继续管理权，也没有对已售出的商品实施有效控制。

例如，在销售商品的时候订立回购协议，则这笔交易就不能确认为销售。

（3）收入的金额能够可靠地计量。

（4）相关的经济利益很可能流入企业。

（5）相关的已发生或将发生的成本能够可靠地计量。

企业判断销售商品收入满足确认条件的，应当提供确凿的证据。通常情况下，转移商品所有权凭证或交付实物后，可以认为满足收入确认条件，应当确认销售商品收入。以下列举了确认销售商品收入的一些具体形式：

（1）采用托收承付方式销售商品的，应在办妥托收手续时确认收入。

（2）采用预收款方式销售商品的，应在发出商品时确认收入，在此之前预收的货款应确认为负债。

（3）附有销售退回条件的商品销售，根据以往经验能够合理估计退货可能性且确认与退货相关负债的，应在发出商品时确认收入；不能合理估计退货可能性的，应在售出商品退货期满时确认收入。

（4）售出商品需要安装和检验的，在购买方接受交货以及安装和检验完毕前，不应确认收入。如果安装程序比较简单或检验是为了最终确定合同或协议价格而必须进行的程序，可以在发出商品时确认收入。

（5）采用以旧换新方式销售商品的，销售的商品应当按照销售商品收入确认条件确认收入，回收的商品作为购进商品处理。

（6）对于订货销售，应在发出商品时确认收入，在此之前预收的货款应确认为负债。

（7）采用收取手续费方式委托代销商品的，应在收到代销清单时确认收入。

（8）采用售后回购方式销售商品的，不应确认收入，收到的款项应确认为负债。回购价格大于原售价的差额，应在回购期间按期计提利息，计入财务费用。采用售后租回方式销售商品的，不应确认收入，收到的款项应确认为负债。售价与资产账面价值之间的差额，应当采用合理的方法进行分摊，作为折旧费用或租金费用的调整。

2. 销售商品收入的计量

企业应当按照从购货方已收或应收的合同或协议价款确定销售商品收入金额，但已收或应收的合同或协议价款不公允的除外。已收或应收的合同或协议价款不公允的，应当按照公允的交易价格确定收入金额，已收或应收的合同或协议价款与公允的交易价格之间的差额，不应当确认收入。

销售商品涉及商业折扣的，应当按照扣除商业折扣后的金额确定销售商品收入金额。商业折扣，是指企业为促进商品销售而在商品标价上给予的价格扣除。销售商品涉及现金折扣的，应当按照扣除现金折扣前的金额确定销售商品收入金额。现金折扣，是指企业为鼓励付款人在规定的期限内付款而向付款人提供的一定的货款扣除。现金折扣在实际发生时计入当期损益。

企业已经确认销售商品收入的售出商品发生销售折让的，应当在发生时冲减当期销售商品收入。销售折让，是指企业因售出商品的质量不合格等原因而在售价上给予的减让。企业已经确认销售商品收入的售出商品发生销售退回的，应当在发生时冲减当期销售商品收入。销售退回，是指企业售出的商品由于质量、品种不符合要求等原因而发生的退货。

3. 销售商品收入的账务处理

为了反映企业主营业务的结果，正确确定主营业务净损益，企业应设置"主营业务收入""主营业务成本""营业税金及附加"等账户进行核算。"主营业务收入"科目核算企业销售商品、提供劳务及让渡资产使用权等日常活动中所产生的收入。"主营业务成本"科目核算企业发生的与已确认的主营业务收入相互配比的成本。"营业税金及附加"科目核算企业取得主营业务收入时需交纳的除增值税以外的税金及附加，包括营业税、消费税、资源税、城市维护建设税和教育费附加等。

（1）一般商品销售业务的账务处理：

企业销售商品或提供劳务实现的销售收入，应按照实际收到或应收的价款，借记"银行存款"、"应收账款"、"应收票据"等账户，按销售收入的金额，贷记"主营业务收入"账户，按专用发票上注明的增值税税额，贷记"应交税费——应交增值税（销项税额）"账户。

【例 7-1】 A 公司 2014 年 10 月 18 日销售给昌盛公司甲商品 100 件，每件售价 800 元，每件成本 500 元，增值税税率 17%。公司已按合同发货，货款已收到。

借：银行存款	93 600
贷：主营业务收入	80 000
应交税费——应交增值税（销项税额）	13 600
借：主营业务成本	50 000
贷：库存商品	50 000

（2）发生销售折扣的账务处理：

销售折扣包括现金折扣和商业折扣。销售商品涉及现金折扣的，应当按照扣除现金折扣前的金额确定销售商品收入金额，现金折扣在实际发生时计入当期损益。销售商品涉及商业折扣的，应当按照扣除商业折扣后的金额确定销售商品收入金额。

【例 7-2】 A 公司 2014 年 11 月 18 日销售给 S 公司甲商品 500 件，每件售价 800 元，每件成本 500 元。由于 S 公司购买数量较多，A 公司给其 5% 的商业折扣，增值税税率 17%。公司已按合同发货，并以银行存款代垫 S 公司运杂费 1 000 元，货款尚未收到。A 公司给予的现金折扣条件是：2/10，n/30，假定现金折扣不考虑税金。

2014 年 11 月 18 日 A 公司应做的账务处理：

借：应收账款——S公司	445 600
贷：主营业务收入	380 000
应交税费——应交增值税（销项税额）	64 600
银行存款	1 000
借：主营业务成本	250 000
贷：库存商品	250 000

S公司在2014年11月28日支付货款，可以取得现金折扣。

借：银行存款	438 000
财务费用	7 600
贷：应收账款——S公司	445 600

若S公司在2014年12月18日支付货款，没有现金折扣。

| 借：银行存款 | 445 600 |
| 贷：应收账款——S公司 | 445 600 |

（3）发生销售折让的账务处理：

如果销售折让发生在销售商品收入确认之前，应当比照商业折扣的会计处理方法。如果销售折让发生在销售商品收入确认之后，应当在发生时冲减当期销售商品收入。

企业本期发生的销售折让，按应冲减的销售商品收入，借记"主营业务收入"账户，按专用发票上注明的应冲减的增值税销项税额，借记"应交税费——应交增值税（销项税额）"账户，按实际支付或应退还的价款，贷记"银行存款"、"应收账款"等账户。

【例7-3】 B公司于2014年9月18日购买A公司甲商品100件，每件售价800元，每件成本500元，货款未付。验货后发现商品质量不合格。经双方多次协商，A公司2014年10月10日同意给予B公司5 000元的销售折让，增值税税额850元，均从赊销款中扣除。A公司应做的账务处理为：

借：主营业务收入	5 000
应交税费——应交增值税（销项税额）	850
贷：应收账款——B公司	5 850

（4）发生销售退回的账务处理：

企业已经销售的商品发生销售退回的，应当在发生时冲减当期销售商品收入。同时冲减当期的销售成本。

【例7-4】 A公司于2014年8月18日销售甲商品150件给C公司，每件售价800元，每件成本500元，货款已经支付。2014年11月5日C公司因商品质量问题要求退货，A公司开出红字增值税专用发票价款120 000元，增值税税额20 400元，通过银行转账退款。当天将退回的商品验收入库。A公司应做的账务处理为：

借：主营业务收入	120 000
应交税费——应交增值税（销项税额）	20 400
贷：银行存款	140 400
借：库存商品	75 000
贷：主营业务成本	75 000

（5）委托代销的账务处理：

委托代销的业务分为两种方式：一种是视同买断方式，一种是收取手续费方式。

① 视同买断方式，即由委托方和受托方签订协议，委托方按协议价收取所代销的货款，实际售价可由受托方自定，实际售价与协议价之间的差额归受托方所有。委托方在交付商品时确认收入。

【例7-5】　A公司委托B公司销售乙商品100件，协议价200元/件，成本120元/件。B公司实际售价为240元/件，与A公司按协议价200元/件结算，不再另收手续费。B公司销售了全部甲商品，并向A公司开具了代销清单，增值税税率17%。

A公司将商品交付给B公司时：

借：应收账款——B公司	23 400
贷：主营业务收入	20 000
应交税费——应交增值税（销项税额）	3 400
借：主营业务成本	12 000
贷：库存商品	12 000

A公司收到B公司汇来的价款时：

| 借：银行存款 | 23 400 |
| 　　贷：应收账款——B公司 | 23 400 |

② 收取手续费，即受托方根据所代销的商品数量向委托方收取手续费，这样对受托方来说实际上是一种劳务收入。委托方应在受托方将商品销售后并向委托方开具代销清单时确认收入；受托方在商品销售后按应收取的手续费确认收入。

【例7-6】　A公司委托B公司销售甲商品100件，协议价200元/件，该商品成本120元/件。B公司按协议价出售给顾客，A公司按售价的10%支付给B公司手续费。B公司销售了全部甲商品，并向A公司开具了代销清单，增值税税率17%。

A公司将商品交付给B公司时：

| 借：发出商品 | 12 000 |
| 　　贷：库存商品 | 12 000 |

收到代销清单时：

借：应收账款——B公司	23 400	
贷：主营业务收入		20 000
应交税费——应交增值税（销项税额）		3 400
借：主营业务成本	12 000	
贷：发出商品		12 000
借：销售费用	2 000	
贷：应收账款——B公司		2 000

收到 B 公司汇来的货款时：

借：银行存款	21 400	
贷：应收账款——B公司		21 400

（二）提供劳务收入的核算

有些企业的主营业务是销售商品，而有些企业的主营业务是提供劳务，如提供产品安装、广告宣传、咨询、技术指导、培训、代理等服务。提供劳务的内容不同，完成劳务的时间也不等；有的劳务一次就能完成，有的劳务需要花较长一段时间才能完成。为便于进行会计核算，通常按照提供的劳务的完成是否跨年度作为划分标准，将提供的劳务分为不跨年度的劳务和跨年度的劳务。两种劳务的收入确认应采用不同的方法。

不跨年度的劳务，应在劳务完成时确认收入，确认的金额为合同或者协议的总金额。

跨年度的劳务，如果在年终提供的劳务交易结果能可靠估计的，应采用完工百分比法确认收入。完工百分比法，是指按照提供劳务交易的完工进度确认收入与费用的方法。

1. 提供劳务收入的确认

提供劳务交易的结果能够可靠估计，同时满足下列条件时，才能确认收入：

（1）收入的金额能够可靠地计量。合同中的收入一般根据双方签订的合同或协议注明的交易总额确定。随着劳务的不断提供，可能会根据实际情况增加或者减少交易的总额，收入的金额也应随之调整。

（2）相关的经济利益很可能流入企业。这与销售商品收入确认的条件一致。

（3）交易中已发生和将发生的成本能够可靠地计量。这与销售商品收入确认的条件类似，但为了确定完工进度，劳务收入不仅关注已发生的成本，还应关注将发生的成本。

（4）交易的完工进度能够可靠地确定。企业确定提供劳务交易的完工进度，可以选用以下方法：已完工作的测量方法；已经提供的劳务占应提供劳务总量的比例方法；已经发生的成本占估计总成本的比例方法。

2. 完工百分比法的应用

完工百分比法适用于跨年度的劳务，且在年终提供劳务交易的结果能够可靠估计。

企业应当按照从接受劳务方已收或应收的合同或协议价款确定提供劳务收入的总额，但已收或应收的合同或协议价款不公允的除外。企业应当在年终按照提供劳务收入总额乘以完工进度，在此基础上扣除以前会计期间累计已确认的劳务收入后的金额，确认为当期的提供劳务的收入；同时，按照提供劳务估计总成本乘以完工进度扣除以前会计期间累计已确认的劳务成本后的金额，结转当期的劳务成本。

可以用公式表示完工百分比法下收入和相关费用的计算：

$$本年度确认的收入 = 劳务总收入 \times 截止到本年末止劳务的完工进度$$
$$- 以前年度已确认的收入$$
$$本年度确认的成本 = 劳务总成本 \times 截止到本年末止劳务的完工进度$$
$$- 以前年度已确认的成本$$

【例 7-7】 W 安装公司 2014 年 10 月 1 日接受某项安装工程任务，安装期为 4 个月，合同总收入 300 000 元，年底已预收款项 230 000 元，实际发生成本 150 000 元，估计还会发生 50 000 元的成本。该公司按已经发生的成本占估计总成本的比例确定劳务的完工进度。

已经发生的成本占估计总成本的比例 = 150 000/（150 000 + 50 000）= 75%

2014 年确认的收入 = 300 000 × 75% - 0 = 225 000（元）

2014 年结转的成本 = 200 000 × 75% - 0 = 150 000（元）

W 安装公司在实际发生成本时：

借：劳务成本	150 000
贷：银行存款等	150 000

预收账款时：

借：银行存款	230 000
贷：预收账款	230 000

2014 年 12 月 31 日确认收入、结转成本时：

借：预收账款	225 000
贷：主营业务收入	225 000
借：主营业务成本	150 000
贷：劳务成本	150 000

三、其他业务收入

其他业务派生于企业正常的生产经营活动，与主营业务相比，金额较小、发生的时间不固定，是企业在经营过程中发生的一些零星的收支业务。根据重要性原则，对其他业务的核算采取比较简单的方法。

企业的其他业务主要包括出租固定资产、出租无形资产、出租包装物和商品、销售材料、用材料进行非货币性资产交换或债务重组等业务。企业应设置"其他业务收入"账户核算企业除主营业务以外的其他经营活动实现的收入，按照其他业务收入种类进行明细核算。期末，应将本账户余额转入"本年利润"账户，结转后本账户应无余额。企业确认的其他业务收入，借记"银行存款"、"应收账款"等账户，贷记"其他业务收入"账户、

"应交税费——应交增值税（销项税额）"等账户。

设置"其他业务成本"账户核算企业除主营业务活动以外的其他经营活动所发生的支出，包括销售材料的成本、出租固定资产计提的折旧、出租无形资产计提的摊销、出租包装物的成本或摊销额。并按照其他业务成本的种类进行明细核算。期末应将本账户余额转入"本年利润"账户，结转后本账户应无余额。

【例7-8】 M公司2014年4月销售多余材料一批，成本3 000元，售价5 000元，增值税850元，款项已收到。

借：银行存款	5 850
贷：其他业务收入	5 000
应交税费——应交增值税（销项税额）	850
借：其他业务成本	3 000
贷：原材料	3 000

【例7-9】 M公司经营出租设备一台，2014年5月20日收到当月租金3 000元存入银行。

借：银行存款	3 000
贷：其他业务收入	3 000

月末计提该设备的折旧额为800元。

借：其他业务成本	800
贷：累计折旧	800

【例7-10】 M公司将一项非专利技术的使用权出租给万达公司，合同约定租期1年，租金每月1日支付。2014年6月1日收到万达公司支付的租金4 000元存入银行。

借：银行存款	4 000
贷：其他业务收入	4 000

第二节　费　　用

费用是为了取得一定数额的收入所必须付出的代价，是确认利润必不可少的要素之一。

一、费用概述

（一）费用的概念
费用是指企业在日常活动中发生的、会导致所有者权益减少的、与向所有者分配利润无关的经济利益的总流出。

费用通常具有如下特征：

（1）费用最终会导致企业资源的减少。具体表现为企业的资金支出，或表现为资产的耗费。从此意义上说，费用本质上是企业的一种资产流出，它与资产流入企业所形成的收入相反。但企业资金的支出并不都构成费用，企业在生产经营过程中，有两类支出不应列入费用：一是偿债性支出，如用银行存款归还所欠债务；二是企业向所有者分配的利润或股利，属于利润的分配，也不作为费用。费用也可以理解为企业为实现收入的目的而发生的资产耗费。

（2）费用最终会减少企业的所有者权益。一般而言，企业的资金收入会增加企业的所有者权益；而资金支出会减少企业的所有者权益，即形成企业的费用。但是导致企业所有者权益减少的支出并不都构成费用，如企业向所有者分配的利润或股利，虽然减少了所有者权益，但属于利润的分配，不是经营活动的结果，不应作为费用处理。因此，费用也可理解为企业在取得营业收入过程中所耗费的各项支出。

（二）费用的分类

为便于合理地确认和计量费用，正确计算产品成本，应恰当地对费用进行分类。在会计中一般将费用按照其经济用途分类。

按照经济用途，可以把费用分为能够计入产品成本的费用和不能计入产品成本的费用两部分，即分为生产成本和期间费用两大类。

能够计入成本的费用又称为产品生产成本，包括：

（1）直接材料：指直接用于产品生产，构成产品实体的原料、主要材料、外购半成品及有助于产品形成的辅助材料和其他直接材料费用。

（2）直接人工：指直接从事产品生产工人的职工薪酬。

（3）制造费用：指企业各生产单位为组织和管理生产而发生的、不能或不便于直接计入各产品成本的各项费用。

不能计入成本的费用又称期间费用，是指与产品生产不存在明显因果关系、难以按产品归集，必须从当期收入中得到补偿的费用。包括销售费用、管理费用和财务费用。销售费用是指企业在销售产品、提供劳务等日常经营过程中发生的各项费用以及专设销售机构发生的费用；管理费用是指企业行政管理部门为组织和管理生产而发生的各种费用；财务费用是指企业为筹集生产经营所需资金而发生的费用。

（三）费用的核算

企业在日常经营活动中发生的各种耗费应如何确认和计量？这是一个非常重要的问题，它直接关系到企业在一定会计期间内损益的确定。

1. 费用的确认

企业获取收入的过程也是经济资源的消耗过程，在预计收入实现的同时，所投入的经济资源也转化为费用，应相应地加以确认。因此，费用的确认标准有以下三种情况：

（1）根据与收入的因果关系确认。有些费用与收入是有因果关系的，它们都源于同一交易或事项，应在确认收入的同时确认费用，如主营业务成本。

（2）按照受益对象分期分摊确认。企业的固定资产、无形资产等可以在多个会计期间内发挥作用，使多个会计期间受益，故应按照系统合理的分配程序和方法，计算各受益期的分摊额，分别确认在其受益的各个会计期间内。

（3）在发生当期予以确认。有些费用不能予以对象化，无法归属于某个特定的产品，则应将其归属于会计期间，在发生当期直接计入损益，如广告费、行政管理部门人员工资等。

2. 费用的计量

企业在生产经营过程中所发生的其他各项费用，应当以实际发生数计入成本、费用，不得以估计成本或计划成本代替实际成本。即企业在具体核算中可采用实际成本，也可采用定额成本、计划成本或标准成本计价，但月末编制会计报表时，必须调整为实际成本。对于各会计期间所负担的费用，则必须按实际发生额计算、确认和结转。

二、生产成本的核算

（一）成本与费用的联系和区别

成本与费用是两个既有联系、又有区别的概念。首先，成本是对象化的费用，生产成本是相对于一定的产品对象所发生的费用，它是按照产品品种等成本计算对象对当期发生的费用进行归集所形成的。在按照费用的经济用途分类中，企业一定期间发生的各项直接费用和制造费用的总和，构成了一定期间的生产成本。同时，对于上述费用来说，其发生的过程同时也就是产品成本的形成过程。其次，费用是某一期间为进行生产而发生的，它与一定的期间相联系；产品成本是为生产某一种或几种产品而消耗的费用，它与一定种类和数量的产品相联系。

成本与费用是相互转化的。某一期间的费用将构成本期完工产品成本的主要部分；但是，本期完工产品成本并不都是由本期所发生的费用所形成，它可能还包括部分期初结转的上期未完工产品的成本，即上期所发生的费用；同样，本期的全部费用也不都是形成本期的完工产品成本，它包括一些应结转至下期的在期末未完工产品上发生的支出。

（二）产品成本计算的一般程序

产品成本计算的一般程序如下：

首先，对发生的各项支出进行审核和控制，确定应计入产品成本的费用界限。

其次，将应计入本月产品成本的各种费用，在各种产品之间按照成本项目进行归集和分配，计算出各种产品成本。

最后，对既有完工产品又有在产品的产品，将月初在产品费用与本月生产费用之和，在完工产品与月末在产品之间进行归集与分配，计算出该种完工产品成本。

(三) 生产成本的账务处理

进行生产成本核算，首先应明确划分各种费用支出的界限：产品生产成本与期间费用的界限；本期产品与下期产品应负担的费用界限；各种产品不同的费用界限；本期完工产品与期末在产品之间的费用界限等。在划分这些界限时，应遵循受益原则，即谁受益谁负担费用；负担费用的多少，应与受益程度大小成正比。费用经过归集汇总后就要计算产品成本。企业在进行成本计算时，还必须根据其生产经营特点、生产经营组织类型和成本管理要求，确定成本计算方法。

1. 直接生产费用

直接生产费用是指在构成产品成本的各项生产费用中，直接用于产品生产的费用。即在构成产品成本的各项生产费用中，可以分清哪种产品所耗费、可以直接计入某种产品成本的费用。企业为核算生产所发生的各项直接费用，应当设置"生产成本"科目。需要说明的是，"生产成本"科目虽然带有"成本"二字，但并不是利润表上的损益类项目。该科目借方反映所发生的各项生产费用；贷方反映完工转出的各种生产成本；期末借方余额，反映尚未完工的各项在产品的成本，属于资产负债表中的资产类项目。

在"生产成本"科目下，企业还可以进一步设置"基本生产成本"和"辅助生产成本"两个明细科目。"基本生产成本"明细科目核算企业基本生产车间为完成企业主要生产目的而进行的产品生产所发生的生产费用；"辅助生产成本"明细科目核算企业辅助生产车间为基本生产服务而进行的产品生产和劳务供应所发生的生产费用。

【例 7 - 11】 生产领用单显示，S 公司 2014 年 6 月领用了甲材料 50 吨，每吨成本 100 元。领用甲材料全部用于生产 A 产品。

S 公司应做如下账务处理：

借：生产成本——基本生产成本（A 产品）	5 000
贷：原材料——甲材料	5 000

【例 7 - 12】 2014 年 6 月，S 公司计算第一生产车间的职工薪酬 24 000 元、提供电力供应的配电室的职工薪酬 8 000 元。其中第一生产车间仅生产 A 产品。

S 公司应做如下账务处理：

借：生产成本——基本生产成本（A 产品）	24 000
——辅助生产成本	8 000
贷：应付职工薪酬	32 000

2. 间接生产费用

间接生产费用是指在构成产品成本的各项生产费用中，间接用于产品生产的费用，即在构成产品成本的各项生产费用中，不能分清哪种产品所耗用、不能直接计入某种产品成本，而必须按照一定标准分配计入有关的各种产品成本的费用。企业应当设置"制造费用"科目，企业本期发生的间接生产费用先记入"制造费用"科目，月末，再按照一定的分配标准分配结转各产品的"生产成本"账户，结转后本账户无余额。

【例 7 - 13】 2014 年 6 月，S 公司计提第二生产车间的固定资产折旧 60 000 元，第二生产车间共生产 A、B 两种产品。

S 公司应做如下账务处理：

借：制造费用	60 000	
贷：累计折旧		60 000

【例 7 –14】 2014 年 6 月末，S 公司第二生产车间生产 A 产品工时为 2 000 小时，生产 B 产品工时为 4 000 小时，按照 A、B 两种产品的生产工时分配本期的制造费用 60 000 元。

S 公司应做如下账务处理：

A 产品应分摊的制造费用 = 60 000 × [2 000/(2 000 + 4 000)] = 20 000（元）

B 产品应分摊的制造费用 = 60 000 × [4 000/(2 000 + 4 000)] = 40 000（元）

借：生产成本——基本生产成本（A 产品）	20 000	
——基本生产成本（B 产品）	40 000	
贷：制造费用		60 000

三、期间费用的核算

期间费用包括销售费用、管理费用和财务费用。

（一）销售费用的核算

销售费用是企业在销售商品和材料、提供劳务的过程中发生的各种费用，包括保险费、包装费、展览费和广告费、商品维修费、预计产品质量保证损失、运输费、装卸费等，以及为销售本企业商品而专设的销售机构（含销售网点、售后服务网点等）的职工薪酬、业务费、折旧费等经营费用。

企业应开设"销售费用"账户进行核算，并按照费用项目进行明细核算。期末应将本科目余额转入"本年利润"科目，结转后本科目应无余额。

企业在销售商品过程中发生的包装费、保险费、展览费和广告费、运输费、装卸费等费用，借记"销售费用"账户，贷记"库存现金"、"银行存款"账户。企业发生的为销售本企业商品而专设的销售机构的职工薪酬、业务费等经营费用，借记"销售费用"账户，贷记"应付职工薪酬"、"银行存款"、"累计折旧"等账户。

【例 7 –15】 M 公司以转账支票支付推销产品的广告费 12 000 元。

借：销售费用	12 000	
贷：银行存款		12 000

【例 7 –16】 M 公司本月专设销售机构的人员工资为 8 000 元。

借：销售费用	8 000	
贷：应付职工薪酬		8 000

(二) 管理费用的核算

管理费用是企业为组织和管理企业生产经营所发生的费用，包括企业的董事会和行政管理部门在企业的经营管理中发生的或者应由企业统一负担的公司经费（包括行政管理部门职工薪酬、修理费、物料消耗、低值易耗品摊销、办公费和差旅费等）、工会经费、董事会费（包括董事会成员津贴、会议费和差旅费等）、聘请中介机构费、咨询费（含顾问费）、诉讼费、业务招待费、房产税、车船税、土地使用税、印花税、技术转让费、研究费、排污费等。

企业应开设"管理费用"账户进行核算，按照费用项目进行明细核算。期末应将本账户的余额转入"本年利润"账户，结转后应无余额。

企业与固定资产有关的后续支出，包括固定资产发生的日常修理费、大修理费用、更新改造支出、房屋的装修费用等，没有满足固定资产准则规定的固定资产确认条件的，也在本账户核算。

企业在筹建期间内发生的开办费，包括人员工资、办公费、培训费、差旅费、印刷费、注册登记费以及不计入固定资产价值的借款费用等，借记"管理费用"账户，贷记"银行存款"等账户。

行政管理部门人员的职工薪酬、计提的固定资产折旧，借记"管理费用"账户，贷记"应付职工薪酬"、"累计折旧"账户。发生的办公费、修理费、水电费、业务招待费、聘请中介机构费、咨询费、诉讼费、技术转让费、研究费用时，借记"管理费用"账户，贷记"银行存款"、"研发支出"等账户。

【例7-17】 S公司以转账支票支付咨询机构的技术咨询费6 000元，支付招待客户的费用2 000元。

借：管理费用	8 000
贷：银行存款	8 000

【例7-18】 M公司在筹建期间用银行存款支付有关筹建工作人员工资8 000元，注册登记费4 000元，培训费3 600元。

借：管理费用	15 600
贷：银行存款	15 600

(三) 财务费用的核算

财务费用是企业为筹集生产经营所需资金等而发生的筹资费用，包括利息支出（减利息收入）、汇兑差额以及相关的手续费、企业发生的现金折扣或收到的现金折扣等。

企业应开设"财务费用"账户进行核算，并按照费用项目进行明细核算。期末应将本账户余额转入"本年利润"账户，结转后应无余额。

企业发生的财务费用，借记"财务费用"账户，贷记"银行存款"、"应收账款"等账户。发生的应冲减财务费用的利息收入、汇兑差额、现金折扣，借记"银行存款"、"应付账款"等账户，贷记"财务费用"账户。

【例 7 – 19】 S 公司以存款支付银行办理转账结算的手续费 400 元，支付本季度短期借款利息 15 000 元，前两个月已计提 10 000 元。

借：财务费用 5 400
 应付利息 10 000
  贷：银行存款 15 400

【例 7 – 20】 S 公司收到银行转来的银行存款计息单，收到本季度银行存款利息 2 000 元，前两个月已预计银行存款利息 1 200 元。

借：银行存款 2 000
  贷：财务费用 800
   应收利息 1 200

四、营业税金及附加的核算

企业应设置"营业税金及附加"科目用于核算企业日常活动应负担的税金及附加，包括营业税、消费税、城市维护建设税、资源税、土地增值税和教育费附加等。企业按照规定计算出在日常经营活动中应负担的税金及附加费，借记"营业税金及附加"科目，贷记"应交税费——应交营业税"、"应交税费——应交消费税"等科目。期末，"营业税金及附加"科目的余额结转"本年利润"科目后无余额。

【例 7 – 21】 W 公司销售所生产的化妆品，价款 2 000 000 元（不含增值税），适用的消费税税率为 30%。甲企业的有关会计分录如下：

借：营业税金及附加 600 000
  贷：应交税费——应交消费税 600 000

第三节 利　润

利润是指企业在一定会计期间的经营成果，是判断企业经营活动是否有效的一个重要指标和企业最终进行利润分配的重要依据。利润是收入与费用相互配比的结果，并最终会导致所有者权益发生变动。任何企业在一个会计期间内取得的收入与相关的费用配比后，如果收入大于费用，企业就获取了利润；反之，企业就发生亏损。

一、利润的构成

利润是企业生产经营成果的综合反映，包括收入减去费用后的净额、直接计入当期利润的利得和损失等。直接计入当期利润的利得和损失，是指应当计入当期损益、会导致所有者权益发生增减变动的、与所有者投入资本或者向所有者分配利润无关的利得或者损失。利润金额取决于收入和费用、直接计入当期利润的利得和损失金额的计量。

（一）营业利润

营业利润是收入减去费用后的净额，是企业日常活动的主要经营成果，能够比较恰当地代表企业管理者的经营业绩。

$$营业利润 = 营业收入 - 营业成本 - 营业税金及附加 - 销售费用 - 管理费用$$
$$- 财务费用 - 资产减值损失 + 公允价值变动净收益 + 投资净收益$$

营业收入反映企业经营主要业务和其他业务所确认的收入总额，包括主营业务收入和其他业务收入。

营业成本反映企业经营主要业务和其他业务发生的实际成本总额，包括主营业务成本和其他业务成本。

营业税金及附加反映企业经营业务应负担的营业税、消费税、城市维护建设税、资源税、土地增值税和教育费附加等。

销售费用反映企业在销售商品过程中发生的包装费、广告费等费用和为销售本企业商品而专设的销售机构的职工薪酬、业务费等经营费用。

管理费用反映企业为组织和管理生产经营发生的管理费用。

财务费用反映企业筹集生产经营所需资金等而发生的筹资费用。

资产减值损失反映企业各项资产发生的减值损失。

公允价值变动净收益反映企业按照相关准则规定应当计入当期损益的资产或负债公允价值变动净收益，如交易性金融资产当期公允价值的变动额。

投资净收益反映企业以各种方式对外投资所取得的收益。

（二）利润总额

利润总额（或亏损总额）是在营业利润的基础上，加上营业外收入减去营业外支出的结果。

$$利润总额 = 营业利润 + 营业外收入 - 营业外支出$$

营业外收入属于直接计入当期利润的利得，反映企业发生的与其经营活动无直接关系的各项净收入。营业外收入包括处置非流动资产利得、非货币性资产交换利得、债务重组利得、罚没利得、政府补助利得、盘盈利得、捐赠利得等。

营业外支出属于直接计入当期利润的损失，反映企业发生的与其经营活动无直接关系的各项净支出，包括处置非流动资产损失、非货币性资产交换损失、债务重组损失、罚款支出、公益性捐赠支出、非常损失、盘亏损失等。

（三）净利润

企业的净利润（或者净亏损）是当期利润总额扣除所得税费用后的余额。

净利润＝利润总额－所得税费用

二、营业外收入和营业外支出的账务处理

"营业外收入"科目主要核算企业发生的各项营业外收入，主要包括非流动资产处置利得、非货币性资产交换利得、债务重组利得、政府补助利得、盘盈利得、捐赠利得等。"营业外支出"科目主要核算企业发生的各项营业外支出，主要包括非流动资产处置损失、非货币性资产交换损失、债务重组损失、公益性捐赠支出、非常损失、盘亏损失等。

期末，"营业外收入"科目和"营业外支出"科目的余额结转"本年利润"科目后无余额。

【例7－22】 A 公司在 2014 年取得一笔合同违约金收入 3 000 元。

A 公司应作如下账务处理：

借：银行存款	3 000
贷：营业外收入	3 000

【例7－23】 A 公司 2014 年 8 月 30 日通过银行转账捐赠贫困地区 5 000 元。

A 公司应作如下账务处理：

借：营业外支出	5 000
贷：银行存款	5 000

三、所得税费用的账务处理

企业的所得税是指对企业的生产、经营所得和其他所得额课征的一种税。所得税是企业取得可供分配的净收益（即税后利润）所必须付出的代价。对企业来说，所得税的支付也是一项费用。企业所得税具有强制性和无偿性，只要企业获得收益，都要依法交纳所得税。

然而，企业应交纳的所得税并不是企业根据自己计算的税前会计利润乘以所得税税率得出。这是因为会计和税收是经济领域中的两个不同分支，会计准则和税法规定在收入和费用的确认范围、确认期间上都可能有所不同，这样就使得税前会计利润与应纳税所得额之间产生差异。因此，企业应当按照税法的相关规定，将税前会计利润调整为应纳税所得额。

应纳税所得额＝税前会计利润＋纳税调整增加额－纳税调整减少额

应交所得税＝应纳税所得额×所得税税率

关于对税前会计利润纳税调整的具体内容，鉴于本书篇幅所限，在此不再详述。

【例7－24】 M 公司 2014 年会计利润为 100 000 元，其适用的所得税税率为 25%。假定 M 公司不存在纳税调整事项，则 M 公司应作如下会计分录：

借：所得税费用	25 000	
贷：应交税费——应交所得税		25 000

四、利润的会计处理

企业应设置"本年利润"账户核算企业当年实现的净利润（或发生的净亏损）。

期末结转利润时，应将"主营业务收入"、"其他业务收入"、"营业外收入"等所有损益类账户中收入类账户的期末余额分别转入本账户贷方，借记"主营业务收入"、"其他业务收入"、"营业外收入"等账户，贷记"本年利润"账户。将"主营业务成本"、"营业税金及附加"、"其他业务成本"、"销售费用"、"管理费用"、"财务费用"、"资产减值损失"、"营业外支出"、"所得税费用"等所有损益类账户中支出类账户的期末余额分别转入本账户借方，借记"本年利润"账户，贷记"主营业务成本"、"营业税金及附加"、"其他业务成本"、"销售费用"、"管理费用"、"财务费用"、"资产减值损失"、"营业外支出"、"所得税费用"等账户。将"公允价值变动损益"、"投资收益"账户的净收益，转入本账户贷方，借记"公允价值变动损益"、"投资收益"账户，贷记"本年利润"账户；如为净损失，做相反的会计分录。

期末利润结转的方法有表结法和账结法。

1. 表结法

在这种结转方法下，各损益类科目每月月末只需结计出本月发生额和月末累计余额，不结转到"本年利润"科目，只有在年末时才将全年累计余额结转入"本年利润"科目。但每月月末要将损益类科目的本月发生额合计数填入利润表的本月数栏，同时将本月末累计余额填入利润表的本年累计数栏，通过利润表计算反映各期的利润（或亏损）。表结法下，年中损益类科目无须结转入"本年利润"科目，从而减少了转账环节和工作量，同时不影响利润表的编制及有关损益指标的利用。

2. 账结法

在这种结转方法下，每月月末均需编制转账凭证，将在账上结计出的各损益类科目的余额结转入"本年利润"科目。结转后"本年利润"科目的本月合计数反映当月实现的利润或发生的亏损，"本年利润"科目的本年累计数反映本年累计实现的利润或发生的亏损。账结法在各月均可通过"本年利润"科目提供当月及本年累计的利润（或亏损）额，但增加了转账环节和工作量。结转后，"本年利润"科目如为贷方余额，表示当年实现的净利润；如为借方余额，表示当年发生的净亏损。

无论采用哪种利润结转的方法，年度终了时，应将本年收入和支出相抵后结出的本年实现的净利润，转入"利润分配"账户，借记"本年利润"账户，贷记"利润分配——未分配利润"账户；如为净亏损，做相反的会计分录。结转后本账户应无余额。

【例7-25】 A公司2014年12月31日结账前有关损益类账户余额如下，见表7-1。

表 7 −1

账户名称	结账前余额（元）	账户名称	结账前余额（元）
主营业务收入	3 000 000（贷）	其他业务收入	109 000（贷）
主营业务成本	2 160 000（借）	其他业务成本	72 000（借）
营业税金及附加	150 000（借）	资产减值损失	250 000（借）
销售费用	97 000（借）	营业外收入	1 000（贷）
管理费用	51 000（借）	营业外支出	800（借）
财务费用	39 200（借）	所得税费用	95 700（借）

根据上述资料，企业作如下会计处理：

（1）结转各项收入：

借：主营业务收入	3 000 000
其他业务收入	109 000
营业外收入	1 000
贷：本年利润	3 110 000

（2）结转销售成本、税金、期间费用等各项支出损失：

借：本年利润	2 915 700
贷：主营业务成本	2 160 000
其他业务成本	72 000
营业税金及附加	150 000
销售费用	97 000
管理费用	51 000
财务费用	39 200
资产减值损失	250 000
营业外支出	800
所得税费用	95 700

（3）年度终了，结转本年净利润：

借：本年利润	194 300
贷：利润分配——未分配利润	194 300

五、利润分配的会计处理

(一) 利润分配的顺序

企业创造的净利润，一部分留存下来，用于企业扩大生产经营规模，以便在今后为投资者创造更多的利润，或者用于建立风险投资基金，从而弥补将来可能出现的亏损；一部分则以股利的形式分派给投资者或股东，作为投资者进行风险投资的回报。

企业利润分配的顺序如下：

（1）提取法定盈余公积和任意盈余公积

法定盈余公积按照本年实现净利润的一定比例提取，企业提取的法定盈余公积累计额超过其注册资本 50% 以上的，可以不再提取。

股份制企业经过股东大会决议，可以提取任意盈余公积，提取比例视企业情况和需要而定。

（2）向投资者分派股利或利润。企业在提取法定盈余公积金前，不得向投资者分配利润。

（3）企业如果发生亏损，可以用以后年度实现的税前利润弥补，但是连续弥补期限不得超过五年，从第六年起要用税后利润弥补。企业也可用盈余公积弥补亏损。

企业本年实现的净利润加上年初未分配利润即为可供分配的利润。可供分配的利润在经过上述分配后，即为未分配利润。未分配利润可留待以后年度进行分配。盈余公积与未分配利润合称留存收益，它们都是企业通过生产经营活动而创造积累的、未分配或限制分配给投资者的净利润。

(二) 利润分配的账务处理

企业可开设"利润分配"账户核算企业利润的分配（或亏损的弥补）和历年分配（或弥补）后的积存余额，并分别设置"提取法定盈余公积"、"提取任意盈余公积"、"应付现金股利或利润"、"转作股本的股利"、"盈余公积补亏"和"未分配利润"等明细账户进行明细核算。

企业按规定提取的盈余公积，借记"利润分配"（提取法定盈余公积、提取任意盈余公积）账户，贷记"盈余公积——法定盈余公积、任意盈余公积"账户。企业经股东大会或类似机构决议，分配给股东或投资者的现金股利或利润，借记"利润分配"（应付现金股利或利润）账户，贷记"应付股利"账户。经股东大会或类似机构决议，分配给股东的股票股利，应在办理增资手续后，借记"利润分配"（转作股本的股利）账户，贷记"股本"账户。如有差额，贷记"资本公积——股本溢价"账户。企业用盈余公积弥补亏损，借记"盈余公积——法定盈余公积或任意盈余公积"账户，贷记"利润分配"（盈余公积补亏）账户。年度终了，企业应将全年实现的净利润，自"本年利润"账户转入本账户，借记"本年利润"账户，贷记"利润分配"（未分配利润）账户，若为净亏损，就做相反的会计分录；同时，将"利润分配"账户所属其他明细账户的余额转入本账户的

"未分配利润"明细账户。结转后，本账户除"未分配利润"明细账户外，其他明细账户应无余额。本账户的年末余额反映企业历年积存的未分配利润（或未弥补亏损）。

企业应开设"盈余公积"账户核算企业从净利润中提取的盈余公积，并分别"法定盈余公积"、"任意盈余公积"进行明细核算。企业按规定提取的盈余公积，借记"利润分配——提取法定盈余公积、提取任意盈余公积"账户，贷记"盈余公积"（法定盈余公积、任意盈余公积）账户。企业经股东大会或类似机构决议，用盈余公积弥补亏损或转增资本，借记"盈余公积"账户，贷记"利润分配——盈余公积补亏"、"实收资本"或"股本"账户。企业经股东大会决议，用盈余公积派送新股，按派送新股计算的金额，借记"盈余公积"账户，按股票面值和派送新股总数计算的股票面值总额，贷记"股本"账户，按其差额，贷记"资本公积——股本溢价"账户。

【例7-26】 A公司用盈余公积弥补亏损60 000元。

借：盈余公积	60 000
贷：利润分配——盈余公积补亏	60 000

【例7-27】 A公司2012年度亏损100 000元，2013年度实现净利润180 000元。

2012年年末：借：利润分配——未分配利润	100 000
贷：本年利润	100 000
2013年年末：借：本年利润	180 000
贷：利润分配——未分配利润	180 000

【例7-28】 A公司2014年度实现净利润190 000元，按照净利润的10%提取法定盈余公积，同时按照股东大会决议提取50%的任意盈余公积，其余的用于派发现金股利。

借：利润分配——提取法定盈余公积	19 000
——提取任意盈余公积	95 000
——应付现金股利	76 000
贷：盈余公积——法定盈余公积	19 000
——任意盈余公积	95 000
应付股利	76 000

【例7-29】 根据【例7-28】资料，A公司年终结转利润分配其他明细账户的余额。

借：利润分配——未分配利润	190 000
贷：利润分配——提取法定盈余公积	19 000
——提取任意盈余公积	95 000
——应付现金股利	76 000

思考与练习

思考题

1. 收入的定义及其特点，企业销售商品同时满足哪些条件时，才能确认收入？
2. 费用的定义及其特点，成本和费用两个概念有何异同？
3. "生产成本"和"制造费用"科目是损益类科目吗？这两个科目分别核算哪些内容？
4. "销售费用"、"管理费用"、"财务费用"科目分别核算哪些内容？
5. "营业外收入"和"营业外支出"科目分别核算哪些内容？

练习题

一、单项选择题

1. 收入是指企业在销售商品、提供劳务及让渡资产使用权等（   ）。

A. 日常经营活动中所形成的经济利益的总流入

B. 主要经营活动中所形成的经济利益的总流入

C. 日常经营活动中所形成的经济利益的净流入

D. 主要经营活动中所形成的经济利益的净流入

2. 工业企业的下列各项收入中，不属于营业收入的有（   ）。

A. 转让技术使用权的转让收入　　　　B. 出租设备的租金收入

C. 出售设备的价款收入　　　　　　　D. 出租包装物的租金收入

3. 以前年度销售的商品在本年退回，应（   ）。

A. 冲减退回月份发出商品的数量　　　B. 作为以前年度损益调整处理

C. 改动以前年度的账目　　　　　　　D. 冲减退回当月的销售收入和销售成本

4. A公司各月月末将各损益账户的余额转入"本年利润"账户，则12月31日各损益类账户结转后，"本年利润"账户贷方余额表示（   ）。

A. 本年度12月份实现的净利润　　　　B. 本年度全年实现的净利润

C. 本年度12月份实现的利润总额　　　D. 本年度全年实现的利润总额

5. 下列项目中，应列作营业外支出的是（   ）。

A. 对外捐赠支出　　　　　　　　　　B. 独生子女补贴

C. 退休职工的退休金　　　　　　　　D. 无法收回的应收账款

二、多项选择题

1. 企业取得收入时会影响的会计要素有（   ）。

A. 资产　　　　B. 利润　　　　C. 所有者权益　D. 负债　　　　E. 费用

2. 下列各项收入中，属于工业企业其他业务收入的有（   ）。

A. 转让无形资产所有权所取得的收入　　　B. 购买股票取得的股利收入

C. 转让无形资产使用权所取得的收入　　　D. 出租固定资产的租金收入

E. 销售材料所取得的收入

3. "其他业务成本"账户核算其他销售或其他业务发生的各项支出，包括（   ）。

A. 耗用的原材料支出　　　　　　　　　B. 应负担的各种相关费用

C. 管理费用　　　　　　　　　　　　　D. 应负担的各种销售税金

E. 发生的现金折扣或销售折让

4. 下列各项中，属于营业外收入的有（   ）。

A. 国库券利息收入　　　　　　　　　　B. 补贴收入

C. 处理固定资产利得　　　　　　　　　D. 债务重组收入

E. 经批准转销的存货盘盈收益

5. 下列经济业务中，能引起企业利润总额增减的有（   ）。

A. 按规定程序批准转销的固定资产盘亏　　B. 转让无形资产使用权的收益

C. 捐赠利得　　　　　　　　　　　　　D. 收到供货单位违反合同的违约金

E. 计算应交纳的消费税

三、业务处理题

1. A 公司于 2014 年 1 月 1 日开始营业。2014 年 12 月，该公司发生以下业务：

（1）12 月 10 日，销售商品 200 件，每件售价为 300 元，增值税税率为 17%，每件成本为 160 元，货款已存入银行。

（2）12 月 15 日，上月销售并已收款的 A 产品有 100 件本月退回，售价和成本与本月相同。

（3）12 月 20 日，开出支票 1 万元支付广告费。

（4）12 月 21 日，以现金支付行政管理部门的差旅费 2 500 元。

（5）12 月 31 日，月末结转销售成本。

（6）12 月 31 日，计算本月应纳所得税，该公司的所得税税率为 25%。月末结转损益类账户。

（7）1~11 月的利润为 185 000 元，结转本年度实现的利润。

（8）该公司按照净利润的 10% 计提法定盈余公积。

（9）经股东大会决议，该公司宣告分派现金股利 10 000 元。

要求：根据以上业务，编制必要的会计分录。

2. 某企业 2014 年度企业有关情况如下：

（1）主营业务收入 6 000 万元，主营业务成本 3 500 万元，其他业务收入 800 万元，其他业务成本 500 万元，营业税金及附加 300 万元，管理费用 500 万元，销售费用 400 万元，财务费用 100 万元，投资收益 200 万元。

（2）营业外收入 90 万元，营业外支出 50 万元，同时上年还有 20 万元亏损未弥补。所得税税率 25%，以当年税后利润的 10% 提取法定盈余公积金，30% 分配现金股利。期初盈余公积 50 万元，未分配利润 −20 万元。

要求：（1）结转损益类科目；

（2）计算所得税并进行会计处理（计算及结转）；

（3）结转净利润；

（4）核算利润分配并结转利润分配其他明细科目；

（5）作出本年利润、利润分配以及相关明细科目的丁字账；

（6）计算本期净利润、未分配利润，并考虑和期初、期末资产负债表的关系。

3. 甲公司 2014 年有关损益类科目的年末余额如下（该公司采用表结法年末一次结转损益类科目，所得税税率为 25%，金额单位为万元）。

科目名称	结账前余额（余额方向）	科目名称	结账前余额（余额方向）
主营业务收入	1 000（贷）	主营业务成本	680（借）
其他业务收入	200（贷）	其他业务成本	140（借）
公允价值变动损益	20（贷）	营业税金及附加	8（借）
投资收益	100（贷）	销售费用	5（借）
营业外收入	30（贷）	管理费用	80（借）
		财务费用	12（借）
		资产减值损失	35（借）
		营业外支出	40（借）

要求：对下列事项进行会计处理。

（1）将各损益类科目年末余额结转入"本年利润"科目。

（2）假设没有纳税调整事项，计算确认当期所得税费用，结转所得税费用。

（3）将"本年利润"科目的余额转入"利润分配"科目。

（4）企业按净利润的 10% 计提法定盈余公积，按净利润的 50% 宣告发放现金股利。

（5）结转利润分配。

第八章

财务会计报告

【内容提要】

财务会计报告是企业对外提供的反映企业某一特定日期财务状况和某一会计期间经营成果、现金流量的信息表。其基本体系包括：资产负债表、利润表、现金流量表、所有者权益（或股东权益，下同）变动表及报表附注。

【教学要点】

本章的教学要点包括财务会计报告的性质与分类，资产负债表、利润表的内容和基本编制方法，现金流量表、所有者权益变动表的基本结构。

第一节　财务会计报告概述

一、财务会计报告的概念及性质

财务会计报告是财务会计信息系统的最终产品，是对企业财务状况、经营成果和现金流量的结构性表述。一套完整的财务报表至少应当包括资产负债表、利润表、现金流量表、所有者权益变动表以及报表附注。

资产负债表、利润表和现金流量表分别从不同角度反映企业的财务状况、经营成果和现金流量。资产负债表反映企业在某一特定日期所拥有的资产、需偿还的债务以及股东（投资者）拥有的净资产情况；利润表反映企业在一定会计期间的经营成果，即利润或亏损的情况，表明企业运用所拥有的资产的获利能力；现金流量表反映企业在一定会计期间现金和现金等价物流入和流出的情况。

所有者权益变动表反映构成所有者权益的各组成部分当期的增减变动情况。企业的净利润及其分配情况是所有者权益变动的组成部分，相关信息已经在所有者权益变动表及其附注中反映，企业不需要再单独编制利润分配表。

报表附注是财务报表不可或缺的组成部分，是对在资产负债表、利润表、现金流量表和所有者权益变动表等报表中列示项目的文字描述或明细资料，以及对未能在这些报表中列示项目的说明等。

编制财务会计报告是会计核算的一种专门方法，也是会计核算程序的最后环节。在会计核算过程中，通过填制和审核会计凭证，将会计凭证上记录的经济业务在各种账簿中加以连续、分类地记录之后，对账簿中的会计信息作进一步加工，并结合其他日常会计核算资料，以报告文件的形式集中地反映出来，提供了会计主体一定时期经济活动的内容、成果和财务状况的会计信息。

二、财务会计报告的编报要求与主要分类

（一）财务会计报告的编报要求

财务会计报告是一种负有法律责任的报告文件。因此，财务会计报告必须符合真实、完整和及时性要求。

1. 真实性

真实性，要求财务会计报告所揭示的会计信息必须如实反映会计对象，做到情况真实，数据准确，说明清楚。

2. 完整性

完整性，要求财务会计报告所揭示的会计信息的内容必须全面、系统地反映会计对象的全部情况。

3. 及时性

及时性，要求财务会计报告应及时编制，按规定应报送（或公布）的，还应在规定的期限内及时报送（或公布），以便使用者及时掌握情况，采取措施并作出决策。

（二）财务会计报告的主要分类

财务会计报告可以根据需要，按照不同的标准进行分类：

1. 按照财务会计报告的编报时间

可以分为中期财务会计报告和年度财务会计报告，中期财务报告又分为半年度、季度和月度财务会计报告。

2. 按照财务会计报告的编报主体

可以分为个别财务会计报告与合并财务会计报告。个别财务会计报告是以某个单一企业为会计主体编制的。合并财务会计报告是由母公司编制的，一般包括所有控股子公司财务会计报告的有关数据。

由于财务会计报告的种类较多且内容各异，编制的方法也不相同，下面仅说明一些主要财务会计报表的作用、结构和编制方法。

第二节　资产负债表

一、资产负债表的性质与作用

资产负债表是指反映企业在某一特定日期财务状况的报表，也称"财务状况表"。某些教材称其为"静态报表"，是因其所列报的数据是时点数据。

资产负债表主要反映资产、负债和所有者权益三方面的内容，资产负债表必须按月编制、对外报送。年度终了，会计主体应编报年度资产负债表。该表能提供会计主体在某一特定日期（会计期末）所掌握的经济资源、应偿付的债务、所有者所拥有的权益等重要资料。

利用资产负债表揭示的会计信息进行分析，可以了解会计主体的资产、负债和所有者权益的结构是否合理，会计主体的财务实力如何，是否具有足够的偿债能力，以及会计主体的所有者享有多少经济权益等情况。

二、资产负债表的结构和编制

(一) 资产负债表的结构

资产负债表的结构是按照"资产 = 负债 + 所有者权益"这一会计恒等式展开的。其基本格式有两种：账户式和报告式。账户式资产负债表是左右结构，左边列示资产，右边列示负债和所有者权益；报告式资产负债表是上下结构，报表的上半部列示资产，下半部列示负债和所有者权益。我国企业定期编制的资产负债表采用的是前一种格式，即账户式，如表 8 - 1 所示。

在资产负债表中，资产项目大体是按照各项资产的流动性来安排排列顺序的，流动性强的资产排在前面，流动性弱的资产排在后面。负债和所有者权益项目大体是按照要求清偿时间的先后顺序排列，偿还期短的流动负债排列在前，偿还期长的非负债排列在中间，在企业清算之前不需要偿还的所有者权益项目排在后面。

表 8 - 1   资产负债表

编制单位：＿＿＿＿＿＿年＿＿＿＿＿＿月＿＿＿＿＿＿日   单位：元

资　　　产	年初数	期末数	负债和所有者权益 （或股东权益）	年初数	期末数
流动资产：			流动负债：		
货币资金			短期借款		
交易性金融资产			交易性金融负债		
应收票据			应付票据		
应收账款			应付账款		
预付账款			预收账款		
应收利息			应付职工薪酬		
应收股利			应交税费		
其他应收款			持有待售的处置组中的负债		
存货			应付利息		
持有待售的非流动资产及 持有待售的处置组中的资产			应付股利		
一年内到期的非流动资产			其他应付款		
其他流动资产			一年内到期的非流动负债		
流动资产合计			其他流动负债		

资　　产	年初数	期末数	负债和所有者权益 （或股东权益）	年初数	期末数
非流动资产：			流动负债合计		
可供出售金融资产			非流动负债：		
持有至到期投资			长期借款		
长期应收款			应付债券		
长期股权投资			长期应付款		
投资性房地产			专项应付款		
固定资产			预计负债		
在建工程			递延所得税负债		
工程物资			其他非流动负债		
固定资产清理			非流动负债合计		
生物资产			负债合计		
油气资产			所有者权益（或股东权益）：		
无形资产			实收资本（或股本）		
开发支出			资本公积		
商誉			减：库存股		
长期待摊费用			盈余公积		
递延所得税资产			未分配利润		
其他非流动资产					
非流动资产合计			所有者权益 （或股东权益）合计		
资产总计			负债和所有者权益 （或股东权益）总计		

（二）资产负债表的编制说明

资产负债表各项目均需填列"年初余额"和"期末余额"两栏。其中"年初余额"栏内各项数字，应根据上年末资产负债表"期末余额"栏内所列数字填列。"期末余额"栏主要有以下几种填列方法。

1. 根据某一总账科目期末余额直接填列

例如：交易性金融资产、固定资产清理、长期待摊费用、递延所得税资产、短期借款、交易性金融负债、应付票据、应付职工薪酬、应交税费、应付利息、其他应付款、递延所得税负债、实收资本、资本公积、库存股、盈余公积等项目，应根据相关总账科目的余额直接填列。

【例8-1】 某企业2013年12月31日结账后的"交易性金融资产"科目借方余额为1 000 000元。

该企业2013年12月31日资产负债表中的"交易性金融资产"1 000 000元。本例中，由于企业是以公允价值计量交易性金融资产，每期交易性金融价值的变动，无论上升还是下降，均已直接调整"交易性金融资产"科目金额，因此，企业应当直接以"交易性金融资产"总账科目余额填列在资产负债表中。

2. 根据多个总账科目的余额计算填列

例如："货币资金"项目应根据"库存现金"、"银行存款"、"其他货币资金"等科目的期末余额合计填列；"存货"项目，需要根据"原材料"、"委托加工物资"、"周转材料"、"材料采购"、"在途物资"、"发出商品"、"材料成本差异"等总账科目期末余额分析汇总，再减去"存货跌价准备"科目余额后的净额填列。

【例8-2】 某企业2013年12月31日结账后的"库存现金"科目借方余额为10 000元，"银行存款"借方科目余额为4 000 000元，"其他货币资金"科目余额为100 000元。

该企业2013年12月31日资产负债表中的"货币资金"项目金额为：

10 000 + 4 000 000 + 100 000 = 4 110 000（元）

本例中，企业应当按照"库存现金"、"银行存款"和"其他货币资金"三个总账科目余额加总后的金额，作为资产负债表中"货币资金"项目的金额。

3. 根据有关明细科目的余额计算填列

例如："应收账款"项目，需要根据"应收账款"和"预收账款"两个科目所属的相关明细科目的期末借方余额计算填列；"应付账款"项目，需要根据"应付账款"和"预付账款"两个科目所属的相关明细科目的期末末贷方余额计算填列。

【例8-3】 某企业"应付账款"科目月末贷方余额40 000元，其中："应付甲公司账款"明细科目贷方余额35 000元，"应付乙公司账款"明细科目贷方余额5 000元；"预付账款"科目月末贷方余额30 000元，其中："预付A工厂账款"明细科目贷方余额50 000元，"预付B工厂账款"明细科目借方余额20 000元。该企业月末资产负债表中"应付账款"项目的金额为（　　　）元。

A. 90 000　　　　B. 30 000　　　　C. 40 000　　　　D. 70 000

【答案】A

【解析】资产负债表中的应付账款项目应根据应付账款所属明细账贷方余额（35 000 + 5 000 = 40 000（元））和预付账款所属明细账贷方余额（50 000元）合计数填列。

4. 根据总账科目和明细科目余额分析计算填列

例如，"长期应收款"项目，应当根据"长期应收款"总账科目余额减去"未实现融资收益"总账科目余额，再减去所属相关明细科目中将于一年内到期的部分填列；"长期借款"项目，应当根据"长期借款"总账科目余额扣除"长期借款"科目所属明细科目中将于一年内到期的部分填列；"应付债券"项目，应当根据"应付债券"总账科目余额扣除"应付债券"科目所属明细科目中将于一年内到期的部分填列；"长期应付款"项目，应当根据"长期应付款"总账科目余额，减去"未确认融资费用"总账科目余额，再减去所属相关明细科目中将于一年内到期的部分填列。

5. 根据有关科目余额减去其备抵科目余额后的净额填列

例如，"应收票据"、"应收账款"、"长期股权投资"、"在建工程"等项目，应当根据其期末余额减去其各自的备抵科目"坏账准备"、"长期股权投资减值准备"、"在建工程减值准备"等科目余额后的净额填列；"持有至到期投资"项目，应当根据"持有至到期投资"科目期末余额，减去"持有至到期投资减值准备"科目期末余额后的金额填列；"固定资产"项目，应当根据"固定资产"科目的期末余额减去"累计折旧"、"固定资产减值准备"备抵科目余额后的净额填列；"无形资产"项目，应当根据"无形资产"科目的期末余额，减去"累计摊销"、"无形资产减值准备"备抵科目余额后的净额填列。

【例 8-4】 某企业采用计划成本核算材料，2013 年 12 月 31 日结账后有关科目余额为："材料采购"科目借方余额为 140 000 元，"原材料"科目借方余额为 2 400 000 元，"周转材料"科目借方余额为 1 800 000 元，"库存商品"科目借方余额为 1 600 000 元，"生产成本"科目借方余额为 600 000 元，"材料成本差异"科目贷方余额为 120 000 元，"存货跌价准备"科目贷方余额为 210 000 元。

该企业 2013 年 12 月 31 日资产负债表中的"存货"项目金额为：

140 000 + 2 400 000 + 1 800 000 + 1 600 000 + 600 000 - 120 000 - 210 000 = 6 210 000（元）

本例中，企业应当以"材料采购"（表示在途材料采购成本）、"原材料"、"周转材料"（比如包装物和低值易耗品等）、"库存商品"、"生产成本"（表示期末在产品金额）各总账科目余额加总后，加上或减去"材料成本差异"总账科目的余额（若为贷方余额，应减去；若为借方余额，应加上），再减去"存货跌价准备"总账科目余额后的金额。作为资产负债表中"存货"的项目金额。

（三）资产负债表编制举例

甲股份有限公司为增值税一般纳税人，适用的增值税税率为 17%，所得税税率为 25%；原材料采用实际成本进行核算。该公司 2012 年 12 月 31 日的科目余额表如表 8-2 所示。

表 8-2

科目余额表

2012 年 12 月 31 日

单位：元

科　目	余　额	科　目	余　额
库存现金	13 000	短期借款	3 000 000
银行存款	14 050 000	应付票据	2 000 000
交易性金融资产	150 000	应付账款	8 548 000
应收票据	2 460 000	其中：A 公司	9 548 000
应收账款	4 000 000	B 公司	1 000 000（借方）

科 目	余 额	科 目	余 额
坏账准备	9 000（贷方）	应付职工薪酬	1 100 000
其他应收款	3 050 000	应交税费	366 000
原材料	12 000 000	其他应付款	500 000
库存商品	13 000 000	长期借款	16 000 000
生产成本	750 000	其中：一年内到期的	10 000 000
发出商品	50 000	实收资本	50 000 000
长期股权投资	2 500 000	盈余公积	1 000 000
固定资产原值	10 000 000	未分配利润	500 000
累计折旧	2 000 000（贷方）		
在建工程	15 000 000		
无形资产	6 500 000		
累计摊销	500 000（贷方）		
其他非流动资产	2 000 000		

根据科目余额表，甲股份有限公司编制的 2012 年 12 月 31 日的资产负债表如表 8 - 3 所示。

表 8 - 3   **资产负债表**

编制单位：甲股份有限公司   2012 年 12 月 31 日   单位：元

资 产	金 额	负债和所有者权益（或股东权益）	金 额
流动资产：		流动负债：	
货币资金	14 063 000	短期借款	3 000 000
交易性金融资产	150 000	交易性金融负债	0
应收票据	2 460 000	应付票据	2 000 000
应收账款	3 991 000	应付账款	9 548 000
预付账款	1 000 000	预收账款	0
应收利息	0	应付职工薪酬	1 100 000
应收股利	0	应交税费	366 000
其他应收款	3 050 000	持有待售的处置组中的负债	0
存货	25 800 000	应付利息	0
一年内到期的非流动资产	0	应付股利	0

资　　产	金　额	负债和所有者权益（或股东权益）	金　　额
其他流动资产	0	其他应付款	500 000
流动资产合计	47 514 000	一年内到期的非流动负债	10 000 000
非流动资产：		其他流动负债	0
可供出售金融资产	0	流动负债合计	26 514 000
持有至到期投资	0	非流动负债：	
长期应收款	0	长期借款	6 000 000
长期股权投资	2 500 000	应付债券	0
投资性房地产	0	长期应付款	0
固定资产	8 000 000	专项应付款	0
在建工程	15 000 000	预计负债	0
工程物资	0	递延所得税负债	0
固定资产清理	0	其他非流动负债	0
生物资产	0	非流动负债合计	6 000 000
油气资产	0	负债合计	32 514 000
无形资产	6 000 000	所有者权益（或股东权益）：	
开发支出	0	实收资本（或股本）	50 000 000
商誉	0	资本公积	0
长期待摊费用	0	减：库存股	0
递延所得税资产	0	盈余公积	1 000 000
其他非流动资产	2 000 000	未分配利润	500 000
非流动资产合计	36 500 000	所有者权益（或股东权益）合计	51 500 000
资产总计	84 014 000	负债和所有者权益（或股东权益）总计	84 014 000

第三节 利 润 表

一、利润表的性质与作用

利润表是指反映企业在一定会计期间的经营成果的报表，也称"损益表"。有的书称其为"动态报表"，是因其所记载的数据为期间数据。

利用利润表揭示企业的财务结果信息，可以了解会计主体的经营成果，评估企业经营管理的水平，并预测其未来一定时期的盈利趋势。投资者可以此分析投资的价值和报酬。

二、利润表的结构和编制方法

（一）利润表的结构

利润表的结构一般有单步式和多步式两种。

单步式利润表的特点是将各项收入和各项成本、费用分别集中反映，将收入合计减去成本、费用合计即为会计主体的利润（或亏损）。这种格式的利润表结构简单，反映的重点是会计主体最终的利润，其缺点是没有直接揭示收入与成本、费用的配比关系，也不利于分析利润的结构。

多步式利润表的特点是按照利润的组成结构分别列示，并揭示各项不同的收入与其成本、费用之间的配比关系。其反映的重点不仅在于会计主体最终的利润，还在于利润的形成过程。这种利润表尽管结构不如单步式利润表简单，但更便于报表使用者进行利润的分析。

我国企业的利润表采用多步式格式，如表8-4所示。

表8-4   利 润 表

编制单位：　　　　　　　　　　　年　　　　月　　　　　　　　　　　　单位：元

项　　目	本期金额	上期金额
一、营业收入		
减：营业成本		
营业税金及附加		
销售费用		
管理费用		

项　　目	本期金额	上期金额
财务费用		
资产减值损失		
加：公允价值变动收益（损失以"－"号填列）		
投资收益（损失以"－"号填列）		
其中：对联营企业和合营企业的投资收益		
二、营业利润（亏损以"－"号填列）		
加：营业外收入		
减：营业外支出		
其中：非流动资产处置损失		
三、利润总额（亏损总额以"－"号填列）		
减：所得税费用		
四、净利润（净亏损以"－"号填列）		
五、每股收益		
（一）基本每股收益		
（二）稀释每股收益		
六、其他综合性收益		
（一）以后会计期间不能重分类进损益的其他综合收益		
（二）以后会计期间在满足规定条件时将重分类进损益的其他综合收益		
七、综合收益总额		

利润表中的综合性收益，是指企业在某一期间除与所有者以其所有者身份进行的交易之外的其他交易或事项所引起的所有者权益变动。综合性收益总额项目反映净利润和其他综合收益扣除所得税影响后的净额相加后的合计金额。其他综合收益，是指企业根据其他会计准则规定未在当期损益中确认的各项利得和损失。

其他综合性收益项目应根据其他相关会计准则的规定分为下列两类：

1. 以后会计期间不能重分类进损益的其他综合收益项目

其主要包括重新计量设定受益计划净负债或净资产导致的变动、按照权益法核算的在被投资单位以后会计期间不能重分类进损益的其他综合收益中所享有的份额等。

2. 以后会计期间在满足规定条件时将重分类进损益的其他综合收益项目

其主要包括按照权益法核算的在被投资单位以后会计期间在满足规定条件时将重分类进损益的其他综合性收益中所享有的份额、可供出售金融资产公允价值变动形成的利得或损失、现金流量套期工具产生的利得或损失中属于有效套期的部分、外币财务报表折算差额等。

（二）利润表的编制方法

我国企业利润表的主要编制步骤和内容如下：

（1）以营业收入（由主营业务收入和其他业务收入组成）为基础，减去营业成本（由主营业务成本和其他业务成本组成）、营业税金及附加、销售费用、管理费用、财务费用、资产减值损失、加上公允价值变动收益（减去公允价值变动损失）和投资收益（减去投资损失），计算出营业利润；

（2）以营业利润为基础，加上营业外收入、减去营业外支出，计算出利润总额；

（3）再用利润总额减去所得税费用，计算出净利润（或亏损）。

普通股或潜在普通股已公开交易的企业，以及正处于公开发行普通股或潜在普通股过程中的企业，还应当在利润表中列示每股收益信息。

利润表依据上述三个步骤，按计算顺序分别填报。利润表各项目均需填列"本期金额"和"上期金额"两栏。其中，"上期金额"栏内各项数字，应根据上年该期利润表的"本期金额"栏内所列数字填列；"本期金额"栏内各期的数字，除"基本每股收益"和"稀释每股收益"项目外，应当按照相关科目的发生额分析填列。

【例 8-5】 截止到 2013 年 12 月 31 日，某企业"主营业务收入"科目发生额为 2 000 000 元，"主营业务成本"科目发生额为 630 000 元，"其他业务收入"科目发生额为 500 000 元，"其他业务成本"科目发生额为 1 50 000 元，"营业税金及附加"科目发生额为 780 000 元，"销售费用"科目发生额为 60 000 元，"管理费用"科目发生额为 50 000 元，"财务费用"科目发生额为 1 70 000 元，"资产减值损失"科目发生额为 50 000 元，"公允价值变动损益"科目为借方发生额 450 000 元（无贷方发生额），"投资收益"科目贷方发生额为 850 000 元（无借方发生额），"营业外收入"科目发生额为 1 00 000 元，"营业外支出"科目发生额为 40 000 元，"所得税费用"科目发生额为 171 600 元。

该企业 2013 年度利润表中营业利润、利润总额和净利润的计算过程如下：

$$营业利润 = 2\ 000\ 000 + 500\ 000 - 630\ 000 - 150\ 000 - 780\ 000 - 60\ 000 - 50\ 000$$
$$- 170\ 000 - 50\ 000 - 450\ 000 + 850\ 000 = 1\ 010\ 000\ （元）$$

$$利润总额 = 1\ 010\ 000 + 100\ 000 - 40\ 000 = 1\ 070\ 000\ （元）$$

$$净利润 = 1\ 070\ 000 - 171\ 600 = 898\ 400\ （元）$$

本例中，企业应当根据编制利润表的多步式步骤，确定利润表中各主要项目的金额，相关计算公式如下：

$$营业利润 = 营业收入 - 营业成本 - 营业税金及附加 - 销售费用 - 管理费用$$
$$- 财务费用 - 资产减值损失 + 公允价值变动收益$$
$$（或 - 公允价值变动损失）+ 投资收益（或 - 投资损失）$$

$$其中，\quad 营业收入 = 主营业务收入 + 其他业务收入$$
$$营业成本 = 主营业务成本 + 其他业务成本$$
$$利润总额 = 营业利润 + 营业外收入 - 营业外支出$$
$$净利润 = 利润总额 - 所得税费用$$

（三）利润表编制举例

甲股份有限公司 2013 年度损益类科目本年累计发生额如表 8-5 所示。

表 8-5　　　　　　　　　　　2013 年度损益类科目本年累计发生额　　　　　　　　　　单位：元

科目名称	借方发生额	贷方发生额
营业收入		12 500 000
营业成本	7 500 000	
营业税金及附加	20 000	
销售费用	200 000	
管理费用	971 000	
财务费用	300 000	
资产减值损失	309 000	
投资收益		15 000
营业外收入		500 000
营业外支出	220 400	
所得税费用	1 153 218	

根据本年相关科目发生额编制利润表如表 8-6 所示。

表 8-6　　　　　　　　　　　　　　　利　润　表

编制单位：甲股份有限公司　　　　　　　　　　2013 年度　　　　　　　　　　　　　单位：元

项　　目	本期金额
一、营业收入	12 500 000
减：营业成本	7 500 000
营业税金及附加	20 000
销售费用	200 000
管理费用	971 000
财务费用	300 000
资产减值损失	309 000
加：公允价值变动收益（损失以"－"号填列）	0
投资收益（损失以"－"号填列）	15 000
其中：对联营企业和合营企业的投资收益	0
二、营业利润（亏损以"－"号填列）	3 215 000

项　　目	本期金额
加：营业外收入	500 000
减：营业外支出	220 400
其中：非流动资产处置损失	
三、利润总额（亏损总额以"－"号填列）	3 494 600
减：所得税费用	1 153 218
四、净利润（净亏损以"－"号填列）	2 341 382
五、每股收益	
（一）基本每股收益	
（二）稀释每股收益	
六、其他综合性收益	
（一）以后会计期间不能重分类进损益的其他综合收益	
（二）以后会计期间在满足规定条件时将重分类进损益的其他综合收益	
七、综合收益总额	

第四节　现金流量表

一、现金流量表的性质与作用

现金流量表是反映企业一定会计期间内有关现金和现金等价物的流入和流出的报表。其中，现金是指企业的库存现金、可以随时用于支付的存款及其他货币资金；现金等价物是指持有的期限短（从购买日起，3 个月内到期）、流动性强、易于转换为已知金额现金、价值变动风险很小的投资。

现金流量表中的现金，除特别指明外，均含现金等价物。

现金流量表可以弥补资产负债表与利润表的不足，提供的信息可以用于评估企业以下几个方面的事项：

（1）企业在未来会计期间产生净现金流量的能力。

（2）企业偿还债务及支付企业所有者的投资报酬（如股利）的能力。

（3）企业利润与经营活动所产生的净现金流量发生差异的原因。

（4）会计年度内影响或不影响现金的投资活动与筹资活动。

二、现金流量的结构

现金流量是指一定会计期间企业现金的流入和流出，可以分为三类，即经营活动产生的现金流量、投资活动产生的现金流量和筹资活动产生的现金流量。

（一）经营活动产生的现金流量

经营活动是指企业发生的投资活动和筹资活动以外的所有交易和事项，包括销售商品或提供劳务、经营性租赁、购买货物、接受劳务、制造产品、广告宣传、推销产品、交纳税款等。

通过经营活动产生的现金流量，可以说明企业的经营活动对现金流入和流出的影响程度，判断会计主体在不动用对外筹得资金的情况下，是否足以维持生产经营、偿还债务、支付股利和对外投资等。

（二）投资活动产生的现金流量

投资活动是指企业长期资产的购建和不包括在现金等价物范围内的投资及其处置活动。现金流量表中的"投资"既包括对外投资，又包括长期资产的购建与处置。投资活动包括取得和收回投资、购建和处置固定资产、购买和处置无形资产等。

通过投资活动产生的现金流量，可以判断投资活动对会计主体现金流量净额的影响程度。

（三）筹资活动产生的现金流量

筹资活动是指导致企业资本及债务规模和构成发生变化的活动。筹资活动包括吸收投资、发行股票、分配利润等。

通过筹资活动产生的现金流量，可以分析企业通过筹资活动获取现金的能力，判断筹资活动对会计主体现金流量净额的影响程度。

对于企业日常活动之外不经常发生的项目，如自然灾害损失、保险赔款、捐赠等，应根据其性质，分别归并到经营活动、投资活动或筹资活动项目中并单独反映。

三、现金流量表的内容和结构

现金流量表包括正表和补充资料两部分，基本格式如表 8 - 7 所示。

表 8 −7　　　　　　　　　　　**现金流量表**

编制单位：甲股份有限公司　　　　　　　　　2013 年度　　　　　　　　　　　单位：元

项　　目	本期金额
一、经营活动产生的现金流量	
销售商品、提供劳务收到的现金	13 425 000
收到的税费返还	0
收到的其他与经营活动有关的现金	0
经营活动现金流入小计	13 425 000
购买商品、接受劳务支付的现金	4 822 660
支付给职工以及为职工支付的现金	3 000 000
支付的各项税费	2 272 218
支付的其他与经营活动有关的现金	200 000
经营活动现金流出小计	10 294 878
经营活动产生的现金流量净额	3 130 122
二、投资活动产生的现金流量	
收回投资所收到的现金	165 000
取得投资收益所收到的现金	0
处置固定资产、无形资产和其他长期资产收回的现金净额	3 003 000
处置子公司及其他营业单位收到的现金净额	
收到的其他与投资活动有关的现金	0
投资活动现金流入小计	3 168 000
购建固定资产、无形资产和其他长期资产支付的现金	4 510 000
投资所支付的现金	1 050 000
取得子公司及其他营业单位支付的现金净额	
支付的其他与投资活动有关的现金	0
投资活动现金流出小计	5 560 000
投资活动产生的现金流量净额	− 2 392 000
三、筹资活动产生的现金流量	
吸收投资收到的现金	0
取得借款收到的现金	10 000 000
收到的其他与筹资活动有关的现金	0
筹资活动现金流入小计	10 000 000
偿还债务所支付的现金	12 500 000

项　目	本期金额
分配股利、利润或偿付利息支付的现金	2 100 000
支付的其他与筹资活动有关的现金	0
筹资活动现金流出小计	14 600 000
筹资活动产生的现金流量净额	− 4 600 000
四、汇率变动对现金及现金等价物的影响	0
五、现金及现金等价物净增加额	− 3 861 878
加：期初现金及现金等价物余额	14 063 000
六、期末现金及现金等价物余额	10 201 122

第五节　所有者权益变动表

一、所有者权益变动表的性质与作用

所有者权益变动表，是反映企业在一定期间所构成所有者权益的各组成部分的增减变动情况的报表。

它反映三方面的内容：（1）因资本业务而导致所有者权益总额发生变动的项目，即所有者投入资本和向所有者分配利润；（2）所有者权益项目内部的变动，如提取盈余公积；（3）综合收益导致的所有者权益的变动。综合收益包括：① 直接计入所有者权益的利得和损失；② 净利润。

二、所有者权益变动表的填列内容与格式

1. "上年年末余额"项目
该项目反映企业上年资产负债表中实收资本（或股本）、资本公积、库存股、盈余公积、未分配利润的年末余额。
2. "会计政策变更"、"前期差错更正"项目
该两项目分别反映企业采用追溯调整法处理的会计政策变更的累积影响金额和采用追溯重述法处理的会计差错更正的累积影响金额。
3. "本年增减变动额"项目
（1）"净利润"项目，反映企业当年实现的净利润（或净亏损）金额。

（2）"直接计入所有者权益的利得和损失"项目，反映企业当年直接计入所有者权益的利得和损失金额。

（3）"所有者投入和减少资本"项目，反映企业当年所有者投入的资本和减少的资本。

（4）"利润分配"项目，反映企业当年的利润分配金额。

（5）"所有者权益内部结转"项目，反映企业构成所有者权益的组成部分之间的增减变动情况。

所有者权益变动表的格式见表8－8。

表8－8   所有者权益变动表

编制单位：   单位：元

项　　目	本　年				
	实收资本（或股本）	资本公积	减：库存股	盈余公积	未分配利润
一、上年年末余额					
加：会计政策变更					
前期差错更正					
二、本年年初余额					
三、本年增减变动金额（减少以"－"号填列）					
（一）净利润					
（二）直接计入所有者权益的利得和损失					
1. 可供出售金融资产公允价值变动净额					
2. 权益法下被投资单位其他所有者权益变动的影响					
3. 与计入所有者权益项目相关的所得税影响					
4. 其他					
小计					
（三）所有者投入和减少资本					
1. 所有者投入资本					
2. 股份支付计入所有者权益的金额					
3. 其他					
（四）利润分配					
1. 提取盈余公积					
2. 对所有者（或股东）的分配					
3. 其他					
（五）所有者权益内部结转					
1. 资本公积转增资本（或股本）					
2. 盈余公积转增资本（或股本）					
3. 盈余公积弥补亏损					
4. 其他					
四、本年年末余额					

思考与练习

思考题

1. 财务会计报告体系包括哪些内容?
2. 三张基本的财务会计报表各有何作用?
3. 净利润与经营活动产生的现金流量有何区别?
4. 现金流量分为哪几类?
5. 利润表的主要项目有哪些?

练习题

一、单项选择题

1. 下列各项中,影响企业现金流量的是(　　)。

A. 从银行提现 　　　　　　　　　　B. 以固定资产对外投资

C. 收回应收账款 　　　　　　　　　D. 赊销商品

2. 我国利润表采用(　　)格式。

A. 账户式 　　　　　B. 报告式 　　　　　C. 单步式 　　　　　D. 多步式

3. 下列项目中,不应列入资产负债表中"存货"项目的是(　　)。

A. 委托代销商品 　　　　　　　　　B. 分期收款发出商品

C. 工程物资 　　　　　　　　　　　D. 周转材料

4. (　　)反映企业在某一特定日期所拥有的资产、需偿还的债务以及股东(投资者)拥有的净资产情况。

A. 资产负债表 　　　B. 利润表 　　　　C. 现金流量表 　　　D. 所有者权益变动表

5. 现金流量表能向信息使用者提供下列某项信息以外的信息(　　)。

A. 偿债能力 　　　　　　　　　　　B. 盈利能力

C. 本期现金的主要来源 　　　　　　D. 净利润和经营活动现金净流量差异的原因

二、多项选择题

1. 我国会计报表的基本体系主要包括(　　)。

A. 资产负债表 　　　　　　　　　　B. 利润表

C. 现金流量表 　　　　　　　　　　D. 所有者权益变动表

E. 银行存款余额调节表

2. 下列各项中,不能用总账余额直接填列的项目有(　　)。

A. 预收账款 　　B. 固定资产 　　C. 应收票据 　　D. 应收账款 　　E. 预付账款

3. 编制资产负债表时，需根据有关资产账户与其备抵账户抵销后的净额填列的项目有（　　）。

A. 无形资产　　　　B. 长期借款　　　　C. 应收账款　　　　D. 交易性金融资产

E. 固定资产

4. 利润总额包括的内容有（　　）。

A. 主营业务利润　　　　　　　　B. 其他业务利润

C. 期间费用　　　　　　　　　　D. 营业外收支净额

E. 投资净收益

5. 利润表中，与营业利润计算有关的项目有（　　）。

A. 主营业务收入　　　　　　　　B. 资产减值损失

C. 销售费用　　　　　　　　　　D. 公允价值变动收益

E. 投资收益

三、业务处理题

目的：练习资产负债表和利润表的编制方法

资料：某企业为增值税一般纳税人，只生产一种产品。该企业 2013 年各账户的期初余额和 2013 年度发生的经济业务如下：

1. 2013 年 1 月 1 日有关账户余额如下表所示。

账　　户	借方余额	贷方余额
货币资金	6 000	
交易性金融资产	3 000	
应收账款	6 000	
原材料	12 000	
固定资产	21 000	
累计折旧		6 000
在建工程	15 000	
应交税费		6 000
长期借款		21 000
实收资本		18 000
盈余公积		12 000

2. 该企业 2013 年度发生的经济业务如下：

（1）用银行存款支付购入原材料货款 3 000 元及增值税 510 元，材料已验收入库。

（2）2013 年度，企业的长期借款发生利息费用 1 500 元。按《企业会计制度》中借款费用资本化的规定，计算出工程应负担的长期借款利息费用为 600 元，其他利息费用为 900 元，利息尚未支付。

（3）企业将账面价值为 3 000 元的短期股票投资售出，获得价款 6 000 元，已存入银行。

（4）购入不需安装的设备一台，设备价款及增值税共计 9 000 元，全部款项均已用银行存款支付，设备已经交付使用。

（5）本年计提固定资产折旧 4 500 元，其中：厂房及生产设备折旧 3 000 元，办公用房及设备折旧 1 500 元。

（6）实际发放职工工资 6 000 元，并将其分配计入相关成本费用项目。其中，生产人员工资 3 000 元，管理人员工资 1 500 元，在建工程应负担的人员工资 1 500 元。本年产品生产耗用原材料 12 000 元。计算产品生产成本并将其结转产成品账户。假设 2013 年度生产成本账户无年初数及年末数余额。

（7）销售产品一批，销售价款 30 000 元，应收取的增值税为 5 100 元，已收款项 17 550 元（其中货款 15 000 元，增值税 2 550 元），余款尚未收取。该批产品成本为 18 000 元。假设本年产成品无期初数及期末数余额。

（8）将各收支账户结转本年利润。

（9）假设本年企业不交所得税，不提取盈余公积及公益金，不分配利润。本年利润余额全部转入"利润分配——未分配利润"账户。

【要求】1. 编制上述各项经济业务的会计分录。

2. 编制该企业 2013 年度的资产负债表和利润表。

第九章

会计工作组织

【内容提要】

会计工作组织，是指为了适应会计工作的特点，对会计机构的设置、会计人员的配备、会计制度的制定与执行等各项工作所做的统筹安排。组织会计工作，应在保证会计工作质量的前提下，尽量节约耗用在会计工作上的时间和费用。会计规范是指人们在从事与会计有关的活动时，所应遵循的约束性或指导性的行为准则。我国会计规范体系主要由会计法律、行政法规和部门规章构成。会计机构是各单位进行会计管理工作的职能机构，会计人员是指在各单位和组织中从事财务会计工作的人员，建立健全各单位的会计机构，并配备相应的会计人员，是保证会计工作正常进行的重要保证。会计档案是指会计凭证、会计账簿、财务会计报告等会计核算专业资料。它是记录和反映经济业务的重要史料和证据，须按照规定保存备查。

【教学要点】

本章的教学要点包括会计工作组织的含义及意义；会计规范体系的构成，我国会计规范体系的内容、会计机构的设置及会计人员的主要职责和权限。

会计工作组织是做好会计工作的基本保证。会计工作组织的内容包括制定会计规范，设置合理的会计机构，为会计机构配备满足会计工作需要的会计人员，规定会计人员的职责和权限，并按国家的相关规定保存会计档案备查。

第一节 会计工作组织的基本内容

一、会计工作组织的含义

会计工作是指运用一系列会计专门方法，对会计事项进行处理的活动。会计是通过会计工作对各个单位日常活动实施管理的，因此，会计是经济管理的一个重要组成部分，会计具有管理职能。会计管理是指会计机构和会计人员按照一定的目标，为满足国家宏观调控、企业所有权人以及企业管理当局的需要，对企事业单位的资金运动过程及结果进行决策、控制、计划、考核和分析等的总称。

全面地考察会计工作，我们会看到，会计工作是一项综合性的管理工作，各单位所发生的各项经济业务，都要通过会计加以反映和监督管理，因而会计工作就与其他经营管理工作有着密切的联系；会计工作也是一项政策性很强的工作，必须按照有关的财经政策、法规、制度的要求办理业务；会计工作还是一项严密细致的工作，会计所产生的数据信息要经过一连串的记录、计算、分类、汇总和分析等处理程序。因此，要做好会计工作，必须要建立专门的会计机构，要有专职的会计人员，按照规定的会计制度开展日常的会计工作。

所谓会计工作组织，是指为了适应会计工作的综合性、政策性、相关性和严密细致性的特点，对会计机构的设置、会计人员的配备、会计制度的制定与执行等各项工作所做的统筹安排，即如何安排、协调和管理好企业的会计工作。其中，会计机构和会计人员是会计工作系统运行的必要条件，而会计制度是保证会计工作系统正常运行的必要的约束机制。

会计工作既然是一项复杂而细致的管理工作，而且又与其他管理工作诸如统计、审计等密切相关，为了做好会计工作，协调好会计工作与其他经济管理工作之间的关系，就要科学、合理地组织会计工作，以便具体实施对会计工作的有效管理。

二、会计工作组织的意义

会计是一项复杂、细致的综合性经济管理活动，会计工作又是一项系统的工作，有系统就必然存在着系统的组织和管理。只有对系统的各个组成部分进行科学、有效的组织和管理，使系统中的各个组成部分互相协调、合理有序，才能保证系统的正常运行。科学地组织好会计工作，对于顺利完成会计的各项任务，保证实现会计目标，充分发挥会计的职能作用，促进国民经济健康有序发展等方面都具有十分重要的意义。具体可概括如下：

（一）科学地组织会计工作，可以保证会计工作的质量和提高会计工作的效率

会计是通过对社会再生产过程中的经济活动和财务收支情况进行反映和监督，为管理者以及社会各界提供准确、可靠的会计信息。会计反映的是再生产过程中各个阶段以货币表现的经济活动，具体又可表现为循环往复的资金运动。会计工作就是要把这些经济活动和财务收支从凭证到账簿，再从账簿到报表，进行连续的收集、记录、计算、分类、汇总和分析检查等。全部过程不但涉及复杂的计算，还包括一系列程序，需要履行各种手续，各程序及手续之间环环相扣、互相关联。在任何一个环节上出现了差错，都必然造成整个核算结果不正确或不能及时完成，进而影响整个会计核算工作的质量和效率。所以，各企事业单位必须要结合本单位会计工作的特点，合理地设置会计机构、配备高素质的会计人员，认真制定并严格执行会计法规和会计制度，否则，就不能保证会计工作正常运行，更谈不上什么效率了。

（二）科学地组织会计工作，可以保证会计工作与其他经济管理工作的协调一致，提高企业整体管理水平

会计工作是企业单位整个经济管理工作的一个重要组成部分，它既有独立性，又同其他管理工作存在着相互制约、相互促进的关系。会计工作不但与宏观经济如国家财政、税收、金融等密切相关，而且与各单位内部的计划、统计等工作密切相关。会计工作一方面能够促进其他经济管理工作；另一方面也需要其他管理工作的配合。因此，只有科学地组织好会计工作，才能处理好会计同其他经济管理工作之间的关系，做到相互促进、密切配合、口径一致，从而全面完成会计任务。

（三）科学地组织会计工作，可以加强各单位内部的经济责任制

经济责任制是各经营单位实行内部控制和管理的重要手段，会计是经济管理的重要组成部分，必须要在贯彻经济责任制方面发挥重要作用，实行内部经济控制离不开会计，包括科学的经济预测、正确的经济决策以及业绩考评等。总而言之，科学地组织好会计工作，可以促进会计单位内部有效利用资金，提高管理水平从而提高经济效益，取得最佳经济效果。

（四）组织好会计工作，可以维护财经法纪、贯彻经济工作的方针政策

会计工作是一项错综复杂的系统工作，政策性很强，必须通过核算如实地反映各单位的经济活动和财务收支，通过监督来贯彻和执行国家的有关政策、方针和制度。因此，科学地组织好会计工作，可以促使各单位更好地贯彻实施各项方针政策，维护好财经纪律，为建立良好的社会经济秩序打下基础。

总而言之，会计工作是一项要求极高的综合性经济管理活动，科学、有效地组织和管理会计工作，对于贯彻执行国家的法律、法规、维护财经纪律，建立良好的社会经济秩序都具有十分重要的意义。

三、组织会计工作应遵循的原则

对会计工作进行组织和管理要遵循一定的原则。组织会计工作应遵循的原则，是指组织好会计工作、提高会计工作质量和效率所应遵循的一些基本规律。它是做好会计工作，提高会计工作质量和效率必须遵守的原则。

要组织好会计工作，应遵循以下原则：

（一）统一性和适应性相结合的原则

统一性原则，是指组织会计工作，必须按照会计法规，如《会计法》、《总会计师条例》、《会计基础工作规范》、《会计专业职务试行条例》、《会计档案管理办法》、《会计电算化管理办法》等对会计工作的统一要求，贯彻执行国家的有关规定。只有按照统一要求组织会计工作，才能发挥会计工作在维护社会主义市场经济秩序，加强经济管理，提高经济效益中的作用。

适应性原则，是指组织会计工作必须适应本单位经营管理的特点。各单位在遵守国家法规和准则的前提下，根据自身管理特点及规模大小等情况，制定具体办法和补充规定等，确定本企业的会计制度，对会计机构的设置和会计人员的配备作出切合实际的安排；采用不同的账簿组织、记账方法和程序处理相应的经济业务，以适应企业自身发展的需要。

（二）效益性原则

效益性原则，是指组织会计工作时，在保证会计工作质量的前提下，讲求工作效率，节约工作时间和费用。会计工作十分复杂，如果组织不好，就会重复劳动，造成资源浪费。故对会计管理程序的规定，所有会计凭证、账簿、报告的设计、会计机构的设置以及会计人员的配置等，都应避免烦琐、力求精简，引入会计电算化，从工艺上改进会计操作技术，提高工作效率。

（三）内部控制及责任制要求

内部控制及责任制要求，是指在组织会计工作时，要遵循内部控制的原则，在保证贯彻整个单位责任制的同时，建立和完善会计工作自身的责任制，从现金出纳、财产物资进出以及各项费用的开支等方面形成彼此相互牵制的机制，防止工作中的失误和弊端。对会计工作进行合理分工，不同岗位上的会计人员各司其职，使得会计处理手续和会计工作程序达到规范化、条理化。

综上所述，组织会计工作，应在保证会计工作质量的前提下，尽量节约耗用在会计工作上的时间和费用。会计账、证、表的设计，各种核算程序的选择、有关措施的确定，会计机构的设置和会计人员的配备等，应做到讲成本与讲效益相结合，符合精简节约的原则，既要组织好会计工作，又要减少人、财、物的消耗。

第二节　会计规范

一、会计规范的意义

（一）会计规范的必要性

会计是信息的生产者，信息是一种产品和资源，任何信息使用者都期望自己所得到的信息对自己决策有效。信息的使用者很多，包括投资者、债权人、企业经营管理者、政府管理部门等，不同的信息使用者对信息的数量、质量、形式等的需求不同，而且外界的信息使用者与企业存在着信息不对称，这将危害在信息占用上处于劣势的一方，违反公平原则。因此，需要会计规范实现会计信息生产的标准化。

（二）会计规范的定义

会计规范是指人们在从事与会计有关的活动时，所应遵循的约束性或指导性的行为准则。会计规范是一种标准，其作用主要是在会计领域内对会计确认、计量、记录、报告等会计行为进行规范，其内容包括法规、准则等。

从会计规范的形成看，可以分为两大类：一类是在实践中自发形成的，另一类是人们通过一定程序方式制定的。前者是人们在会计活动中逐步形成的习惯、规则和惯例，它是非强制性的；后者则是由权威人士或专业机构在自发形成的惯例基础上经过归纳、提炼、抽象及引申后形成的。一般而言，自发形成的会计规范，多具有原始、初级和缺乏条理的特征，在会计发展的早期，这种规范一直处于主导地位。随着经济发展，会计地位的提升，自觉的会计规范占据了统治地位，它比前者无论在形式上，还是内容上都前进了一大步，表现出更强的可操作性。

二、会计规范体系

（一）会计规范体系的意义

会计规范的内容繁杂多样，如果将所有属于会计规范的内容综合在一起，就构成一个体系。会计规范体系是将这些规范的内容按照一定逻辑顺序、层次分明地、有机地联系起来组成一个框架结构图。

建立健全会计规范体系，是做好会计工作的前提条件，也是解决目前会计信息失真问题的重要措施之一，会计规范体系的作用主要体现在以下几个方面：

1. 会计规范体系是会计人员从事会计工作、提供会计信息的基本依据

会计规范体系既包括采用法律形式的具有强制性特征的会计规范，也包括采取自律形

式的具有自主性特征的会计规范。会计信息的生产不能是随意和无规则的，否则，会计信息对信息使用者没有意义。因此，会计规范体系为设计合理有效的会计工作与行为模式及会计人员对外提供会计信息提供了依据。

2. 会计规范体系为评价会计行为确定了客观标准

会计规范是会计信息使用者评价会计工作和会计信息质量的基本依据。会计信息的使用者利用会计信息进行经济决策，必然会关注会计工作的质量，并对特定会计行为结果持肯定还是否定态度，是对还是错，是好还是坏，都要求在全社会范围内用一个基本一致的标准，对会计工作的质量作出评价。

3. 会计规范体系是维护社会经济秩序的一种重要工作

全社会统一的会计规范体系是市场经济运行规则的一个组成部分，它是社会各方从事与企业有关的经济活动和从事相应经济决策的重要基础，对于国家维护和保证财政利益、进行宏观经济调控、管理国有资产都具有十分重要的作用。

（二）会计规范体系的构成

从我国目前实际情况来看，我国会计规范体系主要由以下几个方面构成：

1. 会计法律规范

会计法律规范包括与会计有关的法律和行政法规，它是调整经济活动中会计关系的法律规范的总称，是社会法律制度在会计方面的具体体现。我国目前与会计有关的法律主要有《中华人民共和国会计法》、《注册会计师法》及其他有关法律；与会计有关的行政法规主要是国务院颁布的各种条例，如《企业财务会计报告条例》、《总会计师条例》等。

2. 会计准则与制度规范

会计准则与制度规范是从技术角度对会计实务处理提出的要求、准则、方法和程序的总称。广义的会计制度是指国家制定的会计方面所有规范的总称，包括会计核算制度、会计人员管理制度和会计工作管理制度等，狭义的会计制度仅指会计核算制度。会计准则与制度规范主要有我国主管会计工作的行政部门财政部根据会计法律和行政规范制定并发布的各种会计准则、会计制度。

3. 会计职业道德规范

会计职业道德规范是从事会计工作的人员所应该遵守的具有本职业特征的道德准则和行为规范的总称，是对会计人员素质的基本要求。会计职业道德规范是一类比较特殊的会计规范，采用道德而非法律的形式对会计人员进行理性规范，促使会计人员确立正确的人生观，使其行为符合社会习俗和惯例，如公正、客观、真实等。会计职业道德规范是对会计人员的一种隐性规范，强制性相比会计法律等较弱，但约束范围广泛。目前，我国非常重视会计职业道德建设，也逐步在建立健全会计职业道德方面的规范。

三、我国会计规范体系的内容

（一）我国会计规范体系的构成

凡是对会计进行制约、限制和引导的规范都属于会计规范体系的组成部分。我国会计规范体系由三个层次构成，按照规范强制力强弱排列。如图9-1所示。

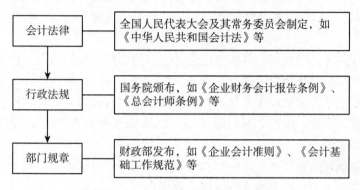

图9-1　我国会计法规体系图

从图9-1可以看出，在我国三个层次组成的会计规范体系中，会计法律由全国人民代表大会及其常务委员会制定；行政法规由我国最高行政机关——国务院颁布；部门规章主要是国务院财政部门根据法律、法规的规定发布的指导会计工作的具体规定。

（二）会计法律

法律是由国家最高权力机关——全国人民代表大会及其常务委员会制定的。在会计领域中，属于法律层次的规范主要是指《中华人民共和国会计法》（以下简称《会计法》）。它是会计规范体系中最具权威性、最具法律效力的规范，是制定其他各层次会计规范的依据，是会计工作的基本大法。

我国的会计法经历了多次修订，最早的《会计法》于1985年5月1日实施，随着社会的发展和经济环境的变化，在1993年12月29日第八届全国人民代表大会常务委员会第五次会议对其进行了第一次修订，于1999年10月31日召开的第九届全国人民代表大会常务委员会第十二次会议对《会计法》进行了第二次修订，从2000年1月1日起施行，也即现行的《会计法》。

《会计法》共七章五十二条，主要内容包括：

第一章总则，共八条，主要规定了《会计法》的基本问题：①《会计法》的立法宗旨是为了规范会计行为，保证会计资料真实、完整，加强经济管理和财务管理，提高经济效益，维护社会主义市场经济秩序。②《会计法》的适用范围：规定国家机关、社会团体、公司、企业、事业单位和其他组织必须依照《会计法》办理会计事务。③对各单位设置会计账簿的要求：各单位必须依法设置会计账簿，并保证其真实、完整。④单位负责人的职责：对本单位的会计工作和会计资料的真实性、完整性负责。⑤会计机构和会计人员的职权：依法进行会计核算，实行会计监督，其权利得到法律保护。⑥对会计人员的奖励规定。⑦会计工作的管理部门：国务院财政部门主管全国的会计工作；县级以上地方各级人民政府财政部门管理本行政区域内的会计工作。⑧会计制度的制定权限：国家统一的会计制度由国务院财政部门根据《会计法》制定并公布。

第二章会计核算，共十五条，具体阐述了会计核算的基本要求和内容、会计年度和记账本位币、会计资料以及会计记录的文字和会计档案的管理等方面的规定。

第三章公司、企业会计核算的特别规定，共三条，规定只适用于公司、企业所进行的会计核算。

第四章会计监督，共九条，具体规定会计监督的类型：外部监督、内部监督，而外部监督又可分为国家监督和社会监督。其主要内容包括：各单位应当建立、健全内部会计监督制度；凡规定须经注册会计师进行审计的单位，应当向受委托的会计师事务所如实提供会计资料；财政、审计、税务、银行等部门可以依法对有关单位的会计资料实施检查监督，并负有保密义务。

第五章会计机构和会计人员，共六条，就会计机构和会计人员的设置、会计机构的制度建设以及会计人员的任职要求等内容作了详细规定。

第六章法律责任，共八条，主要规定了违反《会计法》的行为所应承担的法律责任，包括行政责任和刑事责任。

第七章附则，共三条，解释了"单位负责人"、"国家统一的会计制度"的含义，并对个体工商户会计管理、《会计法》的施行日期等作了规定。

《会计法》的制定与实施，对我国会计工作具有重大而现实的意义：它用法律形式确定了会计工作的地位、作用；确立了会计工作的管理体制是统一领导和分级管理；规定了会计机构和会计人员的主要职责是进行会计核算和实行会计监督，并对会计核算和会计监督的内容、原则和程序，以及与此相联系的会计机构设置、会计人员配备和要求作了比较具体的规定；明确了会计人员的职权和行使职权的法律保障。新《会计法》对保障会计人员依法行使职权，使会计工作能够按照规定程序进行，发挥会计工作在维护社会主义市场经济秩序，加强经济管理，提高经济效益中的重要作用。

（三）行政法规

行政法规是由国家最高行政机关——国务院制定的。会计行政法规是根据会计法律制定，是对会计法律的具体化或对某个方面的补充，一般称为条例。

在我国会计规范体系中，属于会计行政法规的有《企业财务会计报告条例》、《总会计师条例》等。

1. 《企业财务会计报告条例》

《企业财务会计报告条例》是国务院于 2000 年 6 月 21 日发布的，自 2001 年 1 月 1 日起实施。它共分六章四十六条，包括：第一章总则；第二章财务会计报告的构成；第三章财务会计报告的编制；第四章财务会计报告的对外提供；第五章法律责任；第六章附则。

该条例主要规定内容如下：

（1）企业应当按照本条例的规定编制和对外提供财务会计报告，不得编制和对外提供虚假的或者隐瞒重要事实的财务会计报告，其真实性、完整性由企业负责人负责。

（2）财务会计报告由会计报表、会计报表附注和财务情况说明书组成，分为年度、半年度、季度和月度财务会计报告。

（3）财务会计报告应当根据真实的交易、事项以及完整、准确的账簿记录并按照国家统一规定编制，包括要素确认与计量；结账日、财产清查等方面的规定。

（4）财务会计报告应当按规定的期限及时向相关报告使用者对外提供，须经注册会计师审计的，应将注册会计师及其会计师事务所出具的审计报告随同财务会计报告一同对外提供。

（5）违反本条例规定，随意改变财务会计报告编制原则与方法、编制或对外提供虚假的财务会计报告的，要承担行政责任或刑事责任。

2.《总会计师条例》

《总会计师条例》是国务院于 1990 年 12 月 31 日发布的，并自发布之日起施行。它共五章二十三条，包括：第一章总则；第二章总会计师的职责；第三章总会计师的权限；第四章任免与奖惩；第五章附则。

（四）部门规章

部门规章是指由国家主管会计工作的行政部门——财政部以及其他部委制定的会计方面的规范。制定会计部门规章必须依据会计法律和会计行政法规的规定。

目前财政部发布的指导会计工作的部门规章可分为四大类，分别为国家统一的会计核算制度、国家统一的会计监督制度、国家统一的会计机构和会计人员制度、国家统一的会计工作管理制度等。

1. 国家统一的会计核算制度

国家统一的会计核算制度指的是狭义的会计制度，即仅指会计核算制度，它包括会计准则和会计制度两个层次。会计准则一般按会计对象要素、经济业务的特点或会计报表的种类分别制定，主要规范会计要素的确认、计量与报告。会计制度主要涉及会计科目和会计分录列示。

（1）会计准则。会计准则是对会计实践活动的规律性总结，是进行会计工作的标准和指导思想，是一个包括普遍性指导意义和具体指导会计业务处理意义在内的具有一定层次结构的会计规范。

会计准则包括企业会计准则和非企业会计准则两个方面。

企业会计准则是规范企业会计确认、计量、报告的会计准则，它包括基本准则、具体准则和应用指南三个层次。

基本准则是进行会计核算工作必须共同遵循的基本规范和要求。我国现行的基本准则是 2006 年由财政部发布并于 2007 年 1 月 1 日开始执行的。该准则主要就会计目标、会计核算的基本假设、会计信息质量要求、会计要素的确认与计量、财务报告体系等作了规定。2014 年，财政部相继对《企业会计准则——基本准则》、《企业会计准则第 2 号——

长期股权投资》、《企业会计准则第 9 号——职工薪酬》、《企业会计准则第 30 号——财务报表列报》、《企业会计准则第 33 号——合并财务报表》和《企业会计准则第 37 号——金融工具列报》进行了修订，并发布了《企业会计准则第 39 号——公允价值计量》、《企业会计准则第 40 号——合营安排》和《企业会计准则第 41 号——在其他主体中权益的披露》三项具体准则。

具体准则是根据基本准则的要求，对共性的经济业务和特殊行业、特殊经济业务的会计处理所作出的具体规定。从具体准则所规范的经济业务的内容来看，大体上可分为三类：第一类是共性或通用的准则，即用来规范所有企业都可能发生的经济业务，如存货准则、固定资产准则、收入准则等；第二类是特殊业务准则，用来规范不是所有企业都会发生、有一定特殊性的经济业务，如租赁准则、建造合同准则等；第三类是特殊行业的准则，即对一些业务活动上具有特殊性的行业加以规范，如石油天然气会计准则、原保险合同准则等。截至目前，财政部已发布共 41 项具体准则。

应用指南主要包括具体会计准则解释和会计科目及主要账务处理等，为企业执行会计准则提供操作性规范。

非企业会计准则是企业之外的其他单位适用的会计准则，主要包括《事业单位会计准则》，该准则于 2012 年 12 月 6 日发布，自 2013 年 1 月 1 日执行。

（2）会计制度。会计制度包括企业会计制度和非企业会计制度。

2. 国家统一的会计监督制度

作为会计两大基本职能之一的会计监督，在我国会计规范体系中占有重要的地位。在会计规范体系的第一层次《会计法》中，专门有一章来规定"会计监督"。在这一章中，第二十七条明确规定："各单位应当建立、健全本单位内部会计监督制度。"其他各条分别就会计监督的基本要求、内容、方式、责任等作了规定。

财政部根据《会计法》的规定，制定了《会计基础工作规范》。在规范中，要求各单位的会计机构、会计人员对本单位的经济活动进行会计监督。其主要内容有会计监督的依据和会计监督的内容。

（1）会计监督的依据包括：①财经法律、法规、规章；②会计法律、法规和国家统一会计制度；③各省、自治区、直辖市财政厅（局）和国务院业务主管部门根据《会计法》和国家统一会计制度制定的具体实施办法或者补充规定；④各单位根据《会计法》和国家统一的会计制度制定的单位内部会计管理制度；⑤各单位内部的预算、财务计划、经济计划、业务计划等。

（2）会计监督的内容包括：①对原始凭证进行审核和监督；②对会计账簿进行监督，对伪造、变造、故意毁灭会计账簿或者账外设账行为，应当制止和纠正，若无效，应向上级主管单位报告；③对实物、款项进行监督、督促建立并严格执行财产清查制度；④对财务报告的编制进行监督，对指使、强令编造、篡改财务报告行为，应制止和纠正，若无效，应向上级主管单位报告；⑤对财务收支进行监督，主要监督审批手续不全的财务收支、违反规定不纳入单位统一会计核算的财务收支、违反国家统一的财政、财务、会计制度规定的财务收支等；⑥对单位制定的预算、财务计划、经济计划、业务计划的执行情况进行监督等。

除了规定内部会计监督外，财政部于2001年2月20日还发布了《财政部门实施会计监督办法》，主要就会计监督检查的内容、形式和程序，违规违法行为的处理、行政处罚等的种类和适用范围，行政处罚的程序等作了具体规定。

3. 国家统一的会计机构和会计人员制度

现行的国家统一的会计机构和会计人员管理制度主要包括：

（1）《会计从业资格管理办法》。最新《会计从业资格管理办法》是2012年12月10日发布，自2013年7月1日起施行的，共分总则、会计从业资格的取得、会计从业资格管理、法律责任、附则5章37条。其主要规定了下列内容：①会计从业资格的管理实行属地原则，县级以上财政部门负责本行政区域内的会计从业资格管理；②会计从业资格的取得实行考试制度，考试科目包括财经法规、会计基础知识、会计实务、初级会计电算化；③会计从业资格证书在全国范围内有效，统一格式、编号规则；④对会计从业资格证书实行注册登记制度、定期年检制度；⑤违反会计从业资格管理办法要受到一定的处罚，包括吊销资格证书、罚款处理等。

（2）《会计人员继续教育暂行规定》。最新《会计人员继续教育暂行规定》于2013年8月27日发布，自2013年10月1日起施行，分总则、管理体制、内容与形式、学分管理、机构管理、师资与教材、监督与检查、附则8章38条。

4. 国家统一的会计工作管理制度

现行的国家统一的会计管理制度主要包括：

（1）《会计档案管理办法》。《会计档案管理办法》是1998年8月21日由财政部、国家档案局联合发布，自1999年1月1日起执行。该办法主要就会计档案的内容与种类，会计档案管理的基本要求，会计档案的归档、保管、销毁、交接，会计档案的保管期限等作了明确规定。在该办法中，企业和其他组织会计档案共分四个类别：会计凭证类，包括原始凭证、记账凭证、汇总凭证，一般保管期限为15年；会计账簿类，包括总账、明细账、日记账、固定资产卡片账、辅助账簿等，其中总账、明细账、日记账要求保管15年，但现金和银行存款日记账保管25年；财务报告类，包括月、季度财务报告、年度财务报告，其中前者要求保管3年，后者要求永久保管；其他类，包括会计移交清册（15年）、会计档案保管清册（永久）、会计档案销毁清册（永久）、银行存款余额调节表（5年）、银行对账单（5年）。

（2）《会计电算化管理办法》。《会计电算化管理办法》是1994年6月30日发布，自1994年7月1日起施行的。该办法主要就会计电算化工作的管理部门、会计电算化的基本任务、会计软件的标准、采用电子计算机替代手工记账的基本条件等作了明确的规定。

除上述两个办法外，关于会计管理制度还有《会计电算化工作规范》（1996年6月10日发布，自发布之日起实施）等。

第三节 会计机构

　　会计机构是各单位进行会计管理工作的职能机构，建立健全各单位的会计机构，并配备与工作要求相适应的、具有一定素质和数量的会计人员，是保证会计工作正常进行，充分发挥会计管理职能的重要保证。《会计法》、《会计基础工作规范》等会计规范对会计机构设置和会计人员配备的相关要求都作了具体规定。

一、会计机构的含义

　　所谓会计机构，是指各企事业单位内部直接从事和组织领导会计工作的职能部门。会计机构和会计人员是会计工作的主要承担者。

二、会计机构设置的原则

　　由于各个单位的组织机构、管理体制和经营管理情况有所不同，可以设置不同模式的会计机构以满足管理工作的需要。在设置会计机构时，一般应遵循以下原则：

（一）会计机构设置要与各单位的规模和管理要求相适应

　　单位的规模和管理要求是设置会计机构的依据，它决定经济业务的内容和数量，也影响组织会计工作的方法和会计机构的内部分工。如果单位规模较大，业务量大，管理要求高，会计机构就要相应地大一些，内部分工更细；如果单位规模较小，经营过程比较简单，业务量很小，则会计机构可以小一些，内部分工也可以粗略一些。

（二）会计机构设置应能提高工作效率

　　会计机构是为完成任务，加强企业管理，提高经济效益而设计的，因此设置会计机构应当贯彻精简、高效、节约的原则，合理设计，防止机构重叠、人浮于事，避免人力、物力的浪费。

（三）会计机构设置应注意内部分工明确具体

　　每一个单位的会计机构内部，对会计人员都应根据会计业务的不同进行明确的分工。这就要求每个部门的工作人员应有明确的职权、责任和具体的工作内容，做到部门之间职责清楚、任务确切，有利于实行岗位责任制。同时，在内部分工中，要贯彻内部控制制度，做到在工作中相互制约、相互监督，防止工作中的失误和舞弊。

三、会计机构的设置

我国基层企事业单位的会计工作，受财政部门和单位主管部门的双重领导。在每个基层单位内部，一般都需要设置从事会计工作的职能部门，以完成本单位的会计工作。

《会计法》第三十六条规定，各单位应当根据会计业务的需要，设置会计机构，或者在有关机构中设置会计人员并指定会计主管人员；不具备设置条件的，应当委托经批准设立从事会计代理记账业务的中介机构代理记账。《会计法》的这一规定是对会计机构设置所作出的具体要求，包含三层含义：

一是是否设置会计机构应以会计业务需要为基本前提。一个单位是否单独设置会计机构，往往取决于以下几个因素：（1）单位规模的大小；（2）经济业务和财务收支的繁简；（3）经营管理的要求。一个单位的规模，往往决定了这个单位内部职能部门的设置，也决定了会计机构的设置与否。一般来说，大中型企业和具有一定规模的行政事业单位，以及财务收支数额较大、会计业务较多的社会团体和其他经济组织，都应单独设置会计机构，如会计（或财务）处、部、科、股、组等，以便及时组织本单位各项经济活动和财务收支的核算，实行有效的会计监督。经济业务多、财务收支量大的单位，也有必要单独设置会计机构，以保证会计工作的效率和会计信息的质量。一个单位在经营管理上的要求越高，对会计信息的需求也相应增加，对会计信息系统的要求也越高，从而也决定了该单位设置会计机构的必要。

二是对于不具备单独设置会计机构的单位，如财务收支数额不大、会计业务比较简单的企业、机关、团体、事业单位和个体工商户等，为了适合这些单位的内部客观需要和组织结构特点，《会计法》允许其在有关机构中配备专职会计人员并指定会计主管人员，这类机构一般应是单位内部与财务会计工作接近的机构，如计划、统计或经营管理部门，或者是有利于发挥会计职能作用的内部综合部门，如办公室等。只配备专职会计人员的单位也必须具有健全的财务会计制度和严格的财务手续，其专职会计人员的专业职能不能被其他职能所替代。

三是不具备设置会计机构、配备会计人员的小型经济组织，应当委托经批准设立从事会计代理记账业务的中介机构代理记账。代理记账，是指由社会中介机构即会计咨询、服务机构代替独立核算单位办理记账、算账、报账业务。这是随着我国经济发展出现的一种新的社会性会计服务活动。近年来，在我国经济飞速发展的同时，各单位的组织形式、经营规模都发生了很大变化，一些规模较小的企业、事业单位、个体工商户和其他经济组织大量出现，这就产生了现有会计人员的数量难以适应不断增长的各类经济组织进行会计核算要求的问题。一些经济组织很难找到业务素质相当的会计人员；而且，有些经营规模较小的经济组织配备一名会计和出纳，费用上也较难承受。在这种情况下，代理记账业务应运而生。根据《代理记账管理暂行办法》的规定，从事代理记账业务的机构，应当至少有三名持有会计证的专职从业人员，同时可以聘用一定数量相同条件的兼职从业人员；主管代理记账业务的负责人必须具有会计师以上的专业技术资格；有健全的代理记账业务规范和财务管理制度；机构的设立依法经过工商行政管理部门或者其他管理部门核准登记；除会计师事务所外，其他代理记账机构必须持有县级以上财政部门核发的代理记账许可证书。

由于会计工作与财务工作都是综合性的经济管理工作，二者的关系十分密切。因而，在我国的实际工作中，通常将处理财务与会计工作的职能机构合并为一个部门。这个机构的主要任务就是组织和处理本单位的财务与会计工作，如实地反映本单位的经济活动情况，以便及时地向各有关利益关系体提供他们所需要的财务会计资料，参与企业单位经济管理的预测和决策，严格执行会计法规制度，最终达到提高经济效益的目的。

四、会计岗位责任制

（一）会计岗位责任制的含义

会计工作的岗位责任制，就是在财务会计机构内部按照会计工作的内容和会计人员的配备情况，进行合理的分工，使每项会计工作都有专人负责，每位会计人员都能明确自己的职责的一种管理制度。

《会计基础工作规范》第八十七条规定："各单位应当建立会计人员岗位责任制度。主要内容包括：会计人员的工作岗位设置；各会计工作岗位的职责和标准；各会计工作岗位的人员和具体分工；会计工作岗位轮换办法；对各会计工作岗位的考核办法。"为了科学地组织会计工作，应建立健全会计部门内部的岗位责任制，将会计部门的工作划分为若干个工作岗位，并根据分工情况为每个岗位规定其各自的职责和要求。分工可以一岗多人、一岗一人，也可以一人多岗。各个岗位的会计人员，既要认真履行本岗位职责，又要从企业全局出发，相互协作，共同做好会计工作。

（二）会计岗位责任制的具体内容

不同的企业单位，可以根据自身管理的需要、业务的内容以及会计人员配备情况，确定各自的岗位分布。《会计基础工作规范》第十一条规定："各单位应当根据会计业务需要设置会计工作岗位。会计工作岗位一般可分为：会计机构负责人或者会计主管人员、出纳、财产物资核算、工资核算、成本费用核算、财务成果核算、资金核算、往来结算、总账报表、稽核、档案管理等。开展会计电算化和管理会计的单位，可以根据需要设置相应工作岗位，也可以与其他工作岗位相结合。"

1. 会计机构负责人工作岗位

负责组织领导本单位的财务会计工作，完成各项工作任务，对本单位的财务会计工作负全面责任；组织学习和贯彻党的经济工作的方针、政策、法令和制度，并根据本单位的具体情况，制定本单位的各项财务会计制度、办法，组织实施；组织编制本单位的财务会计计划、单位预算，并检查其执行情况；组织编制财务会计报表和有关报告；负责财会人员的思想政治工作；组织财会人员学习政治理论和业务知识；负责对财会人员的工作考核等。

2. 出纳工作岗位

出纳工作岗位的具体职责是负责办理现金收付和银行结算业务；登记现金、银行存款日记账；保管库存现金和各种有价证券；保管空白收据和空白支票。

3. 财产物资核算工作岗位

按财务会计有关法规的要求，会同有关部门制定本企业材料物资核算与管理办法；负责审查材料物资供应计划和供货合同，并监督其执行情况。会同有关部门制订和落实储备资金定额，办理材料物资的请款和报销业务，计算确定材料物资采购成本。严格审查核对材料物资入库、出库凭证，进行材料物资明细核算，参与库存材料、物资的清查盘点工作。对于固定资产的核算，负责审核、办理有关固定资产的构建、调拨、内部转移、盘盈、盘亏、报废等会计手续，配合固定资产的管理部门和使用部门建立固定资产管理制度。进行固定资产的明细核算，参与固定资产清查，按规定正确计算提取固定资产折旧，以真实体现固定资产价值。制订固定资产重建、修理计划，指导和监督有关部门管好、用好固定资产。

4. 工资核算工作岗位

负责计算职工的各种工资和奖金，办理职工的工资结算，并进行有关的明细核算，分析工资总额计划的执行情况，控制工资总额支出；参与制订工资总额计划。在由各车间、部门的工资员分散计算和发放工资的组织方式下，还应协助企业劳动工资部门负责指导和监督各车间、部门的工资计算和发放工作。

5. 成本费用核算工作岗位

负责编制成本、费用计划，并将其指标分解落实到有关责任单位和个人。会同有关部门拟定成本费用管理与核算办法，建立健全各项原始记录和定额资料，遵守国家的成本开支范围和开支标准，正确地归集和分配费用，计算产品成本、登记费用成本明细账，并编制有关的会计报表，分析成本计划的执行情况。

6. 财务成果核算工作岗位

负责编制收入、利润计划并组织实施。随时掌握销售状况，预测销售前景，及时督促销售部门完成销售计划，组织好销售货款的回收工作，正确地计算并及时地解交有关税利。负责收入、应收款和利润的明细核算，编制有关收入、利润方面的会计报表，并对其进行分析和利用。

7. 资金工作岗位

负责资金的筹集、使用和调度。资金岗位的人员应随时了解、掌握资金市场的动态，为企业筹集生产经营所需的资金并满足需要，同时应合理安排调度使用资金，本着节约的原则运用好资金，以尽可能低的资金消耗取得尽可能好的效果。

8. 往来结算工作岗位

办理其他应收、应付款项的往来结算业务，对于各种应收、应付、暂收、暂付等往来款项，要随时清理结算，应收的抓紧催收，应付的及时偿付，暂收暂付款项要督促清算；负责备用金的管理和核算，负责其他应收款、应付款和备用金的明细核算；管理其他应收应付款的凭证、账册和资料等。

9. 总账报表工作岗位

负责总账的登记与核对，并与有关的日记账和明细账相核对，依据账簿记录编制有关会计报表和报表附注等相关内容，负责财务状况和经营成果的综合分析，搜集、整理各方面经济信息以便进行财务预测，制订或参与制订财务计划，参与企业的生产经营决策等。

10. 档案管理工作岗位

负责制定会计档案的立卷、归档、保管、查阅和销毁等管理制度，保证会计档案的妥善保管、有序存放、方便查阅，严防毁损、散失和泄密。

11. 稽核工作岗位

负责确立稽核工作的组织形式和具体分工，明确稽核工作的职责、权限，审核会计凭证和复核会计账簿、报表。

上述会计工作岗位的设置并非固定模式，企业单位可以根据自身的需要合并或重新分设。总而言之，应做到各项会计工作有岗有责，各司其职，必要时可以将各岗位人员进行适当的轮换，以便于提高会计人员的综合能力，也有利于各岗位之间的相互协调与配合。开展会计电算化和管理会计的单位，可以根据需要设置相应的工作岗位，也可以与其他工作岗位相结合。

第四节 会 计 人 员

会计人员是指在国家机关、社会团体、公司、企业、事业单位和其他组织中从事财务会计工作的人员，包括会计机构负责人（会计主管人员）以及具体从事会计工作的会计师、会计员和出纳员等。合理配备会计人员，提高会计人员的综合素质是每个单位做好会计工作的决定性因素，对会计核算管理系统的运行起着至关重要的作用。可以说，提高会计人员的素质是发展知识经济的需要，更是企业自身发展的需要。

《会计法》第三十八条规定，从事会计工作的人员，必须取得会计从业资格证书。担任会计机构负责人的，除取得会计从业资格证书外，还应当具备会计师以上专业技术职务资格或者从事会计工作三年以上经历。《会计基础工作规范》第十四条规定，会计人员应当具备必要的专业知识和专业技能，熟悉国家有关法律、法规、规章和国家统一会计制度，遵守职业道德。《总会计师条例》也规定了总会计师的任职资格，由具有会计师、高级会计师的技术职称的人员担任。这些都是对会计人员任职资格的具体规定。

为了充分发挥会计人员的积极性，使会计人员在工作时有明确的依据和工作准则，以便更好地完成会计的各项工作任务，就应当明确会计人员的职责、权限和任免的各项规定。

一、会计人员的主要职责

会计人员的职责，概括起来就是及时提供真实可靠的会计信息，认真贯彻执行和维护国家财经制度和财经纪律，积极参与经营管理，提高经济效益。根据《会计法》的规定，会计人员的主要职责有以下几方面。

（1）进行会计核算。会计人员要以实际发生的经济业务事项进行会计核算，填制会计凭证，登记会计账簿，编制财务会计报告。做到手续完备，内容真实，数字准确，账目清楚，日清月结，按期报账，如实反映财务状况、经营成果和现金流量状况，满足国家宏观经济管理，企业加强内部经营管理和有关各方了解本单位财务状况、经营成果、现金流量情况的需要。进行会计核算，及时地提供真实可靠的能满足有关各方需要的会计信息，是会计人员最基本的职责，也是做好会计工作最起码的要求。

《会计法》第十条规定，下列经济业务事项，应当办理会计手续，进行会计核算：①款项和有价证券的收付；②财物的收发、增减和使用；③债权债务的发生和结算；④资本、基金的增减；⑤收入、支出、费用、成本的计算；⑥财务成果的计算和处理；⑦需要办理会计手续、进行会计核算的其他事项。

（2）实行会计监督。各单位的会计机构、会计人员对本单位实行会计监督，即通过会计工作，对本单位的各项经济业务和会计手续的合法性、合理性进行监督。监督的主要内容有：①会计机构、会计人员对原始凭证进行审核和监督。对不真实、不合法的原始凭证，不予受理；对伪造、变造、故意毁灭会计账簿或账外设账行为应当制止和纠正。②会计机构、会计人员应当对实物、款项进行监督，督促建立并严格执行财产清查制度。发现账簿记录与实物、款项不符的时候，应当按照有关规定进行处理；无权自行处理的，应当立即向本单位行政领导人报告，请求查明原因，作出处理。③会计机构会计人员对指使、指令编造、篡改财务报告的行为，应当制止和纠正；制止和纠正无效的，应当向上级主管单位报告，请求处理。④会计机构、会计人员应当对财务收支进行监督。⑤会计机构、会计人员对违反单位内部会计管理制度的经济活动，应当制止和纠正；制止和纠正无效的，向单位领导人报告，请求处理。⑥会计机构、会计人员应当对单位制定的预算、财务计划、经济计划、业务计划的执行情况进行监督。各单位必须接受审计机关、财政机关和税务机关依照法律和国家有关规定进行的监督，如实提供会计凭证、会计账簿、会计报表和其他会计资料以及有关情况，不得拒绝、隐匿、谎报。

各单位应建立健全本单位内部会计监督制度。《会计法》第二十七条规定，各单位应当建立健全本单位内部会计监督制度。单位内部会计监督制度应当符合下列要求：①记账人员与经济业务事项和会计事项的审批人员、经办人员、财物保管人员的职责权限应当明确，并相互分离、相互制约；②重大对外投资、资产处置、资金调度和其他重要经济业务事项的决策和执行的相互监督、相互制约程序应当明确；③财产清查的范围、期限和组织程序应当明确；④对会计资料定期进行内部审计的办法和程序应当明确。

（3）根据会计准则和财务会计制度，拟定本单位办理会计事务的具体办法。国家制定的统一的会计法规只对会计工作管理和会计事务处理办法作出一般规定。各单位要依据国家颁发的会计法规，结合本单位的特点和需要，建立健全本单位内部使用的会计事项处理办法。例如，建立会计人员岗位责任制、内部控制和稽核制度；制定分级核算、分级管理办法和费用开支报销手续办法等。

（4）编制业务计划及财务预算，并考核、分析其执行情况。会计人员应根据会计资料并结合其他资料，按照国家各项政策和制度规定，认真编制并严格执行财务计划、预算，遵照经济核算原则，定期检查和分析财务计划、预算的执行情况。遵守各项收支制度、费用开支范围和开支标准，合理使用资金，考核资金使用效果等。

（5）办理其他会计事务。发展经济离不开会计，经济越发展，社会分工越细，生产力水平越高，人们对经济管理的要求也就越高，作为经济管理的重要组成部分的会计也就越重要、越发展，会计事务也必然日趋丰富多样。例如，实行责任会计、经营决策会计、电算化会计等。

会计人员的职责是考核会计人员工作质量的重要标准。会计人员应守职尽责，努力做好会计核算、会计监督、会计分析、会计检查等各项会计工作，为社会主义建设事业服务。

二、会计人员的主要权限

为了保障会计人员能够顺利地履行自己的职责，国家对他们赋予了必要的工作权限，主要有以下几方面：

（1）有权要求本单位有关部门、人员认真执行国家批准的计划、预算，遵守国家法律及财经纪律和财务会计制度。如有违反法律、法规的情况，会计人员有权拒绝付款、拒绝报销或拒绝执行，并向本单位领导人报告。对于弄虚作假、营私舞弊、欺骗上级等违法乱纪行为，会计人员必须坚决拒绝执行，并向本单位领导人或上级机关执法部门报告。会计人员对于违反制度、法令的事项，不拒绝执行，又不向领导人或上级机关、财政部门报告的，应同有关人员负连带责任。

（2）有权参与本单位编制计划，制订定额，签订经济合同，参加有关的生产、经营管理会议。领导人和有关部门对会计人员提出的财务开支和经济效益方面的问题和意见，要认真考虑，合理的意见要加以采纳。

（3）有权监督、检查本单位有关部门的财务收支、资金使用和财产保管、收发、计量、检验等情况。有关部门要提供资料，如实反映情况。为了保障会计人员行使工作权限，各级领导和有关人员要支持会计人员行使工作权限。本单位领导人、上级机关和执法部门对会计人员反映的有关损害国家利益、违反财经纪律等问题，要认真及时地调查处理。如果反映的情况属实，不及时采取措施加以纠正，由领导人和上级机关负责。如果有人对会计人员坚持原则、反映情况进行刁难、阻挠或打击报复，上级机关要查明情况，严肃处理，情节严重的，要给以党纪国法制裁。确立上述法律责任，就能从法律上保护并鼓励会计人员为维护国家利益，维护财经纪律和财务制度，保护社会主义公共财产、加强经济管理、提高经济效益而坚持原则，履行自己的职责。

会计人员在正常工作过程中的权限是受法律保护的，《会计法》第四十六条规定，单位负责人对依法履行职责、抵制违反本法规定行为的会计人员以降级、撤职、调离工作岗位、解聘或者开除等方式实行打击报复，构成犯罪的，依法追究刑事责任；尚不构成犯罪的，由其所在单位或者有关单位依法给予行政处分。对受打击报复的会计人员，应当恢复其名誉和原有职务、级别。由此可见，任何人干扰、阻碍会计人员依法行使其正当权利，都会受到法律的追究乃至制裁。

三、总会计师制度

1. 我国总会计师制度的建立

总会计师是在单位负责人领导下，主管经济核算和财务会计工作的负责人。早在新中国成立之初，我国就借鉴原苏联的经验，在一些大、中型国有企业实行总会计师制度，目的是加强经济核算和会计管理。为了贯彻实施《会计法》和党中央、国务院的有关决定、规定，1990 年 12 月，国务院发布了《总会计师条例》，对总会计师的地位、职责、权限、任免与奖惩做了完整、全面、系统、具体的规定，使我国总会计师制度进入了一个全新的发展时期。2000 年 7 月 1 日执行的新《会计法》再次明确规定："国有的和国有资产占控股地位或者主导地位的大、中型企业必须设置总会计师。总会计师的任职资格、任免程序、职责权限由国务院规定。"

2. 总会计师的设置范围

《会计法》对总会计师的设置范围有明确规定，即：国有的和国有资产占控股地位或者主导地位的大、中型企业必须设置总会计师。随着我国社会主义市场经济的发展和国有企业改革的深化，国有企业尤其是国有大、中型企业组织形式不断发展变化，在发挥国有经济活力和优化资源配置的前提下，通过改组、改制和改造，有的成了国有独资公司，有的成了国有控股公司，国有企业的组织结构日趋完善，在我国国民经济中的控制力、影响力日益增强。国家作为国有企业的投资者，为了有效行使所有者的权利，必须依法加强对国有企业资产管理、财务管理和主要负责人员的监管。总会计师是主管企业经济核算和财务会计工作的单位领导成员，在资产管理和财务会计管理等方面起重要作用。建立健全总会计师制度，对完善法人治理结构，发挥会计职能作用，保护所有者权益，都有明显效果。

《会计法》不限制其他单位根据需要设置总会计师。《会计法》规定国有大、中型企业必须设置总会计师，并没有限制除国有大、中型企业以外的其他单位设置总会计师的范围。其他单位完全可以根据业务需要，视情况自行决定是否设置总会计师。从实际情况看，许多外商投资企业、民营企业等也都设有总会计师。

3. 总会计师的职责和权限

根据《总会计师条例》的规定，总会计师的职责主要包括两个方面：一是由总会计师负责组织的工作，包括组织编制和执行预算、财务收支计划、信贷计划，拟订资金筹措和使用方案，开辟财源，有效地使用资金；建立健全经济核算制度，强化成本管理，进行经济活动分析，精打细算，提高经济效益；负责对本单位财务会计机构的设置和会计人员的配备，组织对会计人员进行业务培训和考核；支持会计人员依法行使职权等。二是由总会计师协助、参与的工作，主要有：协助单位负责人对本单位的生产经营和业务管理等问题作出决策；参与新产品开发、技术改造、科学研究、商品（劳务）价格和工资、奖金方案的制定；参与重大经济合同和经济协议的研究、审查。

根据《总会计师条例》的规定，总会计师有以下权限：一是对违法违纪问题的制止和纠正权，即对违反国家财经纪律、法规、方针、政策、制度和有可能在经济上造成损失、浪费的行为，有权制止和纠正，制止或者纠正无效时，提请单位负责人处理。二是建立健全单位经济核算的组织指挥权。三是对单位财务收支具有审批签署权。四是有对本单位会计人员的管理权，包括对本单位会计机构设置、会计人员配备、继续教育、考核、奖惩等。

四、会计人员的任免

会计人员既要为本单位经营管理服务，维护本单位的合法经济利益，又要执行国家的财政、财务制度和财经纪律，维护国家的整体利益，同各种本位主义行为、违法乱纪行为作斗争。针对会计的这一工作特点，国家对会计人员，特别是对会计机构负责人和会计主管人员的任免，在《会计法》和其他相关法规中作了若干特殊的规定。其主要内容包括：

（1）在我国，国有经济占主导地位，为了保证国有经济顺利、健康有序发展，在国有企、事业单位中任用会计人员应实行回避制度，就是说，"单位领导人的直系亲属不得在本单位担任会计机构负责人，同时，会计机构负责人的直系亲属也不得在本单位的会计机构中担任出纳工作。"

（2）企业单位的会计机构负责人、会计主管人员的任免，应当经过上级主管单位同意，不得任意调动或撤换。也就是说，各单位应当按照干部管理权限任命会计机构负责人和会计主管人员，在任命这些人员时应先由本单位行政领导人提名报主管单位，上级主管单位的人事和会计部门对提名进行协商、考核，并经行政领导人同意后，即可通知上报单位按规定程序任免。

（3）会计人员在工作过程中忠于职守、坚持原则，如果受到错误处理的，上级单位应当责成所在单位予以纠正。会计人员在工作过程中玩忽职守、丧失原则，不宜担任会计工作的，上级主管单位应责成所在单位予以撤换。对于认真执行《会计法》以及其他相关会计法规，忠于职守，作出显著成绩的会计人员，应给予精神的或物资的奖励。

第五节 会 计 档 案

一、会计档案的概念

会计档案是指会计凭证、会计账簿、财务会计报告等会计核算专业资料。它是记录和反映经济业务的重要史料和证据。由此可见，会计档案是机关团体和企事业单位在其日常经营活动的会计处理过程中形成的，并按照规定保存备查的会计信息载体，以及其他有关财务会计工作应予集中保管的财务成本计划、重要的经济合同等文件资料。

会计档案是国家档案的重要组成部分，是单位日常发生的各项经济活动的历史记录，是总结经营管理经验、进行决策所需的主要资料，是检查各种责任事故的重要依据，也是各单位的重要档案，它是对一个单位经济活动的记录和反映。通过会计档案，可以了解每项经济业务的来龙去脉；可以检查一个单位是否遵守财经纪律，在会计资料中有无弄虚作假、违法乱纪等行为；会计档案还可以为国家、单位提供详尽的经济资料，为国家制定宏观经济政策及单位制定经营决策提供参考。

各单位的会计部门对会计档案必须高度重视、严加保管。大中型企业应建立会计档案室，小型企业应有会计档案柜并指定专人负责。对会计档案应建立严密的保管制度，妥善管理，不得丢失、损坏、抽换或任意销毁。

二、会计档案的具体内容

按照《会计档案管理办法》的规定，会计档案是指会计凭证、会计账簿和财务报告等会计核算专业材料，是记录和反映单位经济业务的重要史料和证据。具体包括：

（1）会计凭证类：原始凭证、记账凭证、汇总凭证、其他会计凭证。

（2）会计账簿类：总账、明细账、日记账、固定资产卡片、辅助账簿、其他会计账簿。

（3）财务报告类：月度、季度、年度财务报告，包括会计报表、附表、附注及文字说明，其他财务报告。

（4）其他类：银行存款余额调节表、银行对账单、其他应当保存的会计核算专业资料、会计档案移交清册、会计档案保管清册、会计档案销毁清册。

三、会计档案管理的基本内容

为了加强会计档案管理，统一会计档案管理制度，做好会计档案的管理工作，更好地为发展社会主义市场经济服务，国家财政部、国家档案局于 1998 年 8 月 21 日以财会字〔1998〕32 号文发布了《会计档案管理办法》，统一规定了会计档案的立卷、归档、保管、调阅和销毁等具体内容。

（一）会计档案的整理及立档归卷

各单位每年形成的会计档案，应当由会计机构按照归档要求，负责整理立卷，装订成册，编制会计档案保管清册。当年形成的会计档案，在会计年度终了后，可暂由会计机构保管一年，期满之后，应当由会计机构编制移交清册，移交本单位档案机构统一保管；未设立档案机构的，应当在会计机构内部指定专人保管。出纳人员不得兼管会计档案。

会计档案分类要按照会计档案形成规律和本身的特点，结合本单位实际情况，采取以下方法。一是按年度—名称分类法。即把一个年度形成的会计档案按报表、账簿、凭证分成三大类，然后分别组成保管单位案卷。这种方法适用于会计档案较少的单位。二是按年度—保管期限分类法。即把一个年度形成的会计档案按保管期限分开，然后再按报表、账簿、凭证分别组成案卷，这种方法一般适用于会计档案数量较多的单位。三是有几种不同性质的会计档案的单位可采取年度—性质分类法。把一个年度的会计档案先按不同性质分开，然后再按报表、账簿、凭证分别组成案卷。

对会计凭证、账簿、报表，应根据时间顺序、种类、保管期限进行整理装订。装订时清除金属物，填写单位名称，种类名称，年度，类别，页数，册数，并注明卷（册）号和保管期限。会计档案案卷的卷（册）号和保管期限，会计档案案卷的排列，可按照单位会计档案的分类情况和保管期限确定。

会计档案定期向本单位综合档案室移交。会计部门或会计人员除当年仍在记录的以外，一般不得自行保存会计档案。应编制会计档案移交清册，对会计档案的数量、年代、完整程度和利用价值情况附必要的说明。移交时，交接双方要逐一清点核对，以分清责任和防止差错，确保一个单位案卷编号不乱，简单明了，正确、完整、清楚。

填写会计档案目录要认真。会计凭证票据多，内容复杂，只需填写会计档案目录，不抄卷内目录。

（二）会计档案的管理与利用

（1）为加强会计档案的管理与利用，应建立健全会计档案人员岗位责任制，不断完善会计制度法制化，维护会计档案的完整与安全。

（2）会计档案要设专室、专柜、专人进行管理。要进行系统的会计档案分类、编号、排列、上架，为利用提供方便。

（3）各单位的会计档案必须根据标准化、规范化、科学化的要求进行管理，做到妥善保管，存放有序，查找方便。

（4）会计档案存放的库房和装具，要符合防火、防盗、防尘、防虫、防潮、防高温要求，严格执行安全和保密制度，要建立定期检查制度，严防毁损、散失、泄密。撤销、合并、破产倒闭单位和建设单位完工后停建的会计档案，应随同单位的全部档案在规定时间内一并移交相应档案馆保管，并由交接双方在移交清册上签名盖章。

（5）各单位保存的会计档案应积极为本单位或外单位提供利用。本单位内部查阅会计档案，须经主管会计工作的负责同志批准，外单位查阅会计档案，要持有单位正式介绍信，并经本单位主管会计工作的负责同志批准，才能查阅。

（6）查阅会计档案的人员必须爱护档案，不准在档案材料上涂改或作其他标记，更不得抽撤、更换案卷任何材料。需要复印、复制、摘抄的会计档案，须经档案保管人员审查、签字，并经单位主管会计的负责同志审阅批准，才能交给需要的单位或个人。所有会计档案原件原则上不得借出，如有特殊情况，须报经上级主管部门批准，但不得拆散原卷册并应按限归还，借出和归还时都要认真检查核对。

（三）会计档案的鉴定和销毁

各单位应定期对已超过保管期限的会计档案进行鉴定。鉴定工作由财会部门和档案部门的领导同志负责，成立鉴定小组，由熟悉业务的会计人员具体实施。档案人员协助指导，鉴定工作结束后，应提出鉴定报告，对于确无保存价值的会计档案，要编造销毁清册，上报核准后才能销毁。销毁会计档案时，应由档案部门和会计部门共同派员监销，监销人在销毁会计档案以前，应当认真进行清点核对，并报告本单位领导同意后方可进行。

销毁后，在销毁清册上注明销毁的日期并签名盖章，以示负责。

会计档案的保管期限应按财政部、国家档案局颁布的《会计档案管理办法》规定的保管期限保管。会计档案的保管期限分为永久保管和定期保管两类，其中，定期保管期限又分为 3 年、5 年、10 年、15 年、25 年 5 类。会计档案的保管期限，从会计年度终了后的第一天算起。企业单位会计档案的具体保管期限见表 9 – 1。

表 9 – 1 　　　　　　　　 **企业和其他组织会计档案保管期限表**

序　号	档案名称	保管期限	备　注
一	会计凭证类		
1	原始凭证	15 年	
2	记账凭证	15 年	
3	汇总凭证	15 年	
二	会计账簿类		
4	总账	15 年	包括日记总账
5	明细账	15 年	
6	日记账	15 年	现金和银行存款日记账保管 25 年
7	固定资产卡片		固定资产保管清理后保管 5 年
8	辅助账簿	15 年	
三	财务报告类		包括各级主管部门汇总财务报告
9	月、季度财务报告	3 年	包括文字分析
10	年度财务报告（决算）	永久	包括文字分析
四	其他类		
11	会计移交清册	15 年	
12	会计档案保管清册	永久	
13	会计档案销毁清册	永久	
14	银行存款余额调节表	5 年	
15	银行对账单	5 年	

采用电子计算机进行会计核算的单位，应当保存打印出的纸质会计档案。具备采用磁带、磁盘、光盘、微缩胶片等磁性介质保存会计档案条件的，由国务院主管部门统一规定，并报财政部、国家档案局备案。

关、停、并、转单位的会计档案，要根据会计档案登记簿编造移交清册，移交给上级主管部门或指定的接收单位接收保管。

会计档案保管人员调动工作，应按照规定办理正式的交接手续。

思考与练习

思考题

1. 会计工作组织的意义是什么？会计工作组织应遵循哪些原则？

2. 我国会计规范体系由哪几方面构成？

3. 企业设置会计机构的原则有哪些？

4. 会计人员的主要职责和权限有哪些？

5. 什么是会计档案？它包括哪些内容？

练习题

一、单项选择题

1. 在大中型企业中，领导和组织企业会计工作和经济核算工作的是（　　）。

A. 厂长　　　　　　B. 注册会计师　　　C. 高级会计师　　　D. 总会计师

2. 关于会计部门内部的岗位责任制，下列说法中错误的是（　　）。

A. 必须贯彻钱账分设、内部牵制的原则

B. 人员分工可以一岗一人，也可以一岗多人或多岗一人

C. 会计人员合理分工，能划小核算单位，缩小会计主体，简化会计工作

D. 应保证每一项会计工作都有专人负责

3. 会计人员中的职责不包括（　　）。

A. 进行会计核算　　B. 实行会计监督　　C. 编制预算　　　　D. 决策经营方针

4. 在一些规模小、会计业务简单的单位，可以（　　）。

A. 单独设置会计机构　　　　　　　B. 在有关机构中配备专职会计人员

C. 在单位领导机构中设置会计人员　D. 不进行会计核算

5. 企业年度会计报表的保管期限为（　　）。

A. 5 年　　　　　　B. 15 年　　　　　　C. 25 年　　　　　　D. 永久

二、多项选择题

1. 合理地组织会计工作，能够（　　）。

A. 提高会计工作的效率

B. 提高会计工作的质量

C. 保证会计工作与其他经济管理工作的协调一致，提高企业整体管理水平

D. 可以加强各单位内部的经济责任制

2. 会计工作的组织，主要包括（　　　）。

A. 会计机构的设置　　　　　　　　B. 会计人员的配备

C. 会计法规、制度的制定与执行　　D. 会计档案的保管

E. 会计工作的组织形式

3. 会计人员和会计机构的主要职责有（　　　）。

A. 进行会计核算

B. 实行会计监督

C. 拟订本单位的会计工作实施办法和制度

D. 编制预算和财务计划，并考核分析执行情况

E. 办理其他会计事项

4. 无论采用集中核算还是非集中核算，都应由厂部财务会计部门集中办理的业务有
（　　　）。

A. 企业对外的现金往来　　　　　　B. 材料的明细核算

C. 物资购销　　　　　　　　　　　D. 债权债务的结算

E. 企业所有会计报表的编制

5. 会计人员的主要权限有（　　　）。

A. 督促本单位有关部门执行国家财务会计制度

B. 参与本单位计划编制

C. 对外签订经济合同

D. 有权检查本单位有关部门的财务收支

E. 参加有关的业务会议

第十章

计算机在会计中的应用

【内容提要】

计算机在会计中的应用统称为会计电算化，会计软件是会计电算化工作得以实现的重要载体，而其中的会计核算软件在会计实务中应用最为广泛。本章在对会计电算化的概念、特点及其发展进行阐述的基础上，介绍了会计软件的分类、实施和会计核算软件的具体操作。

【教学要点】

本章的教学要点包括会计电算化的特点、会计软件的分类和会计核算软件的操作。

第一节　会计电算化概述

会计要连续、系统、全面地核算和监督企业的经济活动，为会计信息使用者提供有用的会计信息，就必须运用专门的方法，对企业大量经济业务产生的会计数据进行加工处理。从某种意义上说，会计核算工作的过程就是将会计数据转化成会计信息的过程。对会计数据进行处理，将其转化为会计信息的过程一般称为会计信息处理，而将计算机应用到会计信息处理及其他会计工作中，即为会计电算化。

一、会计电算化的概念

计算机在会计中的应用统称为会计电算化，会计电算化的概念有广义和狭义之分。

狭义的会计电算化是指以电子计算机为主体的信息技术在会计工作中的应用，是以电子计算机为主的当代电子和信息技术应用到会计工作中的简称。具体而言，就是利用电子计算机代替人工记账、算账、报账，以及代替部分由大脑完成的对会计信息的处理、分析和判断的过程。

广义的会计电算化是指与实现会计电算化工作有关的所有工作，包括会计电算化软件的开发和应用，会计电算化人才的培养，会计电算化的宏观规划，会计电算化的制度建设，会计电算化软件市场的培育与发展等。

会计电算化是一个人机相结合的系统，其实质是计算机在会计领域的普及应用，其目标是提高企业会计管理水平和经济效益，从而实现会计工作的现代化。会计电算化的基本构成包括会计人员、硬件资源、软件资源和信息资源等要素，其中的核心部分是功能完善的会计软件资源。

作为现代会计学科的重要组成部分，会计电算化目前已发展成为一门融电子计算机科学、管理科学、信息科学和会计科学为一体的新型科学和实用技术。

二、会计电算化的特点及作用

（一）会计电算化的特点

会计电算化是一个利用计算机对会计数据进行加工、处理，并输出大量会计信息的系统，与传统的手工会计相比较，其特点为：

（1）及时性与准确性。在手工会计中，会计数据的收集、加工处理、输出等都是人工完成的，会计处理工作量大、效率低，导致会计信息提供不及时，同时，提供的会计信息准确性较差。而在会计电算化方式下，数据处理更及时、准确。计算机运算速度决定了对会计数据的分类、汇总、计算、传递及报告等处理几乎是在瞬间完成的，并且计算机运用正确的处理程序可以避免手工处理出现的错误。计算机可以采用手工条件下不易采用或无法采用的复杂、精确的计算方法，如材料收发的移动加权平均法等，从而使会计核算工作更细、更深，能更好地发挥其参与管理的职能。

（2）集中化与自动化。会计电算化方式下，各种核算工作都由计算机集中处理。在网络环境中信息可以被不同的用户分享，数据处理更具有集中化的特点。对于大的系统如大型集团或企业，规模越大，数据越复杂，数据处理就要求更集中。由于网络中每台计算机只能作为一个用户完成特定的任务，使数据处理又具有相对分散的特点。会计电算化方式下，在会计信息的处理过程中，人工干预较少，由程序按照指令进行管理，具有自动化的特点。集中化与自动化将会取得更好的效益。

（3）人机结合的系统。会计工作人员是会计电算化的组成部分，不仅要进行日常的业务处理还要进行计算机软、硬件的维护与管理。会计数据的输入、处理及输出是手工处理和计算机处理两方面的结合。有关原始资料的收集是计算机化的关键性环节，原始数据必须经过手工收集、处理后才能输入计算机，由计算机按照一定的指令进行数据的加工和处理，将处理的信息通过一定的方式存入磁盘，打印在纸张上，通过显示器显示出来。

（4）内部控制更加严格。在手工会计中，内部控制是通过凭证传递程序规定每个环节应完成的任务，并在传递程序中选择控制点，在日常处理业务工作中相互校验、核对来实现的。此外，还通过对账来检查账证相符、账账相符、账实相符等内部控制方式来保证会计数据的正确性。而在会计电算化方式下，内部控制制度有了明显变化，新的内部控制制度更强调手工与计算机结合的控制形式，控制要求更严，控制内容更广泛。

（二）会计电算化的作用

实现会计电算化是会计发展史上的一场技术革命，对会计科学本身以及对国民经济建设都具有重要的作用。具体表现在以下三个方面：

（1）发展会计电算化，有利于促进会计工作的规范化，提高会计数据处理的时效性和准确性，提高会计核算和会计工作的水平和质量，减轻会计人员的劳动强度，提高会计工作的效率。

（2）发展会计电算化，能更好地发挥会计的职能作用，提高经营管理水平，使会计管理由事后管理向事中控制、事先预测转变，为管理信息化打下基础。

（3）发展会计电算化，将推动会计技术、方法、理论创新和观念更新，促进会计工作进一步发展，为实现会计工作现代化奠定良好的基础。

三、会计电算化的发展

（一）国外会计电算化的发展

会计电算化在国外开始于 20 世纪 50 年代，1954 年美国通用电气公司首次利用计算机计算职工薪金的举动，引发了会计数据处理技术的变革，开创了利用计算机进行会计数据处理的新纪元。这个时期，计算机在会计领域的应用主要是核算业务的处理，目的主要是用计算机代替手工操作，减轻日常烦琐的手工计算与登录工作，减少差错，提高会计工作效率。

从 20 世纪 50 年代到 60 年代，伴随着计算机技术的不断发展以及操作系统的出现，特别是高级程序设计语言的出现，使计算机的应用日益广泛。在会计实务中，人们开始利用计算机对会计数据从单项处理向综合数据处理转变，除了完成基本账务处理外，还带有一定的管理和分析功能，为经济分析、经济决策提供会计信息。

到了 20 世纪 70 年代，计算机技术迅猛发展，随着计算机网络技术的出现和数据库系统的广泛应用，形成了网络化的电算化会计信息系统。由于电子计算机的全面使用，使各个功能系统可以共享储存在计算机上的整个企业生产经营成果数据库，从而极大提高了工作效率和管理水平。

20 世纪 80 年代和 90 年代，由于微电子技术蓬勃发展，微型计算机大批涌现，使会计电算化得到迅速发展。特别是微型机通过通信电路形成计算机网络，提高了计算和处理数据的能力，微型机开始走入中小企业的会计业务处理领域，并得到迅速普及。时至今日，美国、日本、德国等西方发达国家的会计电算化已经发展到了较为完善的程度。

（二）我国会计电算化的发展

计算机在我国会计工作中的应用是从 20 世纪 70 年代末开始的。1979 年，长春第一汽车制造厂在财政部的支持下进行了会计电算化试点工作。1981 年，在财政部、第一机械工业部、中国会计学会的支持下，中国人民大学和长春第一汽车制造厂联合召开了"财务、会计、成本应用电子计算机问题讨论会"，第一次提出了"会计电算化"的概念。以此开始，随着 20 世纪 80 年代计算机在全国各个领域的应用、推广和普及，计算机在会计领域的应用也得以迅速发展。概括起来，我国三十年来会计电算化的发展，大体可以分为以下四个阶段。

1. 起步阶段（1983 年以前）

这个阶段起始于 20 世纪 70 年代少数企、事业单位单项会计业务的电算化，计算机技术应用到会计领域的范围十分狭窄，涉及的业务内容十分单一，最为普遍的是工资核算的电算化。在这个阶段，由于会计电算化人员缺乏，计算机硬件比较昂贵，软件汉化不理想，会计电算化没有得到高度重视，因此，会计电算化发展比较缓慢。

2. 自发发展阶段（1983～1986 年）

在这个阶段，由于计算机性能价格比的提高，全国掀起了计算机应用热潮，一些企事业单位开始重视会计电算化工作，纷纷组织力量开发财务软件。但是，这一时期由于会计电算化工作在宏观上缺乏统一的规范、指导和相应的管理制度，加之开展会计电算化的单位也没有建立相应的组织管理制度和控制措施，使得会计电算化工作及会计软件开发，大多由单位自行组织和开发，低水平重复建设现象严重，会计软件的通用性和适应性也很差，造成大量的人力、物力和财力的浪费。

3. 稳步发展阶段（1987～1996 年）

在这一阶段，计算机在会计工作中的应用逐步走上了正轨，我国的会计电算化事业进入了有计划、有组织的发展阶段。商品化财务软件市场已经走向成熟，初步形成了财务软件市场和财务软件产业；越来越多的企事业单位甩掉了手工操作，实现了会计核算业务的电算化处理；许多大中专院校开设了会计电算化专业或课程，加大了会计电算化人才的培养力度；会计电算化的理论研究工作开始取得成效。与此同时，国家陆续发布了一系列与会计电算化有关的规章、制度，加快了会计电算化发展的进程。

4. 竞争提高阶段（1996 年至今）

随着会计电算化工作的深入开展，财务软件市场进一步成熟，并出现激烈竞争的态势，各类财务软件在市场竞争中进一步拓展功能，各专业软件公司进一步发展壮大。在此阶段，具有事前预测、决策，事中规划、控制，事后核算、分析功能的管理型财务软件的成功开发及推广应用，进一步拓展了财务软件的功能，提高了计算机在财务会计领域中作用的发挥程度。

第二节　会计软件及其实施

一、会计软件及其分类

会计软件又称为财务软件，是专门用于会计数据处理的应用软件。它是一系列指挥计算机执行会计核算、分析、预测等工作的程序、存储数据或信息的文件及有关资料的总称。会计软件是计算机会计信息系统的重要组成部分，也是会计电算化工作得以实现的载体。经过近 30 年的发展，我国的会计电算化工作已经取得了长足的进步，商品化会计软件应用发展和技术支持已日益完善和成熟，并得到了广泛应用。

按照提供会计信息的层次不同，会计软件一般可以分为核算型会计软件、管理型会计软件和会计决策支持系统。

（一）核算型会计软件

核算型会计软件以账务处理系统为核心，主要完成会计核算工作。其主要任务是设置会计科目、填制会计凭证、登记会计账簿、进行成本计算和编制会计报表等，主要内容包括总账处理、工资、固定资产、成本、采购、存货、销售、往来账款核算和报表处理等。核算型会计软件的主要特点如下：

（1）以财务部门为核心，模仿、替代手工为主，其目标与手工会计相似，只是利用计算机来处理日常会计核算业务。这类软件主要进行事后的会计核算，很难发挥会计的事前预测和事中控制功能。

（2）各业务核算模块如工资、固定资产、应收应付、存货以及销售之间彼此分离，没有形成一个有机的整体，与账务处理之间仅仅通过会计凭证传递数据，缺乏信息传输的一致性和系统性。

（3）系统只满足了财务部门会计核算业务的需要，没有考虑相关部门如采购、生产、销售、人事等部门之间的信息共享，从而难以为决策提供科学的信息和依据。

（二）管理型会计软件

管理型会计软件利用会计核算业务提供的信息以及其他生产经营活动资料，采用各种管理模型、方法，对企业财务状况和经营成果等进行分析和评价，具有事前预测和事中控制功能。管理型会计软件面向管理工作，是核算型会计软件内涵和外延的扩展，它以财务管理学为理论基础，以辅助决策为目标，以数据为中心，广泛采用会计学、统计学、运筹学、数量经济学等方法，建立反映特定财务管理问题的模型，提供管理上所需要的各种财务信息。其主要任务是开展财务分析、进行会计预测、编制财务计划和进行会计控制。

与核算型会计软件相比，管理型会计软件具有如下特征：

1. 功能综合化、技术集成化

管理型会计软件以预测、决策为核心，包括事先的预测和决策，事中的控制和管理，事后的核算和分析功能。为了让用户高效、方便地使用软件，必须通过系统集成技术，把这种综合化的多功能系统组合起来，形成一个功能强大的管理型会计信息系统。

2. 数据量大型化，数据结构多维化

为了满足管理型会计软件在预测、决策、控制、管理、核算、分析等多方面的需求，不仅需要用户单位的内部数据，也需要外部数据；不仅需要当前数据，也需要历史数据。为便于对这些各种各样的数据从不同角度、按不同标准进行归类分析，其数据结构必然是多维化的，因此，数据的分析与观察工具也不同于以往的单纯核算型会计软件。

3. 系统网络化，决策智能化

伴随着全球经济一体化的进程，网络技术的广泛应用，带来了电子商务的迅猛发展，电子商务一般构筑在基于网络应用的、财务业务一体化的信息平台上。目前，不少会计软件厂商已看准了这一发展趋势，正在开发基于大型数据库和网络平台的、支持企业电子商务应用的网络财务软件。

（三）会计决策支持系统

决策支持系统是综合利用各种数据、信息、模型以及人工智能技术，辅助管理者进行决策的一种人机交互的计算机系统。会计决策支持系统是决策支持系统在会计领域的应用，要求企业在利用会计软件进行决策时，引入人工智能技术，搜索专家的经验和智慧，利用模型库、知识库、推理机制、神经网络技术等，以实现决策过程的智能化。会计决策支持系统以管理科学、运筹学和行为科学等为基础，以人工智能和信息技术为手段，充分利用会计信息系统提供的各种信息，辅助高级决策者进行决策，如构造各种经济模型、对未来财务状况进行预测等。

在我国，早期开发的会计软件基本上都是核算型会计软件，其设计的初衷主要是代替手工会计核算和减轻会计人员的记账工作量。这些会计软件面向单一区域和单用户，软件不具有网络化管理功能。由于会计核算软件主要是由财务部门使用，其技术水平和单用户的局限性决定了它只能是一个封闭的系统，这显然不能满足新经济时代广大用户的普遍要求，更无法满足大型企业管理的需要。自 1996 年起，我国开始对管理型会计软件进行研究开发，并在实践中加以应用。管理型会计软件的目标是提高企业的经济效益，对企业生产经营过程中人、财、物和供、产、销以及其他经营进行全面管理。它的使用对象不仅是会计人员，更主要的是企业管理者乃至企业的最高层领导。不过，随着知识经济、信息经济和全球经济时代的到来，影响经济变化的因素愈来愈复杂，愈来愈难以把握，因此，对会计软件又提出了更高的要求，那就是会计决策支持系统的发展要求。

二、会计软件实施

会计软件的实施是一项系统工程。广义上讲，它是指从计算机会计系统项目立项开始直到新系统最终上线运行为止的所有阶段性工作，包括会计软件的系统分析（可行性分析和需求分析）、系统设计和实现（自行开发或购买商品化软件）、系统转换、系统运行和维护的全部过程。一般来说，会计软件的实施仅指软件的选择、安装、培训、用户化和二次开发、初始化等阶段性工作。

（一）会计软件的选择

会计软件实施的一个重要环节是会计软件的选择，企业在分析整理好自身需求后，在市场上可以有针对性地选择所需要的商品化会计软件。在选择时，一般要考虑以下因素：

（1）软件功能。会计软件的功能应符合行业的特点，满足本单位会计核算与管理的要求，尤其要看商品化会计软件是否对外提供有接口，接口是否符合要求。因为商品化软件是通用软件，单位有时会根据自身特点和需要，增加一些特殊功能，或者进行软件的二次开发，这需要会计软件的接口满足连接的要求。

（2）配置要求。企业应根据自己系统的目标及条件，选择有适当配置要求的会计软件。

（3）文档资料。商品化软件必须配备齐全的文档，如用户手册，不同层次的培训教材（如会计软件设计开发的工具培训手册、数据库开发及维护培训手册、产品功能培训手册）、产品实施指南等。文档的全面详尽程度应达到用户能够自学使用。

（4）售后服务与支持。售后服务与支持非常重要，它关系到项目的成败。因此，企业在购买会计软件之前，必须得到售后服务支持的承诺，要考察售后服务情况，包括技术支持、用户培训、项目管理等。

（5）软件商的信誉和稳定性。选择会计软件时要考虑供应商的实力和信誉。软件供应商应当有长期的经营战略，能够跟踪技术的发展和客户的要求，不断对软件进行版本的更新和维护工作。

（6）软件价格。价格方面要考虑软件的性能、功能、技术平台、质量、售后服务与支持等，另外也要做投资效益分析，包括资金利润率、投资回收期。要考虑实施周期及难度，避免造成实施时间、二次开发或用户化时间过长而影响效益的实现。所以软件的投资一般为软件费用、服务支持费用、二次开发费用和因实施延误而损失的收益四者之和，在此基础上加以全面平衡。

（二）会计软件的实施流程

会计软件的实施一般需要软件开发商的直接参与，有的甚至还需要专业化管理咨询公司的协作。不同的会计软件其实施的方法虽然不同，但实施过程的主要工作内容应基本相同，一般包括以下步骤和工作：

1. 明确会计软件实施目标，制定实施规划

在会计软件实施之前，应该让与该项目有关的所有人员都能自觉认识项目的意义，了解企业的目标，清楚自己的作用。由用户与咨询专家共同讨论，确定会计软件实施的目标，在此基础上制定项目实施规划。

2. 对用户组进行培训

用户方的有关人员应参与专家组织的培训，掌握会计软件的功能和具体应用。

3. 用户需求调研

深入用户单位，具体考察企业的全部业务处理流程，分析存在的问题，找到解决问题的方案，确定用户的具体需求，主要包括以下内容：

（1）了解和分析当前业务处理流程。

（2）结合会计软件的特点，对当前业务流程进行重新调整和优化改进。

（3）确定新的业务处理流程中的各项业务处理程序、完成的任务和处理步骤。

4. 软件测试和调整

根据用户需求和新的业务处理流程，使用标准的软件和实际用户数据，对会计软件进行符合性测试，对存在的问题做记录，为会计软件和业务处理流程的调整和修改做准备。

5. 实际运行

实际运行是会计软件实施的最高阶段，具体工作包括以下内容：

（1）制定应急计划和出现意外事故处理措施。

（2）准备真实系统环境，进行数据最后更新，清除无关数据，确保初始余额和记录的正确性。

（3）系统正式投入运行。

6. 系统运行维护

为保证会计软件系统能够顺利实施，软件正式投入使用后，还应经常性地对系统进行日常维护，系统运行维护主要包括硬件维护和软件维护。

第三节 会计核算软件的功能和操作

上节述及，会计软件包括核算型会计软件、管理型会计软件和会计决策支持系统，由于本书主要关注的是会计核算工作，因此，本节将详细介绍会计核算软件的功能和具体操作。

一、会计核算软件的功能

不同软件厂商开发的会计核算软件产品功能结构有所差异，但其基本功能都相同，通常包括以下子系统：

（1）总账子系统。总账子系统是会计核算软件的核心内容，它一般包括凭证的输入、审核、记账、账簿的查询、输出等。通常其他核算模块的处理结果都要转入到总账子系统中，汇总以后为编制会计报表做好准备，以全面反映企业的财务状况和经营成果。

（2）工资子系统。工资子系统是以职工个人的原始工资数据为基础，完成职工工资的计算，工资费用的汇总和分配，计算个人所得税，查询、统计和打印各种工资表，自动编制工资费用分配转账凭证传递给总账子系统等功能。

（3）固定资产子系统。固定资产子系统主要是对企业的固定资产进行管理和核算。在对固定资产进行初始设置后，平时只需输入其增减变动或项目内容变化的原始凭证，计算机就可以自动登记固定资产明细账，更新固定资产卡片，完成固定资产计提折旧和分配的转账凭证并自动转入总账子系统。

（4）应收应付子系统。该子系统完成对各种应收应付款项的登记、核销工作，动态反映各客户及供应商信息，分析应收账款信息并进行账龄分析和坏账估计，以及各种流动负债的数额及偿还流动负债所需的资金；同时提供详细的客户和产品的统计分析，帮助财会人员有效地管理应收应付款项。

（5）成本子系统。成本子系统是根据成本核算的要求，通过用户对成本核算对象的定义，对成本核算方法的选择以及对各种费用分配方法的选择，自动对从其他系统传递的数据或用户手工录入的数据汇总计算，输出用户需要的成本核算结果或其他统计资料。此外，该子系统还具有成本分析和成本预测功能，以满足企业进行成本管理的需要。

（6）采购子系统。采购子系统是根据企业采购业务管理和采购成本核算的实际需要，制订采购计划，对采购订单、采购到货以及入库情况进行全程管理，为采购部门和财务部门提供准确及时的信息，辅助管理决策。

（7）存货子系统。存货子系统主要针对企业存货的收发存业务进行核算，掌握存货的耗用情况，及时准确地把各类存货成本归集到各成本项目和成本对象上，为企业的成本核算提供基础数据；动态反映存货资金的增减变动，通过存货资金周转和占用的分析，为降低库存，减少资金积压，加速资金周转提供决策依据。

（8）销售子系统。销售子系统是以销售业务管理为主线，兼顾辅助业务管理，实现销售业务管理与核算一体化。销售子系统一般和存货中的产成品核算相联系，实现对销售收入、销售成本、销售费用、销售税金、销售利润的核算；生成产成品收发结存汇总表等表格；生成产品销售明细账等账簿，自动编制机制凭证供总账子系统使用。

（9）报表子系统。报表处理子系统主要根据会计核算数据完成各种会计报表的编制与汇总工作；生成各种内部报表、外部报表及汇总报表；根据报表数据生成各种分析表和分析图等。

二、会计核算软件的操作

不同软件厂商开发的会计核算软件的功能不同，其应用程序也有所区别，但其基本功能的操作环节是大致相同的。

（一）基础设置

企业在应用会计核算软件进行会计核算之前，必须完成一些基础设置工作，如账套设置、用户设置和权限分配等，这些工作通常由会计核算软件的系统管理模块来完成。

1. 账套设置

账套是会计核算软件为每一个独立核算的企业在系统中建立的、反映该企业经济业务活动的一组相互关联的会计数据。一般的会计核算软件可以建立多个账套，以满足企业的核算要求，各不同账套之间彼此独立，丝毫没有关联。建立账套时，要根据企业的具体情况进行账套参数设置，主要包括核算单位名称、所属行业、启用时间、编码规则、辅助核算、数据精度等基础参数。

2. 用户设置和权限分配

在实际会计工作中，为了加强企业的内部控制，不相容职务是分离的，不同的会计人员有不同的分工，其职责权限是不一样的。在会计核算软件中，这些工作通常由账套主管来完成，账套主管对不同的会计人员进行分工，赋予其不同的系统权限，负责不同的系统功能模块或内容（如总账系统的凭证填制、凭证的审核、记账权限等，会计报表子系统的报表编制和分析权限，固定资产管理权限等）。

（二）总账系统初始化

账套设置完成后，在正式开始会计核算工作之前，还要对总账系统进行初始化。总账系统是会计核算软件的核心系统，其主要功能包括总账系统参数设置、凭证管理、出纳管理、账簿管理、辅助核算管理和期末处理等。

总账系统初始化是指将通用会计软件转化成专用会计核算软件，将手工会计业务数据移植到计算机中等一系列准备工作，是使用会计核算软件的基础。系统初始化工作的好坏，直接影响到会计电算化工作的效果。

总账系统初始化主要包括基础参数设置、会计科目设置和期初余额录入。

1. 总账系统参数设置

不同的会计核算软件提供的各总账系统参数设置的选项可能不同，通常包括外币及汇率设置、凭证类别设置、结算方式设置、基础档案设置等。

汇率管理是专为外币核算服务的。企业如果有外币业务，就应进行外币及汇率设置，以便在制单或进行其他有关操作时调用。

凭证类别设置是为了将凭证按类别分别编制、管理、记账和汇总。企业在开始使用计算机录入凭证之前，应根据企业管理和核算的要求在系统中设置凭证类别。常用的凭证类别在系统中已经设置好，用户可以从中选择，也可以根据实际情况自行定义。

结算方式功能用来建立和管理在经济活动中所涉及的货币结算方式，如现金结算、支票结算等，由企业根据实际业务应用情况来确定。

基础档案设置是日常会计核算工作中需要用到的一些与企业业务活动有关的基本信息，包括部门档案、人员档案、客户档案、供应商档案等，这些基础档案通常会与会计科目的下级科目和辅助核算相联系。

2. 会计科目设置

会计科目设置是总账系统初始化最重要的工作之一，也是进行会计核算的重要基础工作。由于在现行的会计制度中规定了会计核算和会计管理中应使用的一级会计科目，为了方便用户设置会计科目，会计核算软件一般都在系统中预置了一级会计科目，用户可以根据本单位的实际情况决定是否使用，如果选择了预置会计科目则只需要在已预置科目的基础上进行补充或修改即可。至于明细科目，企业则可根据实际情况，在满足会计核算和管理要求以及报表数据来源的基础上，自行设定。

3. 期初余额录入

为了保证会计数据连续完整，并与手工账簿数据衔接，在设置好总账系统参数和会计科目后，就要将各种基础数据录入系统。这些基础数据主要是各明细科目的年初余额和系统启用前各月的发生额，其上级科目的余额和发生额由系统自动进行汇总。在录入期初数据时，如果某一科目设置了辅助核算类别，还应输入辅助核算类别的有关初始余额。数据录入完毕后，为了保证数据的准确性，满足数据间的平衡关系，系统将自动对数据进行试算平衡。试算平衡之后完成初始对账工作，在这之后就可以开始正式的会计处理工作了。

（三）日常会计处理工作

日常会计处理工作包括凭证处理、出纳管理、账簿处理和期末处理等。

1. 凭证处理

记账凭证是登记账簿的依据，是总账系统的唯一数据源，填制凭证也是最重要的会计基础工作。在使用计算机处理账务后，电子账簿的准确与完整完全依赖于记账凭证，因而在会计电算化工作中，必须确保准确完整地进行凭证处理工作。凭证处理的内容主要包括凭证填制、凭证审核、凭证汇总等功能。

2. 出纳管理

出纳管理是总账系统为出纳人员提供的一套管理工具，它主要可以完成现金和银行存款日记账的输出、支票登记簿的管理，进行银行对账以及对长期未达账项提供审计报告。

3. 账簿处理

企业发生的经济业务，经过制单、审核、记账操作后，形成了正式的会计账簿。账簿处理包括基本会计核算账簿的查询输出、各种辅助核算账簿及现金和银行存款日记账的查询输出。

4. 期末处理

由于企业各会计期间的许多期末业务具有较强的规律性，因此，由计算机来处理期末会计业务，不但可以规范会计业务的处理，还可以大大提高处理期末业务的工作效率。总账系统中的期末处理主要包括银行对账、自动转账、对账、结账功能。

（四）报表处理

通常功能较为完善的会计核算软件都会提供报表处理模块，不仅可以帮助会计人员完成资产负债表、利润表、现金流量表等会计报表的编制工作，还可以提供各种自定义的内部管理报告，并在此基础上对报表进行审核、汇总、生成各种分析图，按预定格式输出各种会计报表。

三、会计核算软件操作实例

下面以用友 ERP – U8.61 为例，讲述会计核算软件的实际操作。

（一）建立新账套

（1）启动"系统服务"中的"系统管理"功能，以 admin 系统管理员的身份注册（口令无），进入系统管理。

（2）增加操作员：张华、陈亮和赵红，口令分别是 01、02、03。

（3）建立账套。

①"账套号"、"账套名称"、"单位名称"分别是"123"、"北京四方公司"、"北京四方公司"，启用会计期为 2009 年 1 月。

②企业类型为"工业"，行业性质为"2007 年新会计制度科目"并预置会计科目，记账币种默认为"人民币"，账套主管为张华。

③确定基础信息。存货不分类，供应商和客户分类，无外币核算。

④确定分类编码方案。科目编码级次为 4222、客户和供应商分类编码级次 23，部门编码级次 22，其余采用系统默认值。

⑤确定数据精度。对数量、单价等核算时，小数位定位 2。

（4）设置操作员权限。

操作员张华，作为账套主管具有系统所有模块的全部权限。

操作员陈亮，会计，负责总账系统的凭证管理工作以及客户往来和供应商往来管理工作，拥有"总账"系统中除"审核"、"出纳签字"和"记账"以外的所有权限。

操作员赵红，出纳，负责现金、银行存款管理工作，拥有"总账"系统中"凭证—出纳签字"和"出纳"的全部操作权限。

（二）基础档案设置

在企业应用平台的"基本信息"中启用总账系统，确认启用模块及日期后就可以进行基础档案设置了。

1. 定义凭证类别

收款凭证	借方必有	1001, 1002
付款凭证	贷方必有	1001, 1002
转账凭证	凭证必无	1001, 1002

2. 设置结算方式

"现金结算"和"支票结算"两种结算方式。

3. 设置"部门档案"及"人员档案"（可略）

01 行政管理部，02 销售部，03 制造部。

行政管理部张华（01，在职人员，男，财务主管）、陈亮（02，在职人员，男），其他职工略。

4. 设置"客户分类"及"客户档案"

客户分为"批发企业"（01）和"零售企业"（02）两类。

"客户档案"具体见表 10 – 1：

表 10 – 1

单位编号	单位名称	所属分类
01001	北京长虹机械厂（简称长虹厂）	批发企业
02001	北京光明公司（简称光明公司）	零售企业
02002	北京东海贸易公司（简称东海贸易）	零售企业

5. 设置"供应商分类"及"供应商档案"

供应商分为"材料供应商"（01）和"其他"（02）两类。

"供应商档案"具体见表 10 – 2：

表 10 – 2

单位编号	单位名称	所属分类
01001	北京宏达商贸公司（简称北京宏达）	材料供应商
02001	天津滨海有限公司（简称天津滨海）	其他

6. 设置会计科目

（1）设置指定科目，指定"现金总账科目"和"银行总账科目"。

（2）根据下面"科目名称与期初余额表"设置相应的会计科目，并设置辅助核算。

注意：有客户往来核算和供应商往来核算的科目的受控系统应改为空。

注意：原材料和库存商品科目属性设置为数量金额式。

7. 录入期初余额

根据表 10 – 3 资料录入期初余额。

表 10 -3   科目名称与期初余额表

科目编码	科目名称	辅助核算	方　向	期初余额
1001	库存现金		借	1 825
1002	银行存款		借	185 700
1122	应收账款	客户		200 000
	北京长虹机械厂		借	120 000
	北京光明公司		借	50 000
	北京东海贸易公司		借	30 000
1221	其他应收款		借	4 000
122101	备用金		借	4 000
1231	坏账准备		贷	2 825
1403	原材料		借	60 000（1 000 千克）
1405	库存商品		借	200 000（200 台）
1601	固定资产			800 000
160101	生产经营用固定资产		借	500 000
160102	行政管理用固定资产		借	300 000
1602	累计折旧		贷	124 000
2202	应付账款	供应商		90 000
	北京宏达商贸公司		贷	60 000
	天津滨海有限公司		贷	30 000
2211	应付职工薪酬		贷	
2221	应交税费		贷	11 000
222101	未交增值税		贷	10 000
222102	应交增值税		贷	
22210201	进项税额		贷	
22210202	销项税额		贷	
22210203	转出未交增值税		贷	
222103	应交城建税		贷	700
222104	应交教育费附加		贷	300
4001	实收资本		贷	1 000 000
4101	盈余公积		贷	17 000
4104	利润分配		贷	226 700

科目编码	科目名称	辅助核算	方　向	期初余额
410401	未分配利润		贷	226 700
5001	生产成本		借	20 000
500101	直接材料		借	10 000
500102	直接人工		借	6 000
500103	制造费用		借	4 000
5101	制造费用		借	
510101	工资		借	
510102	水电费		借	
510103	折旧费		借	
6001	主营业务收入		贷	
6401	主营业务成本		借	
6403	营业税金及附加		借	
6601	销售费用		借	
660101	工资		借	
660102	广告费		借	
6602	管理费用		借	
660201	工资		借	
660202	办公费		借	
660203	差旅费		借	
660204	折旧费		借	
660205	水电费		借	

（三）填制凭证

（1）1月5日，向北京长虹机械厂销售产品100台，不含税单价1 500元，增值税税率17%，产品已发出，收到转账支票并存入银行。

借：银行存款　　　　　　　　　　　　　　　　　　　　175 500
　　贷：主营业务收入　　　　　　　　　　　　　　　　150 000
　　　　应交税费——应交增值税（销项税额）　　　　　 25 500

（2）1月5日，向北京宏达商贸公司购入材料1 000千克，单价60元，价款60 000元，增值税10 200元，合计70 200元。材料已经到达并验收入库，款未付。

借：原材料   60 000
　　应交税费——应交增值税（进项税额）   10 200
　　贷：应付账款——北京宏达商贸公司   70 200

（3）1月6日，通过银行交纳上月增值税10 000元、城建税700元和教育费附加300元。

借：应交税费——未交增值税   10 000
　　　　　　　——应交城建税   700
　　　　　　　——应交教育费附加   300
　　贷：银行存款   11 000

（4）1月8日，生产产品耗用材料1 200公斤，材料单价60元，共计70 200元。

借：生产成本——直接材料   72 000
　　贷：原材料   72 000

（5）1月9日，通过银行发放职工工资120 000元。

借：应付职工薪酬   120 000
　　贷：银行存款   120 000

（6）1月12日，开出转账支票交纳广告费20 000元。

借：销售费用——广告费   20 000
　　贷：银行存款   20 000

（7）1月15日，购买办公用品1 000元，以现金支付。

借：管理费用——办公费   1 000
　　贷：库存现金   1 000

（8）1月30日，开出转账支票支付生产车间电费1 800元，企业管理部门电费1 000元。

借：制造费用——水电费   1 800
　　管理费用——水电费   1 000
　　贷：银行存款   2 800

（9）1月31日，计提本月折旧。其中：生产经营用固定资产原值500 000元，月折旧率5‰；企业管理部门固定资产原值300 000元，月折旧率为3‰。

借：制造费用——折旧费   2 500
　　管理费用——折旧费   900
　　贷：累计折旧   3 400

（10）1月31日，分配本月工资费用，其中生产工人工资80 000元，车间管理人员工资20 000元，行政管理人员工资10 000元，销售人员工资10 000元。

借：生产成本——直接人工	80 000
制造费用——工资	20 000
管理费用——工资	10 000
销售费用——工资	10 000
贷：应付职工薪酬	120 000

（11）1月31日，结转本月发生的制造费用。

借：生产成本——制造费用	24 300
贷：制造费用——工资	20 000
——水电费	1 800
——折旧费	2 500

（12）1月31日，本月产品全部生产完工，入库200台，结转本月完工产品成本。

借：库存商品	196 300
贷：生产成本——直接材料	82 000
——直接人工	86 000
——制造费用	28 300

（13）1月31日，结转本月已售产品成本（按先进先出法计算）。

| 借：主营业务成本 | 100 000 |
| 　　贷：库存商品 | 100 000 |

（14）1月31日，计算并结转本月应交增值税、城建税（税率7%）和教育费附加（费率3%）。

借：应交税费——应交增值税（转出未交增值税）	15 300
贷：应交税费——未交增值税	15 300
借：营业税金及附加	1 530
贷：应交税费——应交城建税	1 071
——应交教育费附加	459

（四）操作员赵红对上述所有收款、付款凭证进行出纳签字，操作员张华对上述所有凭证进行审核、记账

（五）期末处理

（1）操作员陈亮定义期间损益结转利润的转账凭证。

①"期末"——"转账定义"——"期间损益"。

②选择凭证类别（转账凭证），选择本年利润科目。

（2）生成下列月末转账凭证。

①生成当月各项收入结转至本年利润。

② 生成当月各项支出结转至本年利润。

"期末"——"转账生成"——"期间损益"

（3）操作员张华对上述凭证进行审核、记账。

（六）总账系统进行月末结账

操作员张华对 2009 年 1 月进行月末结账。

（七）编制会计报表

操作员张华进入"UFO 报表"系统，编制 2009 年 1 月 31 日的资产负债表和 2009 年 1 月的利润表。

思考与练习

思考题

1. 什么是会计电算化？它有什么特点？
2. 简述我国会计电算化的发展历程。
3. 什么是会计软件？它包括哪几种类型？
4. 简述会计核算软件的基本操作步骤。

练习题

一、目的：练习会计核算软件的具体应用

二、资料如下：

（一）北京天源股份有限公司为一家制造企业。会计核算存货分类（分为原材料和库存商品两类），供应商、客户不分类，无外币核算，采用收款凭证、付款凭证和转账凭证三种凭证类别，采用现金结算、支票结算和其他银行结算三种结算方式。

（二）该公司财务部有三个人：李明，会计主管；刘新，会计；张琳，出纳。

（三）公司账户设置和期初余额（200×年12月1日）资料如下表所示：

总账科目	明细科目	辅助核算	借方余额	贷方余额
库存现金			1 310	
银行存款			659 891	
交易性金融资产	成本		20 000	
应收账款		客户	220 030	
	广州世华公司		30 000	
	吉林钢管厂		45 000	
	沈阳重机厂		40 000	
	武汉钢铁公司		60 000	
	天津机械厂		45 030	
其他应收款			3 317	
	总务科备用金		3 317	

总账科目	明细科目	辅助核算	借方余额	贷方余额
坏账准备				22 003
原材料			334 440	
	A材料		108 240（984公斤）	
	B材料		113 600（1 420公斤）	
	C材料		90 600（1 510公斤）	
	D材料		22 000（200公斤）	
生产成本			120 079	
	甲产品		43 739	
	乙产品		76 340	
库存商品			390 300	
	甲产品		158 400（150台）	
	乙产品		231 900（150台）	
无形资产	专利权		270 000	
累计摊销				15 000
固定资产			8 349 296	
累计折旧				2 800 000
短期借款				100 000
应付账款		供应商		215 000
	北京广博公司			10 000
	泰安华光铁制品厂			35 000
	济南弘记锅炉厂			30 000
	唐山丰润厂			70 000
	太原钢铁公司			70 000
应交税费				172 660
	未交增值税			38 000
	应交增值税			0
	应交城市维护建设税			2 660
	应交所得税			132 000
应付股利				36 000
	利新公司			36 000
应付职工薪酬	职工福利			45 000

总账科目	明细科目	辅助核算	借方余额	贷方余额
长期借款				420 000
实收资本				5 000 000
盈余公积				193 000
本年利润				1 200 000
利润分配				150 000
	未分配利润			150 000
合计			10 368 663	10 368 663

生产成本明细账期初余额资料如下：

产品名称	直接材料	直接人工	制造费用	合　计
甲产品	39 470	2 869	1 400	43 739
乙产品	67 350	5 799	3 191	76 340

（四）北京天源股份有限公司200×年12月份发生的经济业务如下：

1. 12月3日，北京供电公司委托银行代收电费13 455元，企业以银行存款支付。

2. 12月4日，通过银行交纳11月份应交增值税38 000元、城市维护建设税2 660元和企业所得税132 000元。

3. 12月5日，开出支票支付利新公司应付股利36 000元。

4. 12月6日，总务科黄晓敏用现金购买办公用品165元。

5. 12月6日，开出现金支票，提取现金2 000元，补充库存。

6. 12月6日，办理信汇，归还前欠太原钢铁公司材料款70 000元。

7. 12月7日，开出现金支票从银行提取现金用于李江差旅费借款1 500元。

8. 12月7日，供应科采购员李江借差旅费1 500元，用现金支付。

9. 12月7日，开出转账支票支付北京电视台产品广告费4 275元。

10. 12月7日，向北京机电公司销售甲产品50台，价款90 000元，增值税15 300元，合计105 300元，收到转账支票并送存银行。

11. 12月10日，开出转账支票，向北京材料公司购生产用B材料500公斤，价款40 000元，增值税6 800元，合计46 800元。材料已经验收入库。

12. 12月11日，售给北京五金公司乙产品60台，价款180 000元，增值税30 600元，合计210 600元，收到转账支票并存入银行。

13. 12 月 12 日，向银行取得短期借款 100 000 元，并存入银行。

14. 12 月 12 日，向北京工具厂购入 C 材料 90 公斤，价款 5 400 元，增值税 918 元，合计 6 318 元，材料已验收入库，开出转账支票付款。

15. 12 月 13 日，基本生产车间用现金购买办公用品 300 元。

16. 12 月 13 日，供应科李江报销差旅费 1 305 元，余款交回。

17. 12 月 14 日，销售给本市长安工厂乙产品 40 台，价款 120 000 元，增值税 20 400 元，合计 140 400 元，货款尚未收到。

18. 12 月 14 日，开出转账支票，根据工资结算单通过银行转发职工当月工资 150 842 元。

19. 12 月 18 日，售给北京海达公司甲产品 100 台，价款 180 000 元，增值税 30 600 元，合计 210 600 元，收到转账支票存入银行。

20. 12 月 20 日，从北京机电公司购入 A 材料 700 公斤，价款 77 000 元，增值税 13 090 元，合计 90 090 元，材料已验收入库，开出转账支票付讫。

21. 12 月 24 日，银行转来收款通知，沈阳重机厂汇来前欠货款 40 000 元。

22. 12 月 28 日，接银行通知，天津机械厂汇来前欠货款 45 030 元。

23. 12 月 28 日，银行转来自来水公司委托收款凭证，价款 3 560 元，增值税 462.80 元，合计 4 022.80 元，款项已由银行转讫。

24. 12 月 31 日，分别按照耗水数量和耗电数量分配本月水费和电费。本月基本车间耗水 590 吨，厂部耗水 300 吨，合计 890 吨。本月基本车间耗电 20 000 度，厂部耗电 3 000 度，合计 23 000 度。

25. 12 月 31 日，计提本月固定资产折旧费 12 800 元，其中基本车间 8 000 元，厂部 4 800 元。

26. 12 月 31 日，分配应支付的本月职工薪酬 150 842 元，其中：生产人员薪酬 85 000 元（其中生产甲产品人员薪酬 68 000，生产乙产品人员薪酬 17 000），车间管理人员薪酬 20 000 元，行政管理部门人员薪酬 45 842 元。

27. 12 月 31 日，根据原材料耗用分配表，结转原材料费用。

12 月份材料耗用分配表

领料部门	用途	A 材料			B 材料			C 材料			金额合计
		数量	单价	金额	数量	单价	金额	数量	单价	金额	
基本生产车间	甲产品	750	110	82 500	1 000	80	80 000				162 500
	乙产品	250	110	27 500	600	80	48 000				75 500
	一般消耗							50	60	3 000	3 000
厂部	一般耗用							20	60	1 200	1 200
合计				110 000			128 000			4 200	242 200

28. 12 月 31 日，根据制造费用明细账，结转制造费用，并按生产工时在甲乙产品之间进行分配。甲产品的生产工时为 8 000 小时，乙产品的生产工时为 2 000 小时。

29. 12 月 31 日，本月生产的甲、乙产品均已全部完工，甲产品入库 300 台，乙产品入库 120 台，结转完工产品成本。

30. 12 月 31 日，结转本月销售甲产品、乙产品的销售成本（按先进先出法计算销售成本）。

31. 12 月 31 日，计算本月应纳增值税，并结转营业税金及附加。按流转税的 7% 计算城市维护建设税，按流转税的 3% 计算教育费附加。

32. 将损益类账户转入"本年利润"账户。

33. 12 月 31 日，用利润总额乘以 25% 税率计算并结转所得税。

34. 年末结转本年取得的净利润。

35. 12 月 31 日，按规定计提法定盈余公积金，计提比率为 10%。

36. 将利润分配各明细科目的余额转入"未分配利润"明细科目。

三、要求：利用用友 ERP – U8.61 会计核算软件对以上经济业务进行会计处理，并编制资产负债表和利润表，具体要求如下：

1. 增加操作员李明、刘新和张琳，口令分别为 001、002、003。

2. 根据资料数据，建立账套。账套主管为李明，企业类型为"工业"。行业性质为"2007 年新会计制度科目"并预置科目，记账币种默认为"人民币"，账套启用日期为 2008 年 12 月。

3. 根据资料完成基础档案设置，包括凭证类别设置、结算方式设置、客户档案、供应商档案、会计科目设置等。

4. 录入各个会计科目的期初余额，并进行试算平衡。

5. 根据 12 月份发生的经济业务，分别填制收款凭证、付款凭证和转账凭证并登记相关账簿。

6. 进行期末会计处理。

7. 结账。

8. 编制资产负债表和利润表。

参考文献

［1］财政部．企业会计准则——应用指南（2006）［M］．中国财政经济出版社，2006.

［2］财政部会计司．企业会计准则讲解（2006）（上、下）［M］．人民出版社，2007.

［3］中国注册会计师协会．会计［M］．中国财政经济出版社，2015.

［4］财政部会计司编写组．企业会计准则讲解（2010）［M］．人民出版社，2010.

［5］财政部会计资格评价中心．中级会计实务［M］．经济科学出版社，2015.

［6］戴德明等．财务会计学（第六版）［M］．中国人民大学出版社，2013.

［7］朱小平等．初级会计学（第六版）［M］．中国人民大学出版社，2013.

［8］谢瑞峰．会计学（非会计专业）［M］．中国财政经济出版社，2010.

［9］叶忠明等．会计学（第三版）［M］．首都经贸大学出版社，2012.

［10］刘永泽．会计学（第三版）［M］．东北财经大学出版社，2012.

［11］谢瑞峰等．初级会计学［M］．经济科学出版社，2008.